전통연희 시리즈 6

봉래산 솟았으니 해와 달이 한가롭네
-왕실의 연희축제-

사진실

태학사

사진실

1965년 대전 출생으로 서울대 국문과를 졸업하고, 같은 대학원에서 석·박사학위를 받았다. 중앙대 예술대학 전통예술학부 교수 및 음악극연구소 소장을 역임했다. 버클리대학 한국학센터 객원연구원과 하버드 엔칭연구소 방문학자를 지냈다. 대통령 직속 미래기획위원회 위원으로 활동했으며, 공연기획사 '꿈꾸는 산대'를 설립했다. 민속문화와 궁정문화를 아울러 연극사 및 공연문화 연구에 몰두해 왔으며, 공연기획자 및 창작자로 전통 연희를 재창조하는 일에도 관심을 기울여 왔다.

봉래산 솟았으니 해와 달이 한가롭네 - 왕실의 연희축제

초판 1쇄 인쇄 | 2017년 3월 10일
초판 1쇄 발행 | 2017년 3월 17일

지은이 | 사진실
펴낸이 | 지현구
펴낸곳 | 태학사
등   록 | 제406-2006-00008호
주   소 | 경기도 파주시 광인사길 223
전   화 | 마케팅부 (031)955-7580~82   편집부 (031)955-7585~89
전   송 | (031)955-0910
전자우편 | thaehak4@chol.com
홈페이지 | www.thaehaksa.com

ISBN 978-89-5966-882-3 94680
ISBN 978-89-5966-876-2 (세트)

'전통연희 시리즈'를 출간하며

　사진실 교수는 신선들이 산다는 봉래산(蓬萊山)에 가 있다. 그곳에 가기 전 사진실 교수는 봉래산을 닮은 공연문화의 거대한 산대(山臺)를 지어, 그 위에 공연예술사의 뿌리 깊은 나무를 심고, 전통연희 재창조라는 눈부신 꽃을 기기묘묘하게 피워냈다. 봉래산에 먼저 간 사진실 교수가 지금은 어떤 화려한 산대를 꾸미고 신선광대들을 불러 모아 한판 신나는 악(樂)·희(戲)·극(劇)을 꿈꾸고 연출하고 있을지, 훗날 그곳에 가볼 일이다.

　본 전통연희 시리즈는 고(故) 사진실 교수의 연구 성과를 총 9권으로 나눠 집대성한 것이다. 공자는 50세에 '하늘의 명을 깨달아 알게 되었다'(知天命)고 했다. 학문의 도정(道程)에 비유하자면, 어디에도 유혹되지 않으며 자신이 궁구하여 왔던 학문의 도정에 마침내 이름표를 붙이는 나이가 50세에 해당할 것이다. 사진실 교수가 명운(命運)을 달리한 것은, 바로 그런 '지천명'의 나이에 들어선 직후였다.

　그런데 사진실 교수는 자신의 예정된 명운보다 천명을 먼저 깨달았던 것임에 틀림없다. 공연문화의 지속과 변화를 밝힌 저서들과 전통연희에 대한 치밀한 연구 논문, 또 그것을 현대적으로 어떻게 재현하고 창조할 것인가에 대한 각종 평론과 아이디어로 이미 50세 이전에 확고하게 자신의 학문적 천명을 제시하고 실천했기 때문이다.

　사진실 교수에게 '지천명'은 신체적 나이가 아니었던 것이다. 사진실 교수가 실행한 그 학문적 천명이 공연문화를 연구하는 후학들과 전통연희의 재창조를 꿈꾸는 예술인들에게 얼마나 새롭고 넓으며 환한 길을 열어주었는지는 부연할 필요가 없을 듯하다. 사진실 교수의 전통연희 저작집 발간을 학계나 공연예술계에서 목마르게 기다려 온 것도 어찌 보면 당연한 일이다.

그럼에도 한 뛰어난 연구자가 생전에 남겨 놓은 각종 연구물을 원저자의 의도에 걸맞게 구성하는 것은 결코 쉽지 않았다. 사진실 교수의 학문적 장도(長途)가 워낙 깊고 넓어 그 어느 것도 빠뜨리지 않은 채 충분히 반영하여 집대성한다는 자체가 여간 부담스러운 일이 아니었기 때문이다.

무엇보다 사진실 교수는 전통연희에 관한 한 전문연구자이면서 전문실천가로 살아가는 삶을 자신의 학문적 천명으로 정하였던 까닭에 그 업적들을 섞이지 않게 오롯이 선별해내는 것도 난제였다. 전통연희에 관한 학문적 성과를 체계적으로 정리해 보여주면서도, 아울러 전통연희를 현대화하려는 실천적 의도까지를 저작집에 담아내야 했던 것이다. 그러다보니 저작집 간에 내용상 다소 중첩되는 부분이 있을 수밖에 없었다. 그러나 전체 저작집을 구성하고 있는 9권 각각은 책 제목이 표방하고 있는 대로, 낱권으로서의 완성도를 갖추었음은 물론이다. 9권 각각에 대한 간략한 설명을 제시하면 다음과 같다.

제1권 『한국연극사 연구』와 제2권 『공연문화의 전통 樂·戱·劇』은 생전에 간행되었던 책이다. 제1권은 조선시대의 화극(話劇)을 다룬 석사논문과 조선시대 서울지역의 연극을 다룬 박사논문을 핵심 내용으로 하여, 우리의 연극을 통시적으로 조망하고자 한 책이다. 제2권은 악(樂)·희(戱)·극(劇)의 갈래 구분을 통해 한국의 연극사를 혁신적 방법론으로 분석·체계화한 것으로, 사진실 교수의 대표 저서이다. 이후의 연구논문과 아이디어는 이 책의 방법론에 기반하고 있다고 해도 과언이 아니다. 악·희·극이야말로 한국 연극의 지속·발전·변용의 과정에서 핵심 요소를 차지하고 있다고 보았기 때문이다.

제3권 『조선시대 공연공간과 공간미학』은 전통연희가 연행되는 공간과 그러한 공간을 통해 표출되는 미학의 성격을 중점적으로 해명하려고 한 책이다. 제4권 『전통연희의 전승과 성장』은 고려시대부터 조선시대에 걸쳐 전통연희가 어떻게 전승되어 왔고 성장해 갔는가를 통시적으로 조망한 책이다. 제5권 『전통연희의 전승과 근대극』은 조선후기와 근대에 초점을 두고 전통연희가 지속되고 변용되는 측면을 고찰한 책이다. 제6권 『봉래산 솟았으니 해와 달이 한가롭네-왕실의 연희축제-』는 한국학중앙연구원의 지원을 받아 '왕실문화총서' 중의 하나로 소개될 예정이었으나 발간되지 못했다. 왕실에서 행해진 전통연희를 대중들에게 쉽게 소개할 목적으로 만들어진 교양서 성격의 책이다.

제7권 『융합형 공연제작실습 교육을 위한 전통연희 매뉴얼』은 예술현장에서 전통연희와 관련된 문화콘텐츠를 개발할 수 있게 하는 수업을 염두에 두고 만들어진 책이고, 제8권 『융합형 교육을 위한 공연문화유산답사 매뉴얼』은 학부생을 대상으로 한 수업에서 전통연희의 이론적 기초를 제공할 목적으로 만들어진 책이다. 제9권 『전통연희의 재창조를 꿈꾸다』는 전통연희를 현대적으로 재창조하기 위한 아이디어를 소개하고 있는 책이다.

본 전통연희 시리즈를 기획한 시점은 사진실 교수가 작고한 후 3개월 정도 지나서였다. 사진실 교수의 부군(夫君)의 부탁도 있었지만, 존경하는 선배의 연구 업적과 아이디어가 그냥 묻히는 게 안타까워 자청했다고 보는 게 옳을 것이다. 그 과정에 함께 동참하여 자료를 정리해 준 이유진

문학박사, 최어진 서울대 국문과 조교에게 고마운 마음을 전한다. 또한 교정에 참여해 주신, 사진실 교수의 동생 사성구 선생님께도 고마운 마음을 전한다. 사진실 교수의 아들 주효성 군도 최종교정에 참여하여 큰 도움이 되었다. 아울러 출판계의 불황에도 불구하고 흔쾌히 본 저작집 발간을 승낙해 주신 태학사 지현구 사장, 편집과 교정에 힘써주신 최형필 이사께도 고마운 마음을 전한다. 부군인 주형철 형님이 늘 말해온 대로, 사진실 교수가 이 저작집을 정말 마음에 들어 했으면 좋겠다. 아무쪼록 이 저작집을 발판으로 삼아, 사진실 교수가 꿈꾸었던 학문적 여정을 뒤이을 연구자를 기대해 본다.

2017년 3월 17일

최원오 (광주교대 국어교육과 교수)

목차

1. 서론: 그림의 추억

기록화를 처음 접했을 때는, 사진을 찍듯이 한 장면을 순간 포착한 그림으로 여겼다. 화면에 나타난 모든 행위들이 동시에 발생한 것은 아니라는 사실을 눈치 채는 데도 많은 시간이 걸리지 않았다. 실제로는 가능하지 않은 화가의 시점이라든지 많은 사람들이 한꺼번에 그려질 수 없는 공간의 크기 등에 의문을 갖게 되니 기록화가 지닌 관념적 특성을 이해할 수 있었다.

행사의 주요 장면을 모두 담아야 하는 까닭에 기록화는 순차적으로 벌어진 사건들을 한 화폭에 그려야만 했다. 사진이나 동영상 기술이 없던 당대로서는 고심 끝에 마련한 영상 기록 방식인 것이다. 따라서 기록화의 도상을 연구할 때는 관련 문헌 기록이나 사회문화적 관습에 따라 동시성과 순차성을 변별하여야 한다.

기록화의 전체적인 구도는 기록의 관념에 따라 사실과 다르게 배치되었지만 독자적인 도상은 사실적으로 묘사되었다. 실재하는 사건과 인물을 다루었다는 점에서 기록화는 풍속화와 다른 감흥을 준다. 관련 기록이 첨부된 경우는 행사의 취지와 인물들의 이름과 역할 등을 확인할 수 있어 그림 속의 생생한 현장을 다각적으로 느낄 수 있다. 관련 기록이 전하지 않는 경우라 할지라도 사건과 인물의 자취를 찾아 현장의 모습을 유추할 수 있다.

필자는 『문헌과해석』을 통해 기록화 속에 나타난 공연공간의 양상에 대한 여러 편의 글을 발표하였다. 선조 때의 「과거은영연도(科擧恩榮宴圖)」, 영조 때 중국에서 간행된 화첩 「봉사도(奉使圖)」에 수록된 산대나례

(山臺儺禮) 장면, 김홍도의 작품으로 알려진 「평양감사향연도」와 연대 미상의 「평양감사환영도」에 포함된 선유놀음 장면과 부벽루 연회 장면 등에서 무대와 객석 및 공연종목의 양상 등을 분석하였다.

당시까지만 해도 우리나라 중세 극장의 양상이 전혀 알려지지 않았던 터라 기록화에서 무대와 객석의 양상을 분석하여 세상에 알리는 일이 중요하였다. 극장의 역사란 극장 건축의 역사가 아니라 극장 문화의 역사라는 인식을 널리 알리고 '극장이란 공연을 목적으로 세워진 건축물'이라는 근거 없는 개념을 뒤집기 위하여 노력해야 하였다.

이제는 우리나라 극장의 역사가 1902년 설립된 협률사에서 시작되었다는 말은 틀린 명제가 되었다. 그 이전부터 극장문화의 전통이 있었고 그 토대 위에 근대적인 극장문화가 성립되었다는 사실이 널리 알려졌다. 그러다 보니 무대와 객석의 실상을 밝힌 글들은 이미 구닥다리가 되어버렸다.

그러나 필자는 여전히 예의 기록화들을 보여주면서 공연문화의 전통에 대해 강의한다. 기록화는 당대의 자연 환경, 문화적 맥락과 더불어 다양한 인간 군상들의 모습을 담고 있어 끊임없이 새로운 영감을 주기 때문이다. 숨은 그림을 찾듯이 새로운 인물과 장면을 발견하기도 하고 당대를 살았던 누군가의 모습을 상상해 보기도 한다. 필자의 학생들은 전통연희를 전공하다보니 오래전 같은 길을 걸었던 광대들에 대한 애정이 남다르다.

『문헌과해석』 50호를 기념하면서 전통회화를 중심으로 여러 동학들의 이야기를 모은다고 연락이 왔다. 기록화를 중심으로 전통 공연문화의 도상을 연구해 왔던 터라 어렵지 않게 글을 쓸 수 있으리라 흔쾌히 동참했지만 글감을 찾기가 쉽지 않았다. 주최 측에서는 부지런한 동학들의 글을 샘플로까지 보내주며 독려했으나 차일피일 부담만 쌓였다. 뭔가 새로운 그림을 찾아 좋은 글을 쓰겠다는 포부를 접고 익숙한 그림에 얽힌 추억을 정리해보는 것으로 글머리를 잡았다.

필자의 전통연희 연구에 전환점이 되었던 그림, 지금도 강의에서 많은 이들의 호기심을 자아내게 하는 그림, 이제는 그 속에서 '사람'을 들여다보게 된 그림 「봉사도(奉使圖)」. 이 그림과 얽힌 사실 관계는 '1998년 신문에 소개된 「봉사도」를 접하고 도상학적 정보를 활용하여 산대나례의 연행 양상을 밝혔다'고 짧게 정리된다. 하지만 그림을 처음 접하여 논문을 쓰게 된 과정과 지속적인 관심으로 후속 논문을 낸 시간들을 돌아보면 우연인지 필연인지 모를 긴 이야기가 나온다. 어쩌면 진부한 그림 「봉사도」를 강의할 때 지금도 필자의 가슴이 뛰는 이유이다.

우연

1998년 7월 21일, 고전소설 전공 제자들이 이상택 선생을 모시고 추어탕을 먹으러 가는 길에 동행하게 되었다. 처음 먹어보는 추어탕이었지만 사양하지 않고 따라나선 것은 정말 큰 행운이었다. 늘 그러셨듯이 선생께서는 좌중의 제자들을 배려하며 편안한 대화를 이끌어 가셨다. 필자에게 건넨 질문은 '조선일보 봤어? 자네가 말한 산붕인가 산대가 그림으로 발견됐다는데.'였다. 박사학위논문 "서울지역 연극의 공연상황 연구"를 쓰면서 문헌 기록에 나타난 산대(山臺)의 양상을 논했는데 그걸 기억하시고 말씀해주신 것이다. 심사를 맡은 논문을 꼼꼼하게 구석구석 읽는 것이 어렵다는 사실을 알게 된 지금, 스승의 고마움을 다시 새기게 된다.

박사학위논문 이후에도 산대나례(山臺儺禮)에 지속적인 관심을 가지고 있었는데 마침 문헌과해석 모임이 결성되면서 동학들의 도움을 받아 『나례청등록(儺禮廳謄錄)』(규장각 소장)을 번역하고 있었다. 이 책은 인조 4년(1626) 6월에 조선을 다녀간 청나라 사신을 위한 산대나례의 진행 과정을 담고 있다. 이두로 쓰인 공문이라 형식이나 물명(物名) 등이 당혹스럽기도 했지만 진지하게 조언을 아끼지 않은 동학들 덕분에 한 줄씩 풀어갈 수 있었다.

1997년 9월 『문헌과해석』 창간호에 「공연예술의 기록, 나례청등록 1」

을 발표하고 1998년 5월 『문헌과해석』 여름호에 「나례청등록 2」를 발표
하였다. 나례도감을 중심으로 오고간 여러 문서들은 산대를 만드는 데 필
요한 물품과 인력에 대한 많은 정보를 주었지만 어떤 모양이며 규모로 만
들었는지 명쾌한 결론을 얻지 못하는 안타까움에 직면하고 있었다. 이때
발표한 글들이 '번역'에 머무르고 '해석'을 해내지 못한 것은 그러한 어려
움 때문이었다. 그런데 '구슬이 서 말이라도 꿰어야 보배'라고, 구슬을 꿰
어낼 튼튼한 실 같은 산대 그림이 발견되었다는 소식을 들은 것이다.

두근거리는 마음으로 점심식사를 마친 후 도서관에 달려가 신문을 보
았고 '바퀴 달린 기암괴석'이라는 기사와 사진을 찾았다. 산대의 종류로
분류되었던 대산대(大山臺), 예산대(曳山臺), 다정산대(茶亭山臺) 가운데,
끌고 다니는 산대인 예산대임이 분명했다. 기사에 의하면 그림은 영조 1
년(1725) 중국사신 아극돈(阿克敦)이 다녀가면서 우리나라의 풍속과 풍경
등을 담아 제작한 화첩 「봉사도(奉使圖)」의 한 장면이었다. 「봉사도」는 중
국 북경 민족대학에서 소장한 화첩으로 같은 대학 황유복 교수가 경원대
학교 아시아문화연구소 국제학술회의에서 최초로 소개했다고 하였다. 중
국사신이 올 때 조설한 좌우 산대와 공연종목에 대한 논란을 해결할 수
있는 중요한 자료였다.

그 길로 조선일보에 가서 기사를 쓴 김기철 기자를 만났다. 그 자리에
는 연극사학계의 거두인 이두현 선생도 계셨다. 학부 시절에 민속학 과목
을 수강했었고 한국연극사 저술을 통해 스승으로 모시고 있던 분이었다.
이제 막 학문에 입문한 풋내기 학자의 의견을 진지하게 들어주셨던 기억
이 새롭다. 기자 역시 산대에 대한 관심이 커서 산대와 산붕, 채붕의 변별
성과 연극사적 의의에 대한 여러 이야기를 나누었다.

이두현 선생께서 가신 후에도 필자는 사무실을 떠날 수 없었다. 마침
몇 주 뒤에 한국구비문학회 발표를 앞두고 있던 터라 「봉사도」의 산대에
대한 논의를 진행하리라 마음먹고 그림 파일을 복사해달라고 요청하였
다. 저작권 문제로 난감해 했던 기자는 컴퓨터 화면에 띄워 주고 마음껏

보게 해주었다. 학회에서 발표를 하려면 증거가 필요했기에 필자는 종이에 그림을 모사하기 시작하였다. 한 시간 남짓 지났을까, 기자가 다가와서 그림 파일을 담은 플로피 디스크를 건네주었다.

그렇게 쓴 논문이 『구비문학연구』 7집에 실린 「산대의 무대양식적 특성과 공연방식」(한국구비문학회, 1998)이었다. 그동안 찾아낸 산대 관련 기록들을 퍼즐 맞추듯 이리저리 제자리에 놓아보는 희열을 느끼면서 산대의 변천 과정, 모양과 규모, 공연 방식에 대한 견해를 펼칠 수 있었다. 산대나례의 연행에서 드러나는 무대와 객석의 양상에 대해서는 2000년 11월 『문헌과해석』 13호에 「산대나례의 무대와 객석」으로 발표하였다.

인연

한국연희사 연구에서 큰 반향을 불러일으킨 획기적인 자료 셋을 꼽는다면 「봉사도」와 함께 「남성관희자(南城觀戲子)」와 「기완별록(奇玩別錄)」을 들 수 있다. 「남성관희자」는 강이천(姜彛天, 1769~1801)이 1778년에 쓴 시로 임형택 선생이 편역한 『이조시대서사시(하)』(창작과비평사, 1992)에 실려 소개되었다. 서울의 남대문 밖에 가설된 놀이판에서 벌어진 산희(山戲)와 야희(野戲)의 내용을 묘사하고 있는데, 18세기 후반 서울 시정의 공연문화를 살펴볼 수 있는 귀중한 자료이다. 산희가 산붕(山棚)과 같은 무대를 가설하고 연행한 인형놀이라면 야희는 너른 마당에서 연행한 탈놀이나 줄타기 등의 잡희를 말한다. 「봉사도」의 산대나례 장면에서도 산희와 야희의 종목이 잘 드러난다.

「기완별록」은 '벽동 병객'이라는 필명을 쓴 작자의 글로 1865년 경복궁 중건을 시작할 당시 거행된 대규모 공연 행사에 대한 관람 기록이다. 나손(羅孫) 김동욱 선생이 생전에 수집하여 기증한 나손문고에 소장되었던 자료를 문헌과해석 동학인 윤주필 선생이 발굴하여 소개하였다. 해제와 주석본이 『문헌과해석』 9집에 「경복궁 중건 때의 전통놀이 가사집」으로 실려 있다.

윤주필 선생은 필자와 함께 조동일 선생의 문하생이기도 하며 나손학술상 수상자 모임에서 만나기도 한다. 온화한 미소와 겸손한 태도를 잃지 않는 그는 모임의 맏형이자 든든한 지주이다. 문헌과해석 모임 뒤풀이 자리에서 「기완별록」에 등장하는 '금강산'에 대한 이야기를 처음 들었다. 틀 위에 산 모형을 만들어 움직이는 금강산은 분명 산대였다.

지면에 실린 주석본을 보니 '금강산'은 「봉사도」에 묘사된 예산대와 달리 가마처럼 메고 다는 산대였다. 『문헌과 해석』 1998년 여름호에 실었던 「나례청등록 2」에서 '軒架山上人物所着有文段'을 번역하면서 '헌가산 위의 인물이 입을 무늬 있는 천'으로 풀었는데 헌가산이란 바로 「기완별록」에 묘사된 '금강산'처럼 어깨에 메는 가마 형식의 산대를 가리키는 용어였던 것이다. 헌가산대를 끌고 다니는 예산대의 일종으로 보았던 견해를 스스로 수정해야 하였다.

「기완별록」의 산대 '금강산' 위에는 소설 「구운몽」의 주인공 성진과 팔선녀의 잡상을 만들어 놓았다. 산대 위에 옛 이야기의 장면을 잡상으로 꾸며 놓는 것 역시 산대문화의 전통이었다. 1725년 「봉사도」의 산대 위에는 세상에 나아갈 때를 기다리며 위수(渭水)에서 낚시를 하던 강태공 고사의 장면을 꾸며 놓았는데 40년 뒤 경복궁 중건 때의 산대 위에는 우리나라 소설 속의 주인공이 등장하게 되었다.

「기완별록」의 '금강산'은 1930년 김지연본 「산대도감극각본」에서 산대도감극의 유래로 거론된 금강산 관련 수수께끼를 푸는 단서를 제공하였다. 유래담에 따르면 '나라에서 가례(嘉禮)를 거행할 때 반드시 중국사신이 오곤 했는데 그들이 금강산을 보기를 원하니 식견 있는 재상 등이 상의하여 산대도감놀이를 고안해내어 금강산 유람을 대신하게' 되었다고 한다. 금강산 유람 대신 고안한 산대도감놀이란 바로 산대 '금강산'을 만들어 연행한 놀이를 가리키는 것이다. 산대도감놀이는 본래 산대 잡상을 놀리는 산희와 마당에서 노는 야희를 모두 포함하였는데 현재는 산희의 전승이 끊기고 야희 가운데서도 탈춤만 남게 되었다.

「기완별록」의 공연 행사에는 〈금강산놀이〉만이 아니라 서왕모(西王母)의 요지연(瑤池宴) 고사를 형상화한 〈신선놀이〉, 상산(商山)에서 바둑을 두며 숨어 살았다는 네 노인의 고사를 형상화한 〈상산사호놀이〉 등의 산희가 있었다. 산대를 만들고 전국 각지의 광대들이 동원되는 산대나례는 정조 8년(1784)에 폐지된 것으로 알려졌는데 「기완별록」에 의하면 1865년 당시까지 산희의 전통이 지속되었다. 국가적인 의전 행사는 폐지되었어도 산희는 살아남아 도성의 거리 축제를 구성하는 주요 공연종목으로 유지된 사실을 확인할 수 있다.

「봉사도」의 산대 그림과 「기완별록」의 산희 기록을 연결하면 교토의 기온마쯔리[祇園祭]가 연상된다. 교토의 중심가를 순행(巡行)하는 야마[山]와 호코[鉾] 가운데 야마는 우리나라의 예산대나 헌가산대와 마찬가지로 수레나 가마 위에 산 모형을 만들고 고사의 한 장면을 잡상으로 꾸며 장식하였다. 〈이산(鯉山)〉이라고 부르는 야마에는 '등용문(登龍門)'의 고사를 담아 폭포를 거슬러 올라가는 잉어의 잡상을 만들어 놓고, 〈금파산(琴破山)〉으로 부르는 야마에는 자신의 음악을 알아주던 종자기(鍾子期)가 죽자 금(琴)을 부숴버린 백아(伯牙)의 모습을 인형으로 만들어 놓는 식이다.

고려대학교에서 박사학위를 받은 이토 요시히데 선생은 2004년 10월 한국민속학자대회에서 매우 의미 있는 발표를 하였다. 일본 민속에서 광범위하게 전승되는 야마가타[山形]와 우리나라의 산대를 비교하여 논의한 것이다. 발표장에서 보여준 야마가타 자료들을 보고 놀랄 수밖에 없었다. 동아시아 문화권에 속한 한·중·일 등 나라들이 중세적인 산대 문화를 공유했으리라 막연하게 생각해 왔었는데 결정적인 여러 근거들을 한꺼번에 볼 수 있었기 때문이다.

이토 요시히데 선생의 논의는 산대 문화의 제의적인 성격에 집중해 있어서 필자가 의도했던 문화사적 논의와는 겹치지 않았다. 오히려 선생에게서 야마가타(山形) 자료 사진을 제공받아 동아시아 산대 문화의 중세적 보편성에 대한 연구를 진행할 수 있었다. 이 논의는 『공연문화연구』 12집에 「동아시아의 '신선한 산' 설행에 나타난 욕망과 이념」(한국공연문화학회, 2006)으로 발표하였다.

「기완별록」에는 현전하는 탈춤 〈산대놀이〉와 함께 동해안별신굿의 〈범굿〉과 유사한 〈사냥놀이〉 등 야희의 모습도 묘사되어 있다. 〈팔선녀놀이〉와 〈서유기놀이〉는 소설의 장면을 재현한 작품으로 그동안 우리나라 연극사에서 찾아볼 수 없었던 새로운 양상을 보여준다. 마지막에 공연된 〈백자도놀이〉는 부귀영화의 대명사인 곽분양(郭汾陽)의 고사를 형상화한 그림 「백자도(百子圖)」를 실물로 꾸민 작품이다. 수많은 아이들이 제각기 다른 옷을 입고 갖가지 놀이를 하는 장면이 보는 이의 감탄을 자아낸 것으로 기록되어 있다.

「기완별록」이 발굴되면서 드러난 공연문화의 전통과 연극사적 의의에 대해서는『고전희곡연구』3집에 「山戱와 野戱의 공연 양상과 연극사적 의의－『奇玩別錄』에 나타난 공연 행사를 중심으로」(고전희곡학회, 2001)로 발표하였다. 이 논문은 미국 체류 기간 동안 집필하였는데 글을 쓰는 동안 줄곧 흥분을 자제하기 어려웠다. 주옥같은 자료를 접하는 기쁨만큼이나, 장대한 공연문화의 전통이 끊기고 그것에 대한 인식조차 사라져버린 안타까움 때문이었다.

「기완별록」이 발견되기 전까지는 아무도 1865년 도성의 중심가에서 거행된 장대한 거리 축제에 대하여 알지 못하였다. 인조 이후 민간의 재인청으로 이관된 산대나례의 일이 1725년 「봉사도」의 산대를 거쳐 1865년 「기완별록」의 산대에 이르기까지 성대한 공연문화의 전통으로 지속되었는데, 불과 한 세대 만에 사라져버린 이유는 무엇일까 답답하였다. 1784년 중국사신에 대한 의전 행사로서 산대나례가 폐지되고 시정 문화로 전환되는 과정에서 재정 문제 등에 부딪혀 전승이 끊겼다고 추정할 수 있다. 예술 현장에서의 소멸은 그렇게 불가피한 결과였다고 해도 민속학이나 연극사 연구에서 그 전통의 흔적까지 사라진 원인은 무엇인지 아직도 궁금하다.

필연

지금도 떠올리면 가슴이 설레는 사람이 있다. 달문(達文, 1707~?), 그는 자유로운 영혼과 뛰어난 재능을 지닌 기인(奇人) 광대이며, 서울 장안을 들썩이게 하고도 모자라 동래 바닷가에서 백두산 꼭대기까지 유랑하며 전국을 주름잡은 18세기 대중스타였다.

달문은 광문(廣文)이라는 이름으로도 알려졌는데 그의 기인적 면모는 당대 및 후대 문인들의 관심을 받아 여러 편의 문학작품으로 형상화되었다. 여항문인으로 이름을 날리며 당대의 예술가들과 두루 사귄 홍신유(洪愼猷, 1724~?)는 장편서사시인 「달문가(達文歌)」를 남겨 예술가로서 달문의 삶을 조망하였다. 어려서부터 광문의 이야기를 즐겨 들었고 실제로 만난 적도 있다는 박지원(朴趾源, 1737~99)은 「광문자전(廣文者傳)」과 「서광문전후(書廣文傳後)」 두 편의 글을 지었다.

홍신유의 「달문가」는 광대 달문의 삶을 서사적으로 조망하여 시정 예인의 환희와 고뇌가 교차하는 지점을 섬세하게 묘사하였다. 이 작품 역시 임형택 선생의 『이조시대서사시(하)』에 수록되어 세상에 알려졌다. 임형택 선생처럼 일찍이 '사람 사는 이야기'에 주목한 선학들 덕분에 큰 노력을 들이지 않고도 서울 시정의 공연문화와 예인들의 모습을 살필 수 있게 되었다. 개인적인 친분을 얻지는 못했지만 늘 감사하고 존경하는 마음을 갖고 있다.

달문은 〈만석중놀이〉와 〈철괴무(鐵拐舞)〉, 〈팔풍무(八風舞)〉에 능했다고 한다. 〈만석중놀이〉는 산대 위에 인형을 설치해서 놀리는 산희에 속한다. 유득공(柳得恭, 1749~?)의 『경도잡지(京都雜誌)』에 의하면 우리나라 연극에는 산희(山戲)와 야희(野戲)가 있는데 산희는 사자나 호랑이, 만석중 등을 만들어 춤춘다고 하였다. 〈철괴무〉는 서울지역의 탈춤 〈산대놀이〉에 있는 춤의 종류이다. 강이천의 「남성관희자」를 보면 마지막 부분에서 〈철괴무〉를 언급하고 있는데, 철괴선(鐵拐仙)이라고 하는 신선의 흉내를 내면서 동쪽으로 달리다 서쪽으로 내닫는 역동적인 춤으로 묘사되어 있다. 「달문가」를 보면 〈팔풍무〉는 오늘날 남사당놀이 가운데 살판, 즉 땅재주와 비슷한 것 같다. 물고기와 용이 꿈틀거리며 노는 듯하다는 표현에서 살판 중 숭어뜀이나 자반뒤집기가 연상된다.

달문은 단지 몸만 쓰는 광대가 아니라 재담이나 흉내 내기 등 연기에도 능한 광대였다. 땅재주를 부리는 중간에도 '눈을 흘기며 비뚤어진 입에서 나오는 대로 떠드는' 어릿광대의 연기와 입심을 보여주었다. 「광문자전」에는 달문이 언젠가 길을 가다가 싸우는 사람을 만났는데, 옷을 벗고 함께 싸울 듯이 덤벼들어 싸우는 형상을 흉내 내자 주변 사람들이 모두 웃고 싸우던 사람들도 웃느라 싸움을 멈췄다는 이야기도 전한다. 재담과 흉내 내기는 신체 훈련으로만 이루어지는 것이 아니라 세상을 바라보는 예리한 시각과 지적 능력을 갖추어야 가능하다.

「달문가」에 따르면 산대나례가 거행될 때 서울 장안의 악소년(惡少年)들이 그를 상석에 앉히고서 귀신이나 모시듯 떠받들었다고 한다. 악소년이란 왈자로 풍류와 무협을 숭상한 유협(遊俠)의 부류를 말하는데, 각전의 별감을 비롯해서 의금부 나장, 액정서 하예 등 하급무관을 주축으로 결성되었고 18세기 이후 서울의 오락 유흥 문화를 장악했다고 알려져 있다.

산대나례의 일은 의금부와 군기시가 좌우로 나뉘어 경쟁적으로 거행하였다. 두 관청에서 실무를 맡아본 하급무관들 역시 왈자의 구성원이었으리라는 추측을 해보면 산대나례가 거행될 때 장안의 왈자들이 달문을 귀신처럼 받들었다는 내용을 이해할 수 있다. 달문을 자기편으로 끌어들여야 산대나례의 좌우변 경쟁에서 이길 수 있었다는 말이다. 당대 공연문화계에서 달문이 차지하는 위상을 확인할 수 있다.

필자는 박사학위논문을 쓰면서 조선후기 공연문화의 중심이 궁정에서 시정으로 옮겨 가는 과정에서 시정 예인의 전형으로 광대 달문을 분석하였다. 언젠가는 꿈속에서 달문의 모습을 볼 만큼 몰두해 있었다. 최근에는 그 삶의 궤적을 짚어본 짧은 글 「광대 달문, 광막한 천지에 부는 바람 같은 사내」(『우리 고전 캐릭터의 모든 것』 1, 휴머니스트, 2008)를 발표하였다.

그런데 어느 날 문득 「봉사도」의 산대나례와 달문의 활동 시기가 겹칠 수 있다는 생각이 들었다. 그림 속의 공간은 중국사신이 서울에 입성하기 전 묵었던 모화관(慕華館)이다. 중국사신이 돈의문(敦義門)을 통해 입성할 때는 산대를 앞세우고 광대들이 잡희를 하며 행렬을 인도하였는데 이 당시 달문이 이름난 광대였다면 당연히 모화관에서 서울로 들어오는 산대나례에 참여하였을 것이다.

달문은 숙종 33년(1707) 태어나 41세가 되던 영조 23년(1747)에는 조선통신사 일행을 따라 동래로 내려갔고 58세가 되던 영조 40년(1764)에는 경상도 출신 이태정의 역모에 휘말려 귀양을 갔다. 「달문가」와 「광문자전」의 서사에 따르면 달문은 서울 장안의 이름난 광대에서 약방 점원이 되었고 중국과 일본의 국경을 오가는 주릅 노릇을 하였으며 다시 서울로 돌아와 기생들의 조방꾸니 노릇을 하다가 동래로 떠났다. 그가 서울에서 광대로 활동한 기간은 적어도 15세가 되던 1721년부터 38세가 되던 1744년 정도까지였다고 추정할 수 있다. 광대가 아닌 세 가지 직업을 각각 1년씩 유지했다는 가정으로 계산한 것이다. 「봉사도」의 산대나례가 거행된 영조 1년(1725)에 달문은 19세 청년이었다. 신체적으로나 정신적으로 가장 왕성한 서울 장안 최고의 광대였을 것이다.

「봉사도」를 다시 만나 산대나례 장면을 살펴보니 곳곳에 광대 달문이 있다. 재담과 흉내 내기를 잘했다는 그는 사신의 가마 근처에서 재주를 보이는 광대일 수도 있고, 〈팔풍무〉와 〈철괴무〉를 잘 추었다는 그는 마당 한가운데 땅재주를 하거나 탈춤을 추는 광대일 수도 있다. 이들이 달문이 아니라면 적어도 그와 동시대를 살았던 스승이며 선배들일 것이다.

「봉사도」가 달문의 삶과 만나니 그림 속 광대들이 생생하게 살아난다. 재주와 풍류 하나로 서울 장안을 휩쓸었을 그들, 왕실이며 사대부의 잔치에 불려 다니면서도 광대의 자의식을 잃지 않았을 그들, 돈과 비단을 떨치고 기약 없는 유랑을 선택했을 그들, 세상을 앞서 가다 반역으로 몰렸을 그들, 어쩌면 진정 새로운 세상을 꿈꾸었을 그들이 보인다.

2. 왕실 연희 축제의 시간과 공간

중세 이후 우리나라는 궁정과 상층을 중심으로 동아시아 보편의 문화를 수용하여 예악(禮樂)의 기틀을 마련하였다. 중세 보편주의를 받아들인 공식문화의 이면에 토착적인 민간의 비공식문화가 유지됨으로써 우리나라의 문화적 특색을 갖춘 여러 가지 공연예술이 발달할 수 있었다. 왕조의 도읍지를 중심으로 국가 전체를 아우르는 예악 정책이 실현되었으며 그 과정에서 상하층의 공연예술이 만나 통합되고 재창조되는 발전이 이루어졌다.

서울지역의 공연예술은 한양이 도읍지가 된 조선시대에 들어서 화려하게 꽃피웠다. 궁정을 중심으로 국가의 공식문화를 확립하는 가운데 고려왕조의 예악(禮樂)을 재정비하고 새로운 국가 이념인 유교적 세계관에 부합하는 예악문물이 마련되었다. 새로운 왕조의 정당성을 만방에 과시하기 위한 대규모 행렬의식을 국가적 행사로 공식화하여 다양한 민간 공연예술이 서울로 진출하는 계기가 마련되기도 하였다.

조선전기의 공연예술은 국가의 문화적 기틀을 바로잡기 위하여 왕실과 조정이 주도하였다면 조선후기의 공연예술은 민간의 오락적 욕구가 증대됨에 따라 수요와 공급의 원리가 통하는 시정(市井)이 주도하였다. 이러한 과정에서 외방의 공연예술이 서울로 진출하거나 궁정의 공연예술이 민간으로 내려오는 변화가 일어났다. 예능인의 실질적 위상이 높아지고 그들의 예능을 완상하는 후원자 집단이 형성되었으며 신분 계층의 경계를 넘어 대중적으로 인기를 얻는 흥행예술이 부각되었다.

이하의 논의에서는 왕실의 연희 축제를 배태한 서울지역의 공연 환경과 공연예술사의 실상을 개괄한다. 먼저 서울지역 문화의 하위 층위인 궁정, 시정, 외방의 문화 공간에 대하여 고찰하고 이어 공연예술의 생산과 수용이 이루어진 공연공간의 특성에 대하여 살펴볼 것이다.

1) 궁정(宮廷), 시정(市井), 외방(外方)의 관계

조선시대 서울지역의 특성은 다층적이어서 내·외부적으로 여러 가지 관계를 형성하고 있다. 이 지역의 공연예술사를 살펴보기 위해서는 다층적인 하위 문화 공간에 대한 논의가 선행되어야 한다. 동시대 안에서 구분되는 문화적 층위가 통시적으로 교섭하고 대결하는 가운데 공연 환경과 공연예술 양식이 형성되기 때문이다.

서울은 궁정(宮廷)과 시정(市井)으로 나뉜다. 서울의 도성 안쪽은 궁궐 및 주요 관아를 포함하는 궁정과, 상점이 밀집한 시정으로 이루어져 있다. 시정은 궁궐과 관아에 필요한 물품을 공급하기 위하여 계획된 시전(市廛)을 중심으로 형성된 공간이다.

한편, 서울과 각 지방은 '경(京)'과 '외(外)'의 이원적 구조를 이루고 있었다. 서울과 마찬가지로 외방도 단일한 성격의 공간은 아니다. 외방에도 관아를 둘러싼 행정 중심지가 있고 장시가 발달하기도 하였다. 지리적인 여건이나 행정적인 구조의 차이에 의하여, 나라 전체는 서울과 외방으로 나뉘고 서울은 궁정과 시정으로 나뉜다.

궁정, 시정, 외방은 동시대 문화를 구성하는 세 층위의 공간으로 구분할 수 있다.[1] 궁정, 시정, 외방의 용어는 지리적으로 또는 행정 구조상으로 실재하는 공간의 개념에서 가져왔지만, 이 글에서는 문화 공간 탐구를 위한 개념적인 틀로 다시 정의하고자 한다. 따라서 문화 공간으로서의 특

---

1 궁정, 시정, 외방의 문화적 층위에 대한 논의는 사진실, 「조선시대 서울지역 연극의 공연상황」, 『한국연극사 연구』, 태학사, 1997, 182~188면 참조.

성은 실재하는 공간의 특성과 완전히 일치하지는 않는다.

궁정은 공식적인 통치 질서를 토대로 하는 신분적 상하 관계로 맺어진 공간이다. 시정은 물질적인 거래를 중심으로 하는 경제적인 관계로 맺어진 공간이다. 시정은 제도적으로는 궁정에 종속되어 있었지만 실질적으로는 궁정과는 다른 문화 공간을 이루고 있었다고 할 수 있다. 공적인 질서가 서울의 궁정에서부터 나온 것이라면, 민간의 질서는 시정을 중심으로 확산되었다고 할 수 있다.

외방은 노동력을 기반으로 하는 공동체적 관계로 맺어진 공간이다. 물론 관아가 설치된 행정 중심지와 상업 활동이 이루어지는 장시가 있고 조선후기에 이르면 지방 상업 도시가 형성되기도 한다. 또한 노동 공동체만 존재하는 것이 아니라 관아에 파견된 중앙 관료가 있고 지방에 거주하는 사대부 및 향리가 존재하며, 장시(場市)나 포구(浦口)에는 시정과 비슷한 인물 군상이 존재한다.

지방 관아는 궁정의 권한을 위임받아 행정적인 역할을 수행하였으므로 궁정의 연속으로 보아 무방할 것이다. 장시나 포구는 상업 활동이 이루어졌다는 측면에서는 서울의 시정과 같은 성격이다. 따라서 문화 공간으로서의 외방은 대다수 거주자의 생활 방식을 따라 노동 공동체의 공간으로 설정한다.

경제생활의 패턴을 살펴보면, 궁정은 소비 중심, 시정은 유통 중심, 외방은 생산 중심의 생활을 영위하였다고 할 수 있다. 외방은 생산과 소비가 일치하는 자급자족의 구조를 이루었지만, 궁정과 시정은 일차적인 생산품의 경우 외방의 생산품에 의존할 수밖에 없었다. 궁정이 통치 질서를 앞세워 외방과 시정으로부터 물품을 거두어들였다면, 시정은 경제적인 거래를 통하여 외방의 생산품을 유통시키고 그들 자신이 구매자가 되었다. 시정은 외방에서 구매한 일차적인 생산품을 가공하여 이차적인 생산품을 만들어내기도 하였다.

예술 또는 오락도 이상적인 생활을 영위하기 위하여 필요한 생산품이라고 할 수 있으므로 그 향유 과정도 이러한 특성을 지닌다고 가정할 수 있다. 외방에서는 생산자가 곧 소비자인 민속예술을 향유하였다. 시정에서는 소비자와 다른 집단인 생산자들이 직업적 예술인으로 활동하며 민속예술을 토대로 창출하거나 궁정문화를 해체하여 재구성한 예술상품을 향유하였다. 궁정에서는 의례와 오락에 필요한 외방의 민속예술과 시정의 전문예술을 차출하여 향유하였다. 조선시대를 포함한 중세의 궁정은 동아시아 보편의 문화를 활용하여 특유의 궁정예술을 창출하였다.

궁정, 시정, 외방의 행동 규범은 각각 제도, 계약, 관습이라고 할 수 있다. 궁정의 제도는 공식적인 규정과 절차를 수반하기 때문에 매우 고착적이다. 통치 질서를 유지하기 위해서 강제성이 부여되어 있다. 그러나 필요에 따라 일시에 바꿀 수 있다는 특성이 있다. 계약은 상호 이익에 따라 유동적이다. 정해진 규범이 있다면, 계약을 이룬 당사자 간의 신의를 지키는 것일 뿐 행동의 규정이나 절차를 정할 필요가 없다. 상호 이익이 되는 합의점을 찾아 수시로 변화하게 된다. 외방의 관습은 쉽게 변하지 않고 잘 유지된다는 점에서 제도와 비슷하지만, 강제성이 없고 일시에 변화하지 않는다는 점에서 다르다. 관습은 뿌리 깊은 전통과 공동체의 결속력에 의하여 거의 변함없이 유지될 수 있다.

궁정, 시정, 외방이라는 문화 공간은 공식적이고 비공식적인 차이를 들어 다시 분류할 수 있다. 한 시대의 문화를 상층의 공식문화와 하층의 비공식문화로 나누어 파악하는 것은 매우 일반적인 입장이다. 피터 버크는, 초기 근대 유럽에 두 개의 문화적 전통이 존재하였다고 하면서 대전통(great tradition)과 소전통(little tradition)으로 구분하였다. 대전통은 당대의 지배층이 전수하는 공식문화였다면 소전통은 주로 평민들이 전수하는 비공식문화였다.[2] 공식문화는 제도적인 관(官)의 문화이며, 비공식문화는 제도 밖에 있는 민(民)의 문화를 말한다.

---

2 Peter Burke, *Popular Culture in Early Modern Europe*, London; Temple Smith, 1978, p.28.

외방은 문화의 상승(rising) 현상을 지지하는 사람들이 믿는 '창조성의 원천인 민속문화'를 만들어내는 공간으로 비공식문화의 중심에 있다. 궁정은 공식문화의 중심에 있다. 시정은 비공식문화에 속해 있으면서도 누구에게나 열려 있다는 점에서, 궁정의 공식문화와 외방의 비공식문화를 매개하는 역할을 담당하였다고 할 수 있다.

시정은 상업 활동의 중심지로 존재하므로 다양한 인간 군상이 나름대로의 이익을 좇아 모여들게 된다. 반면, 외방은 노동력을 투자하는 생산 현장이 중심이 되므로 공동체를 이루는 구성원의 성격이 유사하고 결속력이 강하다고 할 수 있다. 시정과 외방은 예술을 향유하는 방식에도 차이가 있다. 시정은 상품을 매매하는 공간이므로 예술 역시 상품으로서 고안하여 팔고 사는 성격이 강하다고 할 수 있다. 외방은 자연 발생적인 민속예술을 향유한다. 민속예술은 생산자와 수용자의 구분 없이 함께 즐기는 것이므로 상품으로 팔고 사지 않는다. 한편, 궁정은 예술을 고안한다는 측면에서는 시정의 특성과 일치하고, 상품성을 추구하지 않는다는 측면에서는 외방의 특성과 일치한다.

피터 버크는 초기 근대 유럽의 문화에서 매개자 역할을 하는 문화적 전통을 상정하였다. 문화사를 침강(sinking) 또는 상승(rising)이라는 일방적인 흐름으로 파악하고자 했던 기존의 논쟁을 되풀이하지 않는 대신, 상층문화와 하층 문화의 지속적인 상호 작용을 강조하는 가운데 매개자의 역할이 중요하다는 사실을 언급하였다. 그는 매개 역할을 맡은 문화를 'chap book culture'라고 부를 수 있다고 하였다.[3] 'chap book'이란 가볍게 읽을 수 있는 소설이나 속요(俗謠) 등이 실려 있는 책자로서 가두에서 판매되었다고 한다. 돈만 내면 거리에서 쉽게 구해볼 수 있고 어설픈 정도의 문자 해독 능력만 있어도 읽을 수 있는 책자로 상징되는 문화란, 이 글에서 다루는 시정문화와 상통한다.

---

3 Peter Burke, *Popular Culture in Early Modern Europe*, p.63.

시정에서는 자신이 속해 있는 사회 계층과 무관하게 문화를 향유할 수 있다. 상층 집단은 시정을 통하여 비공식문화에 참여하게 된다. 시정에서 문화를 향유하는 규범은 거래 또는 계약으로, 대가를 지불하면 누구나 시정 예술의 소비자가 될 수 있기 때문이다. 외방의 민속예술과 그 담당층은 시정에 진출하면서 예술상품을 파생하고 창출하여 계층을 넘어선 광범위한 예술상품 수요자를 확보할 수 있다.

서울지역의 공연예술은 궁정문화와 시정문화의 산물이다. 공연예술은 외방의 민속 문화를 바탕으로 하면서도 궁정의 공식문화가 요구하는 의전(儀典)에서 연행되었고 시정의 오락적 수요에 부응하는 예술상품으로도 유통되었다. 조선시대 서울지역의 공연예술사를 조망하기 위해서는 음악, 무용, 연극 등 공연예술이 궁정문화, 시정문화, 외방문화의 상관관계 속에서 성장한 상황을 충분히 고려해야 한다.

2) 공연공간의 폐쇄성과 개방성

공연예술의 역사적 흐름을 살펴보기 위하여 중요한 요소가 공연공간이다. '공연'이라는 행위는 연행자와 관객이 현존하는 물리적 공간이 전제되어야 하기 때문이다. 궁정, 시정, 외방의 공연공간은 관객 구성의 특성과 물리적인 조건에서 폐쇄성과 개방성이라는 특성을 지닌다. 조선시대 서울지역의 공연예술계에서 공연공간의 폐쇄성과 개방성의 변화는 중세에서 근대로 이행하는 공연예술사의 전개 과정에 주요한 토대를 이루었다. 공연예술의 생산과 수용이 이루어지는 공연공간으로는 폐쇄공간, 준폐쇄공간, 준개방공간, 개방공간을 들 수 있다.[4]

먼저 관객 구성의 특성에 의하면, 폐쇄공간은 관객의 자격이 제한되어

---

4 네 가지 공연공간의 특성에 대해서는 사진실, 「조선시대 서울지역 연극의 공연상황」, 『한국연극사 연구』, 281~303면 참조.

있으며 고정적이다. 관객의 자격은 공식적인 제도와 신분적 특권에 의하여 규정된다. 개방공간은 관객을 제한하지 않는다. 개방공간의 관객은 신분적인 특권을 주장하지 않는다. 준폐쇄공간은 제도와 신분에 의하여 한정적이고 고정적인 관객을 확보한다는 차원에서는 폐쇄공간과 같은 조건이다. 그러나 제도 외적으로 일부 유동적인 관객을 허용한다는 측면에서 다르다. 준개방공간은 누구라도 관객이 될 수 있도록 열려 있다는 점에서 개방공간과 같다. 특정인 또는 단체가 다액의 보상을 전제하고 예능인을 초청하므로 공연행사에 대한 배타적인 권리를 갖는다는 점에서 차이가 있다.

위의 네 가지 공간은 물리적인 개폐성에 의해서도 구별된다. 중세 이전에는 관객 구성과 물리적 조건의 양상이 겹치는 것이 특징이라 할 수 있다. 상업적인 극장이 설립되기 전까지는 물리적 공간의 개폐성이 관객 구성의 개폐성과 일치하여 나타난다. 폐쇄공간으로 갈수록 물리적인 제한이 더 커진다. 관객과 관객이 아닌 사람을 구분하기 위하여 담장이 존재하거나 출입을 통제하게 되는 것이다. 개방공간으로 갈수록 물리적인 장애물은 사라지게 된다. 장터나 들판 등 사람들이 많이 모이는 트인 공간에서 공연이 이루어진다고 하겠다. 이러한 공연공간의 특성은 공연예술의 연행 방식과 밀접한 관련이 있다.

폐쇄공간에서 이뤄지는 공연 중 대표적인 행사가 궁궐 안에서 거행되는 진연(進宴)이다. 궁정의 연회인 진연은 세자 및 신하가 임금에게, 임금이 대비에게 드리는 잔치로서 음식, 술과 함께 기녀나 무동의 정재를 바친다. 진연은 예악론(禮樂論)의 이념을 바탕으로 거행되었다. 의례 절차를 통하여 예(禮)를 실현한다면 공연 절차를 통하여 악(樂)을 구현하는 것이다.

진연은 다시 외연(外宴)과 내연(內宴)으로 나뉘는데, 문무 대신 이하 신하들이 참석하는 외연을 거행하고 나서, 궁궐의 비빈(妃嬪)과 내명부(內命婦) 등 여자들이 참석하는 내연을 거행하였다. 외연은 주로 정전(正殿)에서 거행되었고 내연은 주로 편전(便殿)이나 내전(內殿)에서 거행되었다. 정전이나 편전은 임금이 정사를 보는 공간이며 내전은 왕비가 거처하는 생활공간이다. 그러나 진연 등의 행사를 위하여 활용되는 경우 그 궁궐은 일시적으로 연회공간이 되고 공연공간이 된다.

진연의 공간은 참석자가 제한되어 있고 물리적으로 닫힌 공간에 마련 되는 까닭에 폐쇄적인 공연공간의 특성을 지닌다. 다음은 「순조기축진찬 도병(純祖己丑進饌圖屛)」에 묘사된 명정전진찬 장면이다(그림 1).

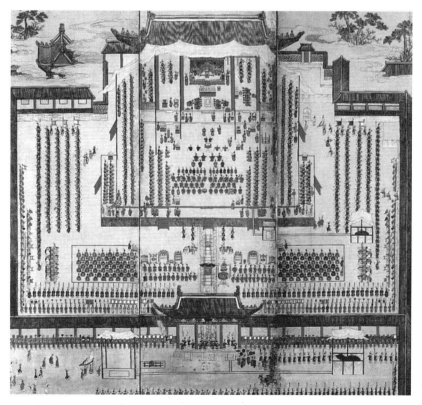

그림 1 폐쇄공간의 모습. 「순조기축진찬도병」 중 명정전 진찬 부분

순조 29년(1829) 임금의 즉위 30년을 기념하여 창덕궁 명정전에서 거행된 행사이다. 참석자는 임금 및 왕세자 이하 문무대신들로 한정되어 있다. 임금의 호위와 시위를 위하여 많은 군사들이 도열해 있지만 이들은 초대받은 관객은 아니다.

대청에는 남쪽을 향하여 어좌(御座)가 마련되었고, 대청 아래 보계 동쪽에는 서쪽을 향하여 왕세자의 좌석이 마련되었으며, 시연(侍宴)하는 신하들이 동서로 나뉘어 앉아 있다. 가운데 마련된 무대에는 무동들의 공연모습이 보인다. 보계의 남쪽 끝에는 악공들이 도열하여 있다.

보계는 평범한 덧마루의 개념을 넘어서 연회의 의례 절차를 거행하기 위한 주요 설비로 사용되고 있다. 보계를 통하여 공간의 넓이와 높낮이를 조정함으로써 예(禮)를 실현하기 위한 상하의 차별을 가시화한다. 진연의 공연공간은 초대받은 관객만 입장할 수 있으며 상하좌우의 위치를 구별하여 참석자들의 이동까지 제한하고 있어 관객 구성의 측면에서 폐쇄적인 공연공간의 특성을 잘 보여준다.

명정전은 창덕궁의 정전으로 임금과 신하가 조회를 하는 공식적인 행사공간이지만 진찬이 벌어지는 동안 연회와 공연을 위한 공간으로 탈바꿈하게 된다. 정문과 담장, 회랑은 명정전의 경계를 명확하게 하여 일상공간과 공연공간을 구분하는 폐쇄적인 물리적 조건으로 작용한다.

폐쇄공간에서 관객들은 걷거나 서지 않고 앉아서 관람하게 되어 무대와 객석이 고정되어 있다. 공연물을 관람할 수 있는 시청각적 거리를 확보할 수 있다는 사실과 관객의 집중 시간을 예측할 수 있다는 사실 등의 요건이 장점으로 작용한다. 단일한 공간에서 정해진 시간 동안 공연자와 관객이 현존할 수 있기 때문에 작품의 완결성을 확보할 수 있는 가장 좋은 조건의 공간이다.

준폐쇄공간도 궁정의 공식적인 행사와 관련되어 있다. 궁정의 공연문화에서 폐쇄공간의 공연은 주최 측의 내부적인 행사인 반면, 준폐쇄공간의 공연은 주최 측의 위상을 드러내고자 하는 대외적인 행사였다. 임금이 종묘의례를 마치고 환궁할 때 광화문 앞까지 이르는 연도에서 여러 가지 행사와 잡희가 연행되었는데 이 경우가 가장 대표적인 준폐쇄공간의 공연이라고 할 수 있다.

궁정의 행사이므로 공식적으로 관객이 정해져 있고 원칙적으로 민간인의 관람을 통제한다는 점에서 폐쇄적이지만, 그 이면에는 왕실의 위엄과 화려함을 알리는 시위(示威)의 기능이 있고 그 기능은 모든 백성을 향해 있으므로 실질적으로는 개방을 지향한다.

이 행사는 물리적으로도 준폐쇄공간의 특성을 지닌다. 궁궐 근처이며 임금의 행차가 지나는 곳이므로 폐쇄적이지만 궁궐문 밖 연도는 민간인에게 노출되어 있다는 점에서 완전히 닫혀 있지 않다고 할 수 있다.

광화문 앞 행렬의식을 담은 그림이 남아 있지 않지만 평양감사의 행렬의식을 담은 그림을 통해서 준폐쇄공간의 공연 양상을 가늠할 수 있다(그림 2).

광대패들을 앞세우고 평양감사의 행렬이 시가지를 지나고 있다. 많은 구경꾼들이 거리에 늘어서 있으며 길가 점포의 지붕 위에 올라가 구경하는 사람들도 있다. 이 행사는 평양감영에서 주최한 행사로 평양감사를 위한 환영 의전이므로 특정한 소수를 위한 폐쇄성을 띠지만 거리의 백성들에게 열려 있다는 점에서 개방성을 지닌다. 길가에 늘어선 백성들에게 평양감사의 위상을 과시하기 위한 대외적인 행사의 성격이 짙다고 할 수 있다.

준폐쇄공간인 광화문 앞 연도는 고정적인 무대를 확보하기 어렵다는 제한 조건이 있다. 공연은 임금의 행차를 전도하면서 이루어지는 것이 기본이다. 고정된 무대를 확보하여 공연하는 경우에도 공연의 대상인 임금은 지나가면서 잠깐 관람하는 정도이다. 이 경우 무대는 단일하거나 고정된 무대가 아니라 복합적이거나 이동하는 무대라고 할 수 있다. 단일한 공연종목에 집중할 수 없는 대신 관객의 이목을 집중시킬 무대 설비가 발달하였다. 멀리서 보아도 효과적인 화려한 장관을 연출해야 하기 때문이다.

그림 2 준폐쇄공간의 공연 모습. 「평양감사향연도」 중 평양시가행렬 부분

개방공간은 관객을 제한하지 않는 공연공간이다. 어떠한 특권도 지니지 않는 유동적인 관객 집단이 구성된다. 물리적으로도 담장을 치거나 문을 설치하지 않는 열린 공간의 특성을 지닌다. 개방공간의 공연은 궁정의 공연문화에서 찾아보기 어렵고 민간의 공연문화에서 쉽게 찾아볼 수 있다.

예능인들의 자발적인 흥행 활동이 벌어지는 서울의 시정(市井)이나 외방의 장터 등을 예로 들 수 있다(그림 3). 장터는 물리적으로 트인 공간이며 지나가는 모든 사람이 고객이며 관객이 된다. 공연 상품 자체를 팔기 위한 것이든 상업 행위를 위한 보조적인 것이든 개방공간의 공연은 시정의 모든 사람들을 관객으로 상정한다.

조선전기에는 개방공간의 공연이 크게 활성화되지 못하였다. 예능인들의 집단 활동은 위정자들의 눈에 사회적인 해악으로 인식되었기 때문이다. 개방공간에서 공연의 수요를 끌어내기 위해서는 예능인들의 공연종

그림 3 개방공간의 공연 모습. 「흥국사 감로탱」 중 놀이패 공연 부분

목이 임의적인 관객 집단의 오락적인 수요를 불러 일으켜야 한다. 반대로 예능인들의 공연종목이 다채로워지고 예능이 질적으로 향상되기 위해서는 공연에 대한 적절한 보상이 뒤따라야 한다. 이 시기 개방공간의 공연이 활성화되지 못한 것은 이러한 요소들이 서로 상승 작용을 하지 못하였기 때문이다.

준개방공간은 관객을 제한하지 않는다는 점, 예능인과 관객이 경제적인 거래 관계를 맺는다는 점에서 개방공간과 동일한 조건이나, 완전히 열려 있는 공간은 아니다. 일례로 예능인이 특정한 관객의 초청을 받아 판을 벌이는 공연공간을 들 수 있다. 예능인 집단을 초청하여 배타적으로 공연예술을 향유하는 까닭에 소수가 다액의 보상을 해야 하므로 관객은 비용을 부담할 수 있는 능력을 갖추고 있어야 한다. 경제적인 능력과 예술 향유의 의지를 갖추고 있는 사람들이 관객을 구성하기 때문에 유동적인 가운데서도 고정적인 애호가 관객 집단이 구성될 수 있다.

회례연(會禮宴)이나 문희연(聞喜宴) 등 양반 사대부가에서 거행되는 잔치 등에서 준개방공간의 공연 모습을 확인할 수 있다(그림 4). 관객이 공연공간을 지정하여 예능인을 초청하므로 예능인 스스로 공연공간을 결정하는 개방공간과 차이가 있다.

민간의 잔치에서 벌어지는 공연은 누구나 볼 수 있다는 점에서 열려 있지만 초청자의 목적에 맞는 맞춤형 공연이 필요하다는 조건이 있었다. 특정한 관객 집단을 상대로 하기 때문에 예능인들과의 친연 관계가 생겨날 수 있었다. 관객 집단은 경제적인 지원이나 보상을 할 뿐 아니라 공연예술의 양식적 변화에 개입하였다.

궁정과 시정의 문화가 발달하고 외방 문화를 적극적으로 받아들인 서울지역은 폐쇄공간에서 개방공간까지 다양한 공연공간의 전통을 유지해 왔다. 서울지역은 중세 공연공간의 전통을 혁신하여 근대적인 극장문화를 형성하는 터전이 되었다. 음악, 무용, 연극 등 공연예술은 공연공간의 변화에 적응하는 동시에 공연공간의 특성에 맞추어 양식적 변화를 겪었

그림 4 준개방공간의 공연 모습.「회혼례도」중 판소리 공연 부분

다고 할 수 있다.

3) 조선시대 공연문화의 통시적 흐름

조선시대 공연문화는 궁정문화와 외방문화, 시정문화의 교섭과 해체, 재생산을 통하여 형성되었다. 궁정문화는 중세 동아시아문명의 보편성에 중심축을 두고 있었으며 외방문화는 토착적인 민속문화를 바탕으로 이루어졌다.

상층과 하층, 공식과 비공식으로 구분될 수 있는 두 문화를 매개한 것이 시정문화였다. 특히 서울지역의 시정문화는 외방의 민속예술이 서울로 진출하여 전문 흥행예술로 변모하는 환경을 제공하였으며 소수의 관객이 독점한 궁정의 공연예술을 해체하여 향유층을 확산시키는 역할을 담당하였다.

공연공간의 시각으로 보자면, 폐쇄공간과 준폐쇄공간의 공연이 성황을 이루다가 그 주도권이 준개방공간과 개방공간의 공연으로 넘어가는 변화가 생긴다. 궁정문화가 이끌었던 공연예술의 발전이 시정문화에 의하여 가속화되고 활성화되었다. 근대에 이르게 되면 궁정문화를 대표하는 폐쇄공간의 공연이 사라지고 극장 중심의 개방공간 공연이 크게 활성화된다.

왕실의 연희 축제는 오례(五禮)와 더불어 거행되었다. 왕실의 경사를 축하하는 의례인 가례(嘉禮)에는 연향악이 수반되었다. 연향은 국가적인 경사를 즈음하여 임금과 신하가 함께 참여하는 외연(外宴)에서 왕실의 여인들이 참여하는 내연(內宴), 격식 없는 소연(小宴)에 이르기까지 다양한 형태로 존재하였으며, 언제나 악무의 공연이 뒤따랐다. 연향악은 순수 기악곡으로 연주되는 형태에서 노래와 춤, 연주가 종합적으로 구성된 형태 등 까지 다양하게 전승되었다.

오례 가운데 흉례(凶禮)에 해당하는 나례(儺禮)는 연극의 발전과 관련이 깊다. 고려 때 중국에서 전래된 나례는 본래 귀신을 쫓는 의식인데 가면을 쓰고 창사(唱詞)와 연기 동작을 병행하기 때문에 공연 오락 행사의 의미까지 포괄하게 되었다. 세밑에 궁궐의 뜰에서 광대놀음을 벌인 행사도 나례라고 하였고 임금의 행렬이 지나는 연도에서 거행한 화려한 공연 행사도 나례라고 하였다. 전자는 특히 '관람한다'는 행위에 역점을 두어 '관나(觀儺)'라고 불렀다.

관나의 행사는 해마다 세밑에 경복궁의 사정전이나 창덕궁의 선정전 등 궁궐의 편전이나 경회루 등 후원에서 거행되었다. 이 공연공간은 진연이 거행되는 궁궐의 정전(正殿)과 마찬가지로 폐쇄공간의 특성을 지닌다. 임금의 좌석은 전각의 처마 밑에 마련되기도 하고 건물의 기단인 월대와 정문을 잇는 월랑에 마련되기도 한다. 이 행사에는 왕실의 비빈 등이 함께 참여했는데 전각의 협실에 발을 치고 관람했다.

관나에서는 임금에게 정치의 득실과 민간의 풍속을 알린다는 명분에 따라 시사적인 사건을 소재로 삼아 배우희(俳優戲)가 공연되었다. 배우희는 관객에게 웃음을 주는 것이 기본이지만 세태와 시사 풍자를 담아야 한다는 원칙이 있었다. 임금 역시 배우희를 볼 때는 웃음과 풍자를 균형 있게 받아들여야 하는 관극 태도가 중요하였다. 중대한 사안인 경우는 소재가 된 사건을 추적하여 그릇된 현실을 바로잡았다. 공연종목은 미리 임금에게 나희단자(儺戲單子)를 올려 낙점을 받아 준비하였다.

배우희는 민심과 여론을 임금에게 직접 전달하는 통로가 되었다. 배우들은 때로 직접 임금을 풍자하여 조롱하기도 했다. 배우희의 내용은 민간의 풍속을 담고 있지만 임금의 친척이나 상층 관료 등의 입장이 반영되어 정치적으로 이용될 수 있었다. 정치적인 효용과 오락적인 목적으로 종친이나 사대부들이 배우들을 후원하고 양성하는 경우가 있었다.

세도가에서 예능인을 양성하고 후원하는 일은 고려 이전부터 내려오는 전통이었다. 가비(歌婢)라 하여 집안에 예능인을 두고 재주를 완상하였고, 양반 사대부가 기부(妓夫)가 되어 기녀의 후견인이 되었다. 집안에서 배우를 양성하는 일은 그 연장선에서 파악할 수 있다.

종친과 양반 사대부들은 스스로 예능을 연마하여 경지에 오르기도 하였는데 특히 거문고와 같은 현악 연주는 선비의 덕목으로 여겨 많은 이들이 애호하였다. 마음의 수양을 위하여 홀로 즐길 수 있는 악기 연주와 달리 관객의 앞에서 남을 흉내 내는 광대놀음은 선비들이 직접 투신할 수 있는 예능이 아니었다.

중세 궁정문화에서는 임금을 환영하거나 개선장군 및 외국사신을 맞이할 때 행차가 지나가는 거리 곳곳에서 여러 가지 예식 절차와 공연 행사를 베푸는 행렬 의식을 거행하였다. 조선 전기에는 선조의 신주를 종묘에 안치하는 부묘(祔廟) 의식이나 임금이 친히 경작을 경험하는 친경제(親耕祭) 등을 거행할 때 행사 장소에서 광화문에 이르는 연도에서 행렬 의식인 환궁 의식이 진행되었다.

조선전기의 환궁 의식은 종묘에서 광화문에 이르는 연도에서 거행되었다. 의금부와 군기시의 나례, 성균관 유생과 기로(耆老)의 가요헌축(歌謠獻軸), 장악원(掌樂院)의 교방가요(敎坊歌謠) 등으로 구성되었다. 임금의 가마를 전도하거나 행렬이 지나는 연도의 좌우에서 악무와 잡희가 연행되므로 대표적인 준폐쇄공간의 공연이라고 할 수 있다.

준폐쇄공간의 특성에 걸맞게 거대하고 화려한 무대장치가 동원되었는데 장악원의 교방가요 때는 이동식 무대인 침향산(沈香山)을 사용하였고, 광화문 앞 나례에서는 거대한 산대(山臺)를 미리 세워두고 무대 겸 기념비(monument)로 활용하였다. 산대는 동아시아 보편의 신화로 전승된 '봉래산'이나 '곤륜산'을 형상화하여 조설되었는데 신화에 등장하는 신선과 기화요초를 잡상으로 꾸며 연행하였다.

산대의 조설은 동아시아 보편의 문화를 수용한 상층문화의 산물이었지만 산대 앞마당과 거리에서 연행된 가무백희들은 외방의 토착문화에 기반을 두고 시정문화를 통하여 성장한 민간 공연예술이었다. 전국에서 광대들을 모아 다양한 민간 공연예술을 펼쳐 놓음으로써 임금을 송축하고 왕실의 번영을 과시하는 환궁 의식의 목적에 잘 부합할 수 있었다.

조선시대 악무를 담당한 관청은 조선전기 장악원(掌樂院)으로 통폐합된 이후 조선후기까지 유지되었다. 아악서(雅樂署)와 전악서(典樂署), 관습도감(慣習都監), 봉상시(奉常寺), 악학(樂學) 등으로 세분되어 운영되던 장악 기관은 세조 때 장악서(掌樂署)로 통합되었다가 성종 때 장악원으로 개칭되었다.

장악원은 국가의식 및 궁중의 각종 연향, 그 밖의 여러 행사에 소용되는 제반 음악과 춤을 총괄하였다. 정3품에서 종7품에 이르는 문관 출신의 관리직과, 악생(樂生), 악공(樂工), 관현맹(管絃盲), 여악(女樂)과 무동(舞童) 등이 소속되어 있었는데 이들의 연습과 취재(取才)는 국가 규정으로 정해져 있었다.

관나와 산대나례를 주관한 관청은 의금부였다. 장악원과 달리 의금부는 예능인이 소속되어 있지는 않았지만 평소 광대들을 관리하고 있다가 필요시 수시로 궁궐에 들여보냈다. 관나의 날짜가 잡히면 의금부에서 나희단자(儺戲單子)를 올려 공연종목을 결정하는 한편, 광대들의 기량을 점검하고 연습시키는 일을 담당하였다.

의금부는 임금의 신변 보호 및 국가 기밀 유지, 금란(禁亂)과 추국(推鞫) 등을 담당한 기구이다. 관나 때는 민간의 광대들이 궁궐에 들어오고 산대나례 때는 임금이 민간 앞에 노출되기 때문에 의금부의 역할이 매우 중요했다고 할 수 있다. 또한 전국적으로 광대를 동원해야 하니 도적을 잡는 전국적인 연락망이 필요했다고 할 수 있다. 산대나례는 국가적 규모의 행사였기 때문에 의금부가 좌변나례도감을 맡고 군기시가 우변나례도감을 맡아 연도의 양쪽에서 경쟁적으로 화려한 볼거리를 연출하였다.

조선후기 왕실은 전란을 겪으면서 혼란해진 오례를 정비하는 데 힘을 기울였다. 광해군은 특히 임진왜란 전의 국가적 의전 행사를 복구하여 왕실의 위상을 다시 세우고자 하였다. 그러나 인조반정 이후 궁정의 연향이나 환궁 의식 등의 국가적 행사는 간소화되거나 폐지되는 결과를 맞이하게 된다.

산대나례를 포함한 환궁 의식은 왕실과 조정의 위상을 대외적으로 과시하는 중요한 의전이었으나 인조는 경제적 폐단을 없애고자 이를 폐지하였다. 명나라 때와 같은 의전을 원하는 청나라의 요구로 중국 사신을 위한 산대나례는 폐지할 수 없었으나 대부분의 준비와 행사 진행을 민간의 재인청으로 이관하였다.

폐지 논란이 거듭되던 장악원의 여악이 폐지됨에 따라 왕실의 내연이 거행될 때는 지방의 기녀를 불러올리는 선상기(選上妓) 제도가 시행되었다. 선상기가 궁중 연향을 위하여 상경하고 귀향하는 과정에서 궁중의 악무가 지방 관아의 교방악으로 정착되고 지방의 악무가 궁정악으로 편입되는 교류 양상이 활발해졌다.

순조 대에는 효명세자의 주도로 궁중 연향이 활성화되고 새로운 정재가 다수 창작되는 등 왕실 공연문화가 새로운 국면을 맞이하게 된다. 효명세자는 세도정치로 위축된 왕권을 회복하기 위하여 아버지 순조를 위한 효치(孝治)를 실천하였다. 그는 순조와 순원왕후를 위한 대규모의 연향을 여러 차례 주도하였으며 직접 정재의 예제(睿製)를 지어 창작한 정재를 선보였다.

정재의 형식에서는 향악 정재와 당악 정재의 구별이 사라지는 변화가 일어났다. 죽간자(竹竿子)의 유무에 관계없이 무원들의 동작이 거의 같고 한문창사(漢文唱詞)가 보편화되었다. 조선전기에 창제된 정재 중 절반 이상이 공연되지 않고, 남아있던 정재조차도 음악과 창사가 시대적 상황에 맞게 바뀌었고 춤의 움직임이나 동선도 따라서 바뀌었다. 특히 효명세자가 창작한 정재들은 내면의 미학을 강조하는 새로운 예술성을 만들어내었다.

고종대에는 제국주의 열강의 위협 속에서 왕조의 정통성과 권위를 유지하기 위하여 각종 연향과 연희 축제를 통하여 왕실의 위상을 대내외적으로 과시하였다. 전통적인 방식의 연향을 격식 있게 거행하는 것은 물론, 산대나례의 전통을 잇는 거리 축제를 복원하였다. 경복궁 옛터 광화문 앞에서 거행된 친림 축하 행사는 왕권과 왕실의 존엄성과 영속성을 만방에 과시하는 획기적인 사건이었다. 중세 봉건사회가 저물어가는 시점에서 이루어진 마지막 중세 축제였다고 할 수 있다. 서양 외교사절을 위한 서구식 연회도 수용하였는데, 고종의 즉위 40주년을 기념하여 구미 각국의 외교사절을 초청하는 연회를 계획하면서 설립한 희대(戲臺) 협률사는 최초의 옥내극장으로 알려져 있다.

궁정문화의 주요 공연공간이었던 폐쇄공간과 준폐쇄공간이 축소되거나 민간과 지방 관청으로 이관되면서 개방공간과 준개방공간의 공연이 활성화되었다. 민간의 공연공간은 정자와 누대, 시장과 마을의 공터 등 다양한 장소를 활용하였다. 서울지역 곳곳이 공연공간으로 재발견되어 전문예능인을 초청하거나 스스로 연주하여 즐기는 다양한 공연문화가 활성화되었다.

서울 시정의 공연문화에 영향을 끼친 계층으로 중간층 가운데 왈자 집단이 있다. 풍류와 무협을 숭상한 유협(遊俠)의 부류를 말하는데, 각전 별감(各殿別監)을 비롯해서 의금부 나장, 액정서(掖庭署) 하예 등 하급무관을 주축으로 결성되어 18세기 이후 서울의 오락 유흥 문화를 장악했다고 알려져 있다.

서울의 치안과 질서 유지를 담당한 이들은 대민 접촉이 빈번한 말단 권력인 까닭에 시정 사람들의 생계 활동에 영향력을 행사할 수 있었다. 그들은 공연 장소의 선정, 공연 활동의 보호, 공연장의 질서 유지 등 공연 오락의 수요 공급을 조절하는 역할을 수행하였다. 악공, 기녀, 광대 등 예능인이 활발한 흥행 활동을 벌이기 위해서는 왈자들과 친연 관계가 필수적이었다.

18세기 말 강이천(姜彛天)의 서사시 「남성관희자(南城觀戲子)」에 따르면, 서울의 대표적 놀이패인 산대도감패의 놀이판에 왈자가 등장한다. '무부(武夫)'로 표현된 왈자는 현전하는 탈춤에서도 보이는 포도부장으로 노장스님이나 샌님이 차지한 여인을 가로채고 그들을 꾸짖어 혼내는 강력한 힘의 표상으로 설정되어 있다.

산대도감패들은 의금부나 포도청, 용호영 등 소속 관청의 비호를 받는 특권을 누렸다. 의금부는 곧 이전 시기의 나례도감(산대도감)이었으며 포도청은 의금부의 역할을 이어 조선 후기 서울 시정의 연예 활동을 장악하였다. 경중우인들은 이들 관청의 관노이거나 하급 군병인 경우가 있었으므로 여러 경로로 친연 관계를 유지하였다. 이 과정에서 왈자인 포도부장이 〈산대도감극〉의 막강한 주인공으로 등장하게 되었던 것이다.

18세기 서울 장안의 이름난 광대였던 달문(達文, 1707~?)의 행적에서

이 시기 공연문화의 실상이 잘 드러난다. 그는 〈산대도감극〉에 나오는 〈철괴무〉및 〈팔풍무〉를 잘 추었고 노래와 재담에도 뛰어났다고 알려졌다. 산대나례가 거행될 때면 서울의 왈자들이 상석에 모시고 떠받드는 존재가 되었다고 한다.

달문은 기녀들의 조방꾸니 노릇을 하기도 했는데 종친이나 사대부의 모임에 재주 있는 기녀들을 데리고 참석하여 풍류를 제공하였다. 왈자들이 당대에 검무를 잘 추기로 유명했던 기녀 운심(雲心)의 재주를 보려고 재촉하다가 망신스런 상황이 벌어졌는데 달문이 노래 한 곡조를 부르자 운심이 춤을 추었다는 일화도 전한다. 달문의 역할은 단순한 조방꾸니를 넘어서 예능 매니지먼트(management)의 영역을 보여준 것으로 의의가 있다.

달문과 같은 시대에 살면서 서울 시정 예능인들의 후원자며 풍류객이었던 심용(沈鏞, 1711~88)도 예능인을 위한 경영자와 기획자의 면모를 보여주었다. 그는 당대의 이름난 가객, 금객, 기녀들을 데리고 있으면서 풍류를 즐기고 흥행 활동을 주선하였다. 종친과 사대부의 모임이나 대규모 연향에서 심용을 배제하고는 당대 최고의 풍류를 즐길 수 없었다고 한다. 그가 문하의 예능인들을 데리고 몰래 평양에 들어가 평양감사의 대동강 선유놀음에서 서울의 풍류를 한껏 떨치고 온 일화가 전한다.

공연예술이 상품화되면서 그 유통망의 정점에 서울의 시정이 있었다. 외방문화에서 만들어진 민속예술이 서울로 진출하면서 광범위한 수용층을 확보하게 되고 전문 공연예술로 발전하였다. 가장 대표적인 사례로 판소리를 들 수 있다.

전라도 지역의 민속에서 형성된 판소리는 외방재인들이 상경하는 계기를 맞아 자연스럽게 서울의 청중들에게 노출될 수 있었다. 조선후기 외방재인의 공식적인 서울 진출은 두 가지 경로를 통해서 이루어졌다. 첫째는 산대나례를 거행할 때 재인청의 조직을 통하여 상경하는 것이고, 둘째는 과거시험이 있을 때 과거 응시자들과 함께 상경하는 것이다. 과거 급제자가 나면 유가(遊街)나 문희연(聞喜宴)을 열어 가문의 영광을 과시하였는데 이때 당대 최고의 광대들을 초청하는 일이 관습이었다.

전라도 광대인 박남(朴男)의 행적을 통하여 판소리가 이미 17세기에 서울로 진출했을 가능성이 제기되기도 하였다. 박남은 인조 4년(1626) 산대나례를 거행할 때 서울로 상송되었다는 기록이 있는 한편, 과거 철을 맞아 응시자들을 따라 서울로 올라가면서 익살을 부려 재주를 보였다는 일화가 전한다. 그런데 또 다른 기록에 의하면 서울 장안의 이름난 광대로 활동하여 문희연을 열 때 경쟁적으로 초청을 받았다는 내용이 전한다. 박남은 외방재인으로 서울에 진출하였다가 재주를 인정받고 서울의 시정 예능인으로 자리 잡게 된 것이다. 그는 뛰어난 재담과 연기 외에, 국창(國唱)으로 이름날 만큼 노래를 잘했다고 하니 판소리의 창과 아니리, 너름새를 할 수 있는 재주를 모두 갖춘 셈이다.

조선후기 서울지역 시정문화의 발달은 외방문화의 성장과 궁정문화의 해체에 따른 소통의 결과라고 할 수 있다. 시정문화에서는 급증하는 공연오락에 대한 수요에 힘입어 외방문화의 토양을 바탕으로 궁정 공연문화의 전통까지도 흡수하여 새로운 시대의 공연예술을 재창조하였던 것이다.

개방공간인 장터의 놀이판은 가설물을 설치하거나 기존 건축물을 활용하여 관객과 비관객을 구분하는 폐쇄성을 추구하게 되었다. 이전 시기 폐쇄공간에서는 관객이 신분적인 특권에 의하여 변별되었다면 이제는 입장료의 유무에 따라 변별되기 시작하였다고 할 수 있다. 노천 가설극장이 생겨나면서 이들은 신문에 광고를 내어 선전을 하고 고정된 장소에서 일정한 기간 동안 공연하기 시작하였다. 특정한 소수가 아닌 익명의 다수 관객이 흥행의 대상으로 부각되었을 뿐 아니라 관객을 찾아다니던 방식에서 관객을 불러들이는 방식으로 전환되었다고 할 수 있다.

이러한 변화는 공연예술의 상품 가치에 대한 자신감을 나타낸다. 예능의 수준이 향상되었을 뿐 아니라 공연 상품에 대한 일반인의 수요가 늘어난 결과였다고 할 수 있다. 이러한 노천 가설극장은 상업적인 상설극장의 시초가 되었다. 누구나 정해진 소액의 관람료를 내면 극장에 들어와 정당한 관객이 될 수 있었던 것이다. 어떤 이유로도 관객을 제한하지 않았던 장터 놀이판의 전통을 잇는 한편, 근대극장이 지닌 흥행의 논리를 추구하였다고 할 수 있다.

최초의 옥내극장인 협률사는 궁정극장인 희대(戲臺)에서 출발하였고 민간 흥행 활동에 힘입어 상업극장으로 전신하였다. 조선후기 서울의 오락 유흥 문화를 장악했던 중간층이 연이어 극장을 설립하면서 20세기 초 극장문화의 주역으로 발전하였다. 궁중 정재(呈才) 등 궁정 공연예술과 함께 판소리, 산타령, 줄타기, 무동놀이, 탈춤 등 노천가설극장에서 흥행할 수 있었던 대부분의 민간 공연예술이 옥내극장의 무대에 올랐다. 이들 공연예술은 근대적인 극장문화의 공연환경에 따라 성장과 쇠퇴의 갈림길을 걷게 된다.

4) 왕실의 세밑 풍경과 벽사진경(辟邪進慶)의 연희 축제

새해를 앞둔 세밑이 되면 궁궐에서는 벽사진경(辟邪進慶)의 통과의례를 위한 여러 가지 행사를 벌이곤 했다. 세조 10년(1464) 연말의 기록에는 그 때의 상황이 잘 드러나 있다.

"24일에 해가 바뀌니 종친으로 하여금 격봉(擊棒)하게 하고 26일에 관나(觀儺), 27일에 풍정(豊呈), 28일에 관나(觀儺)와 축역(逐疫), 29일에 격봉(擊棒), 소연(小宴), 관화(觀火)를 거행한다."고 했다.[5]

내전에서 미리 세밑의 일정을 마련해 전달한 내용이다. 풍정과 소연은 궁중의 잔치로서 연말에만 있는 행사가 아니지만 격봉, 관나, 축역, 관화

---

5 『세조실록』 34권, 10년 12월 24일.

는 궁중의 세밑 행사로 주목할 만하다. '격봉'은 봉희(棒戲)라고도 하며 격구(擊毬)라고도 한다.

격봉은 좌우편으로 나뉘어 실시하는데, 봉(棒)으로 공을 쳐서 와아(窩兒)라고 하는 구멍에 넣으면 점수가 올라간다.[6] 봉은 소가죽과 대나무를 사용하여 숟가락 모양으로 만들며 구는 나무나 마노 따위로 달걀 만하게 만든다. 와아는 땅을 주발만큼 우묵하게 판 구멍인데 평지에도 만들지만 섬돌 위에도 만들고 전각(殿閣)의 건물 사이에도 만들어 난이도를 달리 한다. 꿇어앉거나 서서 공을 치는데 날아 넘어가게 하거나 구르게 하는 등 와아의 위치에 따라 여러 가지 타법을 구사한다고 한다.

격봉은 연중행사로 거행될 수 있었지만, 임금 이하 종실과 측근 신하들이 모여 친목을 다지는 세밑 행사로서 특별한 의의를 지녔다. 종친과 신하들이 함께 격봉 시합을 하도록 하고 임금은 구경하는 것이 일반적이었으나 임금이 직접 경기에 참여하는 경우도 있었다. 세종은 아버지인 태상왕과 겨우내 격봉을 즐긴 적이 있었으며,[7] 세밑에는 종친과 함께 밤늦도록 격봉 시합을 하기도 했다. 격봉을 하는 때는 기녀와 악공들이 나와 음악을 연주했으며 승자에게는 상을 내려주었다.[8] 평상시에는 차별과 질서가 존재하는 관계이지만 세밑에는 함께 어울려 시합을 하고 내기를 하는 파격적인 한바탕 축제가 마련되었던 것이다.

'축역(逐疫)'은 구나(驅儺)라고도 하는데 귀신을 쫓는 의식으로, 고려 때 중국에서 전래된 것으로 알려져 있으며 조선후기까지 전승되었다. 조선전기 구나의 모습은 성현(成俔)의 『용재총화(慵齋叢話)』에서 확인할 수 있다.[9] 구나(驅儺)의 일은 관상감(觀象監)이 주관하여 섣달그믐 전날 밤에

---

6 격구의 경기방법은 『세종실록』 14권, 3년 11월 25일 기사 참조.

7 『세종실록』 14권, 3년 11월 25일.

8 『세종실록』 93권, 23년 6월 8일.

9 『용재총화』 1권, 『대동야승』 1, 민족문화추진회, 22~24면.

창덕궁과 창경궁의 뜰에서 거행했다. 관상감은 천문이나 지리 등의 일을 맡아 하던 관청이다.

기록에 의하면 악공 한 명이 창사(唱師)가 되어 붉은 옷에 가면을 쓰며, 네 사람이 방상시가 되어 곰 가죽을 둘러쓴다. 방상시 가면은 황금색 눈 네 개를 가진 아주 큰 가면이다. 그밖에 지군(持軍) 5명, 판관(判官) 5명, 조왕신 4명, 소매(小梅) 몇 사람, 십이지신(十二支神) 등이 모두 가면을 쓰고 등장한다. 아이들 수십 명을 선발하여 붉은 옷을 입히고 붉은 두건과 가면을 씌워 진자(侲子)로 삼는데, 창사가 큰 소리로 위협하여 이들을 몰아낸다. 귀신을 쫓는 모의적인 주술적인 행위를 통해서 사악한 기운을 몰아내는 의식을 거행하는 것이다. 새해를 맞이하기 위해 궁궐을 정화시킨다는 의미를 지닌다.

신성한 의식을 거행한 뒤에는 언제나 여러 가지 놀이를 벌이곤 했다. 제사의식에서 동티가 나는 것을 막기 위해 잡귀들을 풀어먹인다는 설정이다. 이러한 난장놀이의 실상은 잡귀가 아닌 사람을 즐겁게 하는 오락행사가 되었을 것이다. 수십 명의 인물들이 가면을 쓰고 등장하는 장면 역시 신성한 의식일 뿐 아니라 연극적인 볼거리로 수용될 수 있었다.

그러다 보니 귀신을 쫓는 의식이라는 뜻의 '나례'라는 용어는 가면을 쓰고 연기를 하거나 노래를 부르고 춤을 추는 공연 오락 행사의 의미까지 포괄하게 되었다. 연말에 궁궐의 뜰에 광대들을 불러들여 여러 가지 광대놀음을 벌이게 한 행사도 나례라고 했고 임금의 행차가 지나는 큰 길가에서 전국 팔도의 재인 광대들을 모아 화려한 볼거리를 연출한 행사도 나례라고 했다.[10]

궁궐 뜰에서 거행한 광대놀음은 임금이 좌정하고 관람하는 행사라는 뜻을 살려 '볼 관(觀)'을 써서 특별히 '관나(觀儺)'라고 불렀다. 처음에는 그

---

10 이하 나례의 변별 양상에 대해서는 사진실, 「조선전기 궁정의 무대공간과 공연의 특성」, 『한국연극사 연구』, 태학사, 1997, 126~137면 참조.

냥 '나례를 본다'고 하는 표현이던 것이 점차 고유명사로 굳어진 경우이
다. 관나의 공연 상황은 성현의 시 「관나(觀儺)」에 잘 묘사되어 있다.

> 궁궐이라 화사한 봄 채붕(綵棚)은 일렁이고
> 화려한 옷 차려입은 재주꾼들 종횡으로 난무하네.
> 농환(弄丸)놀이 공교롭다 의료(宜僚)의 솜씨 같고
> 줄 타는 그 모습 정작 제비같이 가볍구나.
> 네 벽 두른 작은 방엔 꼭두각시 감추어 있고
> 백 척 솟대 위에선 술동이와 술잔을 들고 춤추네.
> 임금님은 배우들의 놀이를 즐기는 것이 아니라네.
> 오로지 뭇 신하와 더불어 태평성대를 즐기시려함이지.[11]

관나의 행사는 경복궁의 사정전이나 창덕궁의 선정전 등 궁궐의 편전
이나 경회루 등 후원 공간에서 거행되었다. 임금의 좌석은 전각의 처마
밑에 마련되기도 하고 건물의 기단인 월대와 정문을 잇는 월랑에 마련되
기도 한다. 이 행사에는 왕실의 비빈 등이 함께 참여했는데 전각의 협실
에 발을 치고 관람했다. 여성들을 위한 특별관람석을 마련한 것이다. 왕
실과 조정의 남자들도 함께 참여하는 잔치고 민간의 광대들이 출연하는
행사인지라 얼굴을 드러낼 수 없었던 것이다.

궁궐 마당에 일렁이던 채붕은 화려한 채색 비단으로 장식한 가설 구조
물로 광대놀음의 무대배경으로 쓰이거나 인형놀음 등의 무대로 활용되었
다고 여겨진다. 채붕을 세우는 것만으로도 궁궐 뜰이 온통 화려함으로 채

---

11 成俔, 「觀儺」, 『虛白堂集』 詩集 권7.
秘殿春光泛綵棚, 朱衣畫袴亂縱橫.
弄丸眞似宜僚巧, 步索還同飛燕輕.
小室四旁藏傀儡, 長竿百尺舞壺舩.
君王不樂倡優戲, 要與群臣享太平.

워진 가운데 화려한 색색의 의상을 갖춘 광대와 기생들이 난무하는 모습을 상상할 수 있다. 시의 내용에 의하면 여러 개의 공을 돌리며 던지고 받는 농환(弄丸), 제비 같이 가벼운 몸놀림으로 허공을 가르는 줄타기, 포장 안에 숨었다가 어느새 나타나 재주를 부리는 인형놀음, 백 척 간두 위에서 술동이와 술잔을 들고 춤추는 솟대놀이 등의 광대놀음이 베풀어졌다. 시에 구체적으로 드러나 있지는 않지만 관나의 행사에서 중심이 되었던 공연종목은 바로 궁중의 광대놀음 즉 배우희(俳優戱)였다고 할 수 있다.

관나는 민간의 광대들을 궁궐 내부로 불러들여 노는 행사인 만큼 폐지 논란도 끊이지 않았는데, 그럴 때마다 제기되는 반론은 두 가지 명분을 바탕으로 한다. 첫째는 관나의 떠들썩한 난장놀이를 통하여 벽사진경(辟邪進慶)을 추구한다는 것이고 둘째는 민간 풍속의 미악(美惡)과 정치의 득실(得失)을 알고자 한다는 것이다. 임금이 구중궁궐 깊숙이 살아 세속의 일을 알기 어려우니 배우들의 놀이를 통해서 알고자 한다고 누차 언급하고 있다. 이러한 명분을 가장 잘 드러낼 수 있는 공연종목이 바로 배우희였다. 줄타기나 솟대놀이도 재담을 통해서 민간의 풍속을 알릴 수 있지만 구체적인 극적 상황은 연출하기가 어렵다.

민간 풍속의 미악과 정치의 득실을 알고자 한다는 목적이 단지 명분에 불과했던 것이 아니라 실질적인 정치적 효용이 있었다. 그런 만큼 궁중배우들의 책임도 컸지만 조정에서도 공식적인 절차를 거쳐 공연내용을 취사선택하곤 했다.[12] 관나를 거행하기에 앞서 의금부에서는 나례단자(儺禮單子) 또는 나희단자(儺戱單子)라 부르는 문서를 올려 행사에 공연할 내용을 미리 알린다. 임금은 나례단자에 올라온 항목을 수정하기도 했고 원하는 항목을 추가하도록 명하기도 했다.

---

12 이하 배우희[소학지희]의 작품 생산 과정에 대해서는 사진실, 「조선시대 서울지역 연극의 공연상황」, 『한국연극사 연구』, 254~258면 참조.

지시하기를 "사정전(思政殿)에 관나(觀儺)를 배설하는 것이 비록 옛 관례라고 하지만, 사정전은 경연을 여는 곳이므로 적합하지 않는 것 같다. 예전에도 후원에 설치한 때가 있었으니 이번에도 후원에 설치하는 것이 좋겠다."고 하였다. 그리고 나희단자(儺戲單子)를 내려 보내면서 말하기를 "농사짓는 형상은 〈빈풍 칠월〉편에 의거하여 하되, 수령이 굶주린 백성을 구제하는 형상도 함께 하는 것이 좋겠다."고 하였다. 또 유생 급제(儒生及第)의 형상에 대한 첫째 조항을 지적하면서 말하기를 "비록 이와 같은 일은, 선생(先生)이 신래(新來)를 놀려주는 형상이기는 하지만 희부(戲夫)들이 채색 옷을 입는 것과 같은 일을 분명하고 진실하게 하여 아이들의 놀이처럼은 하지 말 것이다."라고 하였다.[13]

의금부에서 올린 나례단자에는 배우희의 종목으로 '농사짓는 형상', '유생 급제의 형상' 등이 기재되었다. 임금은 여기에 더하여 '수령이 굶주린 백성을 구제하는 형상'을 함께 꾸미라고 하였으며 아이들의 놀이처럼 하지 말고 사실적으로 연기하라는 연출 방식까지 거론하고 있다. 중종은 궁중의 배우희에서 다룬 풍속과 정치의 득실을 현실 정치에 적극적으로 반영하였다. 중종 22년의 기록에는 나희단자를 통하여 '나라의 빚을 거둬들이고 나누어 주는 형상'을 첨가하도록 명한 사실이 있다.[14] 어숙권(魚叔權)의 『패관잡기(稗官雜記)』에 따르면 중종 때 배우들이 임금 앞에서 무당에게 부과된 세포(稅布)가 많았고, 그것을 거둬들이는 과정에서 관리들의 횡포가 심했던 세태를 놀이로 꾸며 공연하자 임금이 무세포를 없애주었다고 한다.[15]

---

13 『중종실록』 43권, 16년 12월 14일.
14 『중종실록』 60권, 22년 12월 23일.
  임금이 전교하기를, "나희(儺戲)를 구경할 때 정재인으로 하여금 민간의 고통, 흉년을 구제하는 절차, 나라의 빚을 거두어들이고 나누어 주는 등의 형상을 보이도록 하라." 하였다.
15 어숙권, 『稗官雜記』

앞서 언급한 시 〈관나〉의 마지막 구절에 의하면 임금은 광대놀음 자체를 즐기는 것이 아니라 신하와 함께 태평성대를 즐기고자 함이라고 하여 주변 시선에 대한 변명과 경계도 잊지 않고 있다. 하지만 관나의 행사는 임금 이하 종친과 신하들의 격식 없는 편안한 친목 도모 행사이기도 했다. 한 해의 정사를 무사히 마친 노고를 위로하고 치하하는 의미도 있었다.

임금이 보는 앞에서 종친과 신하들은 윤목희(輪木戲)라는 놀이로 내기를 해서 상을 받거나 벌주를 마시기도 했다. 윤목희는 12면체로 만들어 면마다 동물의 이름을 새긴 윤목을 던져 겨루는 놀이이다. 동물 가운데 사자가 으뜸이었는데 사자를 세 번 잡으면 이겼다고 한다.[16] 호랑이를 잡는 사람에게 상을 내렸다는 기록도 있다.[17] 임금은 또한 종친과 신하들에게 '관나'라는 제목의 시를 짓게 해서 상을 주기도 하였는데,[18] 성현의 시 「관나」도 그런 계기로 지어졌다고 할 수 있다.

앞서 언급한 세조 10년 세밑 행사에서는 '관화(觀火)'도 있었다. 관화는 불놀이를 구경하는 행사이다. 성현의 『용재총화』에 따르면,[19] 관화는 군기시(軍器寺)에서 주관하는데 궁궐의 후원에 미리 기구를 설치하였다가 장대한 볼거리를 연출하였다고 한다. 타들어가는 불의 속성 및 기계 장치, 폭죽 등을 사용하여 연쇄적으로 불이 붙어 화포가 터지는 불놀이의 장관을 만들어내었다.

세상에서 전하기를 관가에서 巫稅布를 걷어 들이는 것이 매우 심하다고 하였다. 매번 관가의 아전이나 사령이 집에 올 때마다 소리 질러 호통치며 무너뜨리고 들이닥치니 온 집안이 쩔쩔매어 분주하게 술과 음식을 차려내고 기한을 늦추어 달라고 애걸하였다. 이와 같은 일이 하루걸러 혹은 연일 계속되기도 하니 괴로움과 폐해가 아주 많았다. 연말을 맞아 배우가 궁중의 뜰에서 이것을 놀이로 꾸몄다. 이에 임금이 무세포를 없애도록 명하였으니 배우도 또한 백성에게 유익함이 있다고 하겠다. 지금까지 배우들이 그 놀이를 전하면서 고사로 삼는다.

16 『중종실록』 60권, 22년 12월 29일.
17 『중종실록』 19권, 8년 12월 29일.
18 『성종실록』 198권, 17년 12월 29일.
19 성현, 「용재총화」 1권, 『대동야승』 1, 민족문화추진회, 23~24면.

수많은 불화살이 유성처럼 꼬리를 끌며 하늘을 밝히기도 하고, 장대와 밧줄, 등롱(燈籠) 등을 연결하여 빙빙 도는 불꽃의 수레바퀴가 연출되기도 하였다. 만수비(萬壽碑)를 등에 업은 거북 모형의 입에서 불이 뿜어 나오기도 하고 만수비 속에 불을 넣어 글자를 드러내기도 하였다고 한다. 장대 위에 그림 족자를 매달아 놓았다가 불이 끈을 태우며 올라가면 족자가 펼쳐져 글자가 나타나기도 하였다.

긴 수풀을 만들고 꽃잎과 포도의 모양을 새겨 놓는데, 불을 붙여 수풀을 온통 태우면 불꽃의 형상이 붉은 꽃봉오리와 푸른 나뭇잎 아래로 늘어진 쥐방울 열매처럼 보이기도 하였다고 한다. 광대가 폭죽이 장착된 목판을 지고 불을 댕겨 폭죽이 터지는 가운데 놀게 하는 불놀이도 있었다.

관화의 행사에는 때로 화산대(火山臺) 또는 화산붕(火山棚)이라고 하는 산모양의 장치를 가설하여 불놀이의 무대로 삼았다. 세조 때는 경복궁 후원이나 숭문당의 뜰에 화산붕을 설치하곤 했다. 관화의 행사 역시 화려한 볼거리가 중심이 되기 때문에 폐지 논란이 일었다. 불꽃놀이를 위해서는 화약이 많이 필요한데 적을 물리치는 데 사용할 화약을 많이 쓰는 것이 낭비라는 것이다.

관화의 명분 역시 벽사진경의 의식과 관련되었다. 관화의 행사를 특별히 세밑에 거행하는 것은 천지를 뒤엎는 화포 소리와 붉은 불꽃이 사악한 기운을 물리칠 수 있다고 믿었기 때문이다. 때로는 화포와 폭죽을 터뜨리는 놀이를 통해 군대의 기술력을 점검한다는 명목을 내세우기도 했다.

궁중에서는 연말에 '관처용(觀處容)'이라는 행사를 두어 따로 〈처용무(處容舞)〉를 관람하기도 했다. 처용무는 신라 헌강왕 때부터 전해지는 처용의 설화를 가무극으로 꾸민 작품이다. 『삼국유사(三國遺事)』에 전하는[20] 처용설화를 요약하면 다음과 같다.

---

20 『삼국유사』 기이(紀異) 제2, 「처용랑 망해사(處容郎 望海寺)」.

헌강왕(憲康王)이 지금의 울산지역인 개운포에 원행을 나갔는데 갑자기 구름과 안개가 자욱해져서 길을 잃었다. 일관(日官)에게 묻자 동해 용왕의 조화라고 했고 헌강왕은 용왕을 위해 절을 지어주겠다는 약속을 했다. 그러자 구름이 걷히면서 동해 용왕과 일곱 아들이 나와 춤을 추었고 아들 중 하나가 헌강왕을 따라와 정사를 도왔는데 그가 바로 처용이다.

처용은 급간이라는 벼슬자리에 올랐고 아름다운 부인도 맞이했다. 그러던 어느 날 밤 역신이 아내를 범한 사실을 알게 되는데 그는 역신을 꾸짖거나 공격하기는커녕 '동경 밝은 달에 밤새도록 노니다가, 들어와 자리를 보니 다리가 넷이로다. 두 개는 내 것인데 두 개는 누구의 것인가, 본디 내 것인데 빼앗아가니 어쩌리오' 하고 노래를 불렀다.

노래를 듣고 처용의 관대함에 감복한 역신은 처용에게 용서를 구하고 이후로 처용의 형상만 봐도 문 안에 들어가지 않겠다고 했다. 그때부터 사람들이 처용의 형상을 문에 붙여 나쁜 기운을 물리치고 경사를 맞아들이고자 했다는 것이다.

〈처용무〉는 『고려사(高麗史)』「악지(樂志)」에 신라의 속악(俗樂)으로 전한다. 처음에는 한 명의 처용이 등장하는 독무였던 것이 조선 세종 때 다섯 명의 처용이 등장하는 〈오방처용무(五方處容舞)〉로 구성되었다고 한다. 성종 때 간행된 『악학궤범(樂學軌範)』에 의하면 〈학무(鶴舞)〉와 〈연화대(蓮花臺)〉를 합쳐 〈학연화대처용무합설(鶴蓮花臺處容舞合設)〉로 공연된 사실을 알 수 있다.

연산군은 궁중의 정재 종목 가운데 〈처용무〉에 특히 많은 관심을 보였다. 〈처용무〉는 벽사진경의 의미를 담고 있기 때문에 연말 '관처용' 행사에만 공연되었는데, 연산군은 진풍정이나 회례연과 같은 궁중의 공식 연향에 〈처용무〉를 추도록 명을 내렸다. 지금 남아 있는 의궤나 기록화를 보면 궁중 연향의 마지막 순서로 처용무가 빠짐없이 등장하는데, 연산군 때부터 정착된 관습인 듯하다.

그림 5 〈학연화대처용무합설〉의 공연 장면

　〈처용무〉는 세종 때부터 남자 재인들이 추도록 하였는데 연산군은 기녀들의 공연종목으로 육성하게 된다. 그는 〈처용무〉의 가면이나 의상, 동작 등에 관심을 갖는가 하면 가면에 금은 장식을 해서 처용무라는 이름을 〈풍두무(豐頭舞)〉로 바꿔 부르기도 했다. 직접 탈을 쓰고 기녀와 짝을 이뤄 춤추었다고도 한다.[21]

　궁궐의 세밑 풍경에서 드러난 관나, 관화, 관처용의 행사는 모두 나쁜 기운을 쫓고 경사를 맞이한다는 벽사진경의 의미를 지니고 있다. 관나에서는 광대놀음을 통하여 풍속의 미악(美惡)과 정치의 득실(得失)을 파악하고 새로운 국정을 이끌어가겠다는 이념적 의미가 드러났다. 관화에서는 폭죽이 터지는 굉음과 불꽃이 일어나는 눈부신 빛으로 지나가는 해의 질고를 떨쳐버린다는 제의적 의미가 드러났다. 관처용에서는 전통적인

---

21 『연산군일기』 60권, 11년 11월 3일.

수호신인 처용의 위용을 가무극으로 연출함으로써 예술로 승화된 벽사의식의 일면을 보여주었다.

물론 이러한 제의성과 이념성의 이면에는 공연예술 관람에 대한 욕구와 오락적 수요가 존재하고 있다. 궁궐의 세밑 행사로 거행된 세 가지 행사는 모두 조선시대 서울지역 연극의 성장을 위한 바탕이 되었다고 할 수 있다.

5) 궁중 광대의 활동과 배우희(俳優戱)의 전통

영화 〈왕의 남자〉를 보면 궁중 광대 공길과 장생이 연산군 앞에서 여러 가지 놀이를 하여 임금을 웃기기도 하고 신하들의 비리를 풍자하기도 한다.[22] 궁궐 마당의 광대놀음은 연산군 때 일어난 특별한 행사가 아니라 궁정 공연문화의 오랜 전통이었다.

궁중의 광대놀음은 실제 일어났던 시사적(時事的)인 사건을 소재로 삼아 웃음과 풍자를 전달하는 연극을 말하는데, 학계에서는 소학지희(笑謔之戱) 또는 배우희(俳優戱)로 거론되고 있다. '배우희'는 배우들의 놀이라는 객관적인 이름이라면 '소학지희'는 이 연극이 웃음과 풍자를 담고 있다는 사실을 강조한 이름이라 하겠다. 앞서 다룬 궁궐의 세밑 행사 가운데 관나(觀儺)에서 가장 주목 받은 공연종목이 배우희, 곧 광대놀음이었다.

전통적으로 배우의 예능은 '골계(滑稽)'가 핵심이 되었다. 『사기(史記)』의 「골계열전(滑稽列傳)」에 의하면 지혜와 꾀가 쏟아져 나오는 언어의 익살을 골계라고 했다. 골계를 장기로 하는 배우의 기원은 나오는 우맹(優孟)의 고사와 연결된다.[23]

---

22 공길은 연산군대에 실존한 궁중 광대이고 장생은 허균의 〈장생전〉에 등장하는 주인공 장생을 모델로 재창조된 인물이다. 필자는 영화 〈왕의 남자〉의 원작인 연극 〈이〉의 대본이 창작될 당시 작가에게 〈장생전〉의 장생을 추천하고 공길의 정신적 지주이며 시대를 앞서가는 광대정신의 소유자로 그려줄 것을 조언했다.

우맹은 초나라 장왕(莊王) 때의 궁정배우로 임금의 곁에서 웃음과 풍자를 전하는 어릿광대였다. 우맹은 재상을 지낸 손숙오(孫叔傲)의 아들이 가난하게 사는 것을 알고는, 손숙오로 분장하고 임금 앞에서 연기를 하여 왕을 깨우치게 했고 그 아들에게 살 방도를 열어주게 했다. 우맹의 재주는 언어를 희롱하는 골계의 차원을 넘어서 분장과 의상을 갖추고 연기하는 연극 공연에 이르고 있다. 궁정의 배우들은 세상 돌아가는 이치를 알고 그것을 은유와 풍자로 표현할 줄 아는 지식인이었다.

공길 역시 궁정 배우로서 연산군 앞에서 배우희를 펼쳐보이곤 했다. 『연산군일기』 11년의 기록에 의하면 공길은 임금 앞에서 〈늙은 선비의 놀이[老儒戲]〉를 했다가 벌을 받은 일이 있다.24

늙은 선비의 분장을 하고 놀이를 통하여 웃음과 풍자를 전달했다고 할 수 있는데, 극중 늙은 선비의 입을 빌어 그는 이렇게 말했다. "전하는 요순(堯舜) 같은 임금이요 저는 고요(皐陶) 같은 신하입니다. 요순은 언제나 있지는 않지만 고요는 언제나 있습니다."

요임금과 순임금은 태평성대를 상징하는 전설적인 성군들이다. 고요는 요순시절에 관료를 지낸 현명하고 충성스런 신하로 알려져 있다. 처음에 늙은 선비는 연산군을 요순임금에, 자신을 고요에 비유하여 임금을 한껏 추켜세우는 듯하다가 다시 말을 바꾸어 요순 같은 성군은 아무 때나 있는 임금이 아니지만 고요 같이 어진 신하는 어느 때나 나타나기 마련이라고 말했다. 연산군 같은 폭군의 통치 아래서도 자신과 같은 충신이 있다는 사실을 밝힌 것이다.

---

23 司馬遷, 『史記』 126권 「滑稽列傳」 66.

24 『연산군일기』 60권, 11년 12월 29일.
　배우 공길(孔吉)이 노유희(老儒戲)를 하며 하는 말이, "전하는 요순(堯舜) 같은 임금이요 저는 고요(皐陶) 같은 신하입니다. 요순은 언제나 있지는 않지만 고요는 언제나 있습니다." 하였다. 또한 『논어(論語)』를 외어 말하기를, "임금은 임금다워야 하고 신하는 신하다워야 하고 아비는 아비다워야 하고 자식은 자식다워야 합니다. 임금이 임금답지 않고 신하가 신하답지 않으니 비록 곡식이 있은들 먹을 수가 있겠습니까?" 하였다.

또한 공길은 늙은 선비의 입을 빌어 다시 이렇게 말했다. "임금은 임금답고 신하는 신하답고 아비는 아비답고 자식은 자식다워야 합니다. 임금이 임금답지 않고 신하가 신하답지 않으니 비록 곡식이 있은들 먹을 수가 있겠습니까?" "군군신신부부자자(君君臣臣父父子子)"는 논어에 나오는 구절로, 나라가 잘 되는 방도를 묻는 제(齊)나라 경공(景公)의 질문에 공자가 답변한 말이다.

연산군 당시의 현실은 임금이 임금답지 못했다. 연산군의 생모인 폐비 윤씨를 둘러싸고 조정이 어지러웠고 군권과 신권이 서로 갈등하고 있었다. 늙은 선비는, 임금이 임금답지 않고 신하가 신하답지 않아 밥이 넘어가지 않는다는 말로 당대의 현실을 다시 꼬집었던 것이다. 연산군은 극중 늙은 선비의 말이 불경하다는 죄를 물어 공길을 곤장 치게 하고 먼 지방으로 귀양을 보냈다.

궁궐의 광대놀음은 관객에게 웃음을 주는 것이 기본이지만 시사와 세태의 풍자를 담아내야 한다는 원칙을 갖고 있었다. 임금이 구중(九重) 궁궐에 깊숙이 살아서 민간의 일과 민심을 세세히 알 수 없으므로 배우들로 하여금 그러한 내용을 소재로 놀이를 하게 한 것이다. 임금 역시 배우희를 볼 때는 웃음과 풍자를 균형 있게 받아들여야 하는 관극 태도가 중요하였다. 공길처럼 임금 자신에 대한 풍자를 감행한다 하더라도 따끔한 충고를 감수할 줄 아는 태도가 필요한 것이다. 연산군은 궁중 배우희의 관극에 대한 약속을 깨뜨렸다.

『명종실록』에 명시된 내용에 따르면 배우희를 통하여 정치(政治)의 득실(得失)과 풍속(風俗)의 미악(美惡)을 알고자 했다고 전한다.[25] 광대들은 평소에 시사적인 사건이나 흥미로운 세태 등을 눈여겨 두었다가 임금 앞에 나아갈 기회가 되면 배우희로 꾸며 공연했다고 생각된다.

『지양만록』이라는 책에 관료들의 비리를 풍자한 배우희의 내용이 나온

---

25 『명종실록』 27권, 16년 12월 29일.

다.26 명종 때의 일인데 하루는 임금이 마음이 답답하고 우울해 하자 신하들이 임금을 위하여 광대들을 불러들였다. 광대들이 온갖 놀이를 해도 임금이 웃지 않자, 배우들이 요청하여 이조판서와 병조판서의 도목정사(都目政事)를 놀이로 보이겠다고 하였다. 도목정사란 관리를 등용할 때 적당한 벼슬자리를 정해주는 일을 말한다. 이조판서와 병조판서가 도목 장부에 해당자의 이름을 써서 임금에게 올리고 임금의 낙점을 받는 과정으로 진행된다.

공연이 시작되자 여러 명의 배우들이 나와 도목정사를 처리하는 듯 수군대며 분주한 모습을 보인다. 문과의 벼슬자리를 담당한 이조판서와 무과의 벼슬자리를 담당한 병조판서가 주축이 되었을 것이다. 이때 도목 장부를 들척이며 이조판서가 병조판서에게 말을 건넨다.

문과 쪽이든 무과 쪽이든 재주가 없는 조카가 있는데 숙부가 이조판서씩이나 되어 조카에게 벼슬자리 하나 해주지 못하는 게 늘 불편했다는 말과 함께 병조 관할 하에 있는 사산감역관(四山監役官)이라는 벼슬을 청탁하게 된다. 조선시대는 한양 주변의 산을 네 구역으로 나누어 관리하였는

---

26 작자 미상, 『芝陽漫錄』

임금이 심기가 불편하여 침울함을 참고 있다가 명을 내려 창우희(倡優戱)를 펼치게 하였다. 임금이 조금도 웃음을 보이지 않자 창우가 간청하여 이조와 병조의 도목정사(都目政事) 놀이를 행하였다. 무대를 마련하여 급제자에게 벼슬을 선정해주는 일을 하는 상황에서 이조판서라는 사람이 장부를 들고 병조판서에게 말하였다. '대감은 들으시오. 내게는 조카가 있는데 文에도 武에도 쓸 만한 재주가 없소이다. 다만 그 숙부인 내가 이조판서나 되어 조카의 이름 하나를 고쳐주지 못하니 마음에 편안하지 않습니다. 듣자니 사산감역(四山監役)에 빈자리가 있다고 하는데 대감이 배려해주지 않겠소?' 병조판서가 눈을 껌벅이며 웃고 대답했다. '그렇게 합죠.' 곧이어 병조판서가 장부를 들고 이조판서에게 말했다. '내 셋째사위가 재주와 인물됨이 대감의 조카와 꼭 같은데 내 자리와 위치로도 사위의 이름을 고쳐주지 못하니 일이 심히 못마땅합니다. 듣자니 선공감역(繕工監役)에 자리가 있다는데 대감께서 배려해주시오.' 이조판서가 웃으며 말했다. '내가 감히 따르지 않을 수 있겠소.' 잠시 후에 망통(望筒)이 내려왔고 임금의 낙점을 갖추어 받았다. 이조판서가 기뻐하며 병조판서에게 말했다. '내 조카와 당신의 사위가 모두 벼슬을 얻게 되었소 그려.' 병조판서가 크게 웃으면서 말했다. '말씀 마시오, 말씀 마시오. 서로 손을 바꿔 하는 일인데 뭐가 어렵겠소, 뭐가 어렵겠소.' 임금이 그것을 보고 크게 웃었다.

데 사산감역관을 두어 산을 순찰하는 업무를 맡겼다고 한다. 산을 돌아다니며 숲을 보호하는 일이니 임용비리가 눈에 띄지 않는 한가한 직책이라고 할 수 있겠다.

이야기를 들은 병조판서는 눈을 껌벅이며 잠시 생각하는 듯하더니 흔쾌히 수락하였다. 관객의 입장에서 보면 병조판서가 너무 쉽게 청탁을 들어준다고 생각할 순간, 병조판서가 이조판서에게 비슷한 청탁을 들고 나왔다. 병조판서에게는 재주와 인물됨이 모자라 벼슬길에 오르지 못하는 셋째사위가 있었던 것이다.

그는 이조판서에게 이조가 관할하는 선공감역관(繕工監役官)의 자리를 부탁하였다. 선공감역관은 토목과 영선의 일을 맡아보았던 선공감의 종9품 말직이니 역시 한가한 직책이다. 이미 조카의 일을 부탁해 놓은 입장이고 보니 이조판서는 병조판서의 청탁을 들어줄 수밖에 없었을 것이다.

문제의 이조판서와 병조판서는 도목 장부에 상대방의 조카와 사위 이름을 적어 올렸고 급기야는 임금의 낙점을 받는 데 이른다. 이조판서와 병조판서의 음모가 성공을 거둔 것이다. 극중 병조판서는 자신들의 비리를 두고 '서로 손을 바꿔 하는 일'이라고 결론을 내린다. 상대방 일을 서로 대신해 준 것이니 누가 눈치 챌 리도 없고 한쪽이 다른 한쪽을 일러바칠 염려도 없다는 말이다.

아무도 모르게 일을 성사시켰다고 믿으며 비밀스러운 웃음을 주고받는 주인공들, 그러나 공연 현장의 관객들은 그들의 음모를 지켜보고 있었다. 어리석은 주인공들의 음모와 실수를 지켜보며 관객은 웃음을 보이게 된다. 내내 침울해 있던 임금도 드디어 웃음을 터뜨렸다고 한다.

조선시대 임금은 배우희를 보고 민심을 파악하는 데 그치지 않고 풍자의 뜻을 기꺼이 받아들여 그릇된 세태를 바로잡고 부정한 인물을 벌주기도 하였다. 어숙권(魚叔權)의 『패관잡기(稗官雜記)』에 그러한 사례가 나타난다.

중종(中宗) 때 정평부사(定平府使)였던 구세장(具世璋)은 탐욕스럽기가 끝이 없었다고 한다. 질 좋은 말안장을 거저 얻고 싶어서 말안장 파는 사람을 관가의 뜰에다 끌어다놓고 직접 값을 흥정했다. 사또의 체면에 뺏을 수는 없으니 싸다느니 비싸다느니 하며 트집을 한참 잡았던 모양이다. 실랑이를 벌이던 사또는 결국 관가의 공금으로 말안장을 샀다. 정평부사 구세장의 탐욕은 세간에 널리 알려졌고 연말에 임금 앞에서 배우희를 공연할 때 광대들이 놀이로 꾸미게 되었다.

사사로이 쓸 말안장을 사면서 백성을 못살게 굴고 결국은 관가의 공금을 사용한 탐관오리를 보고 임금은 그저 웃어넘기지는 않았다. 궁중의 배우희가 실제 일어난 사건을 다룬다는 관극 관습에 익숙한 그는 공연이 끝나고 정평부사의 말안장 사건을 확인하게 되었고 정평부사를 잡아들여 죄를 다스렸다.

역대 임금들은 배우희를 통하여 민심을 파악하는 관습을 이어왔다. 놀이를 즐기는 동시에 민심을 파악할 수 있었으니 일거양득의 효과를 거두었다고 할 수 있을 것이다. 배우희의 내용이 정사에 반영될 수 있었으니 사건의 진실을 담아야 하는 배우들의 책임이 컸다고 생각된다.

배우희를 담당한 광대들은 경중우인(京中優人)이라 불렸고 중앙관청의 관노(官奴)나 세력가의 사노(私奴) 신분으로 서울 사대문 안에 거주하였다.[27] 경중우인을 데리고 있는 세력가나 관청은 그들을 경제적으로 후원하는 동시에 그들의 공연 활동에 개입하였다. 경중우인들은 전통적인 배우의 예능을 갖춘 부류와 곡예나 묘기를 부리는 부류로 나눌 수 있는데, 전자는 골계를 주로 하는 입담, 표정이나 동작을 통한 연기, 노래와 춤을 겸비하고 있었다. 임금이나 왕족 등 최고위층에 의하여 양성되는 부류는 주로 이러한 예능을 갖추었다고 할 수 있다.

지방에서 이름을 날린 외방재인(外方才人)도 경중우인으로 발탁될 수

---

27 이하 경중우인의 존재 양상에 대해서는 사진실, 「조선시대 서울지역 연극의 공연상황」, 『한국연극사 연구』, 209~232면 참조.

있었다. 서울로 올라온 외방재인들 역시 권세가에 의탁하여 살면서 상층의 오락에 봉사하는 주변 집단이 되었다. 지방에서 올라와 장악원에 소속된 기녀들이 종실이나 양반 사대부가에 의탁했던 양상과 같다.

경중우인이 궁궐에서 공연할 때는 의금부의 관리를 받았다. 조선시대 의금부는 임금의 신변보호와 국가적인 기밀 유지 등을 담당한 최고 권력 기구였다. 궁궐에 천민 광대들을 데려다 한판 놀이를 벌이는 일이니 임금의 신변 보호를 위하여 의금부가 개입하지 않을 수 없었을 것이다. 또한 이런 행사는 공식적인 대외 행사가 아니라 임금과 소수 측근들이 참석하는 왕실 내부의 행사였으므로 외부에 알려지지 않게 신뢰할 만한 조직 계통이 필요하였던 것이다.

궁정에서 활동한 배우들은 임금이나 상층 지식인과 재치문답을 나눌 수 있을 정도로 지식을 갖추고 있었다. 공길의 사례에서 드러난 것처럼 직접 글을 읽지 않고 전해 들어 지식을 쌓았다 할지라도 그 내용을 현실의 세태와 연결할 수 있는 통찰력을 갖추었다. 따라서 조선시대 궁정의 배우들은 배우희의 작가이며 연출가이고 연기자였다고 할 수 있다. 이들은 계층적 특성상 민간인들과 광범위하게 접촉하면서 배우희의 소재를 발굴하였을 것이다.

배우희는 민심과 여론을 임금에게 직접 전달하는 통로가 되었다고 할 수 있다. 배우들은 때로 직접 임금을 풍자하여 조롱하기도 했다. 배우희의 내용은 민간의 풍속을 담고 있지만 임금의 친척이나 상층 관료 등의 입장이 반영되어 정치적으로 이용될 수 있었다. 배우희는 상소문과 달리 연극적인 풍자를 감행하기 때문에 직접적인 정쟁(政爭)을 피할 수 있다는 장점이 있다.

배우희를 통하여 정치의 잘잘못과 민심을 읽고자 했다고는 하지만 그 본질은 광대놀음이었기 때문에 쉽게 오락에 치우칠 수 있었다. 궁중의 배우희가 본래의 명분을 잃고 음란한 기교만 다툰다는 빈축이 자주 일어났다. 임금에 따라서는 배우희의 정치적 풍자보다는 오락적 웃음을 탐닉하기도 하였을 것이다.

경중우인은 궁정배우의 역할을 수행한 만큼 공연의 보상도 높은 수준이었다.[28] 연산군은 내기를 통하여 표범 가죽 등의 물건으로 배우들에게 보상하곤 하였다.[29] 임금에게 받은 표범가죽이라면 민간에서의 교환 가치는 상당하였을 것이니 이러한 보상은 경중우인의 부를 축적하는 데 크게 기여했을 것이다. 연산군은 또한 배우의 예능 연마와 전수 문제에까지 관심을 가지고 있었다.[30] 벼슬을 내리거나 평소의 예능 연마에 관심을 갖는 행위 등은 배우들의 안정적인 일상을 보장하는 요인이 되었다고 할 수 있다.

언제나 진귀한 물건을 내리지는 않았지만, 통상적으로 재주에 따라 차등 있게 물건을 하사했다는 기록이 많이 나타난다. 세조는 관나에 참여한 배우들에게 베 50필을 내려주곤 했다.[31] 『경국대전(經國大典)』에 의하면 외거노비(外居奴婢) 한 명이 면포 1필을 세금으로 납부하였다고 하였으니 베 50필은 상당한 수준의 대우였음을 알 수 있다.

공연의 보상은 물론 일상적인 생계를 의탁하고 있는 배우들은 관객 집단이 요구에 맞추어 예능 활동을 하여야 했다. 임금 등 상층문화의 관객 집단이 지속적인 후원으로 배우를 양성하거나 그 활동을 보장해주는 경우, 다른 관객 집단과 다른 공연공간에 대해서는 배타적인 권리를 주장하게 되는 것이다.

---

28 경중우인에 대한 관객 집단의 지속적인 후원에 대해서는 사진실, 「조선시대 서울지역 연극의 공연상황」, 『한국연극사 연구』, 251~254면 참조.

29 『연산군일기』 28권, 3년 12월 28일.

30 『연산군일기』 35권, 5년 12월 19일.
전교하기를, "나례(儺禮)의 설치는 본래 놀이하기 위한 것으로 매우 잡스러운 놀이이기는 하지만 볼 만한 것이다. 우인(優人) 은손(銀孫)이란 자가 원래 온갖 놀이를 잘하였는데, 이미 죽었다. 은손을 따라서 그 재주를 이어받은 자가 있느냐." 하니, 승지 이손(李蓀)이 아뢰기를, "우인(優人) 중산(仲山)이 대강 그 재주를 전하였습니다." 하니, 전교하기를, "명일 색승지(色承旨)가 의금부(義禁府)에 가서 중산의 놀이가 은손과 같은가 여부를 시험해 보라." 하였다.

31 『세조실록』 32권, 10년 1월 17일.

세조는 나이 들도록 곁에서 광대놀음을 한 배우에게 벼슬을 내리기도 하였다. 관나의 행사가 끝난 후 나이가 많은 한동량과 백동 두 배우에게 벼슬을 내렸던 것이다.[32] 벼슬을 내린 것은 일회적인 공연에 대한 보상일 수 없다. 수차례 거듭되는 공연을 통하여, 왕실의 관객인 임금과 그 오락적 요구에 복무하는 배우가 친연 관계를 맺은 결과라고 하겠다.

역시 세조 때 배우였던 최을송의 집에 수십 명의 도적이 들어 재산을 강탈해 간 일이 있었다. 영순군이 세조에게 이 사실을 알렸고 세조는 사대문을 모두 닫고 도적을 색출하라는 명을 내렸다.[33] 도적을 잡기 위해 사대문을 닫으라고 한 내용에서 최을송의 집이 사대문 안에 있다는 사실을 알 수 있다. 경중우인 최을송이 상당한 부를 축적했다는 사실도 알 수 있다. 그는 세종의 손자이며 세조의 조카인 영순군과 밀접한 관계가 있었던 것이다.

명종 때 이름을 날렸던 배우 귀석의 이야기를 보면[34] 주인인 종실 양반의 정치적 입장을 대변하는 사례가 나타난다. 조선전기에는 세도정치를 방지하기 위해서 임금의 친척인 종실들에게 실제 관직을 제수하지 않았다. 귀석의 주인인 종실양반은 문과나 무과의 재주를 시험하는 행사라든

---

32 『세조실록』 44권, 13년 12월 26일.

33 『세조실록』 45권, 14년 3월 25일.

34 유몽인, 『於于野談』, 「俳優」.
귀석(貴石)은 종실(宗室)의 종이다. 그 주인은 시예(試藝)하는 데 참여하여 품계가 높아졌다. 그러나 아직 실제 관직이 없었고 봉록도 더해지지 않은 채 거느리는 종도 없이 여러 왕릉이며 전각의 제관으로 뽑혀 거의 겨를이 없었다. 귀석이 진풍정(進豊呈)에 들어가 여러 배우와 약속을 하였다. 한 명이 시예종실(試藝宗室)이라고 하고 비루먹은 말을 탔다. 귀석은 종이 되어 고삐를 쥐고 갔다. 한 명은 재상이 되어 준마를 탔고 가마꾼들이 길을 옹위하며 갔다. 앞선 졸개가 길을 피하라고 외치는데 종실이 걸려들자 귀석을 잡아다가 땅에 엎드리게 하고 곤장을 쳤다. 귀석이 큰 소리로 하소연하며 말하기를, '소인의 주인은 시예종실로서 관직이 대감보다 낮지 않은데 봉록을 받지 못해 거느리는 종도 없이 왕릉이며 전각에 제관으로 뽑혀 한가한 날이 없으니 오히려 시예가 되기 전보다 못합니다. 소인에게 무슨 죄가 있습니까?' 재상을 맡은 배우가 경탄하여 그를 놓아 주었다. 얼마 안 있어 특명이 내려 그 주인에게 실제 관직이 주어졌다.

지 여러 왕릉이며 전각에 제사지내는 일에 참여하느라 겨를이 없었다. 품계는 높았으나 실제 관직이 없었던 까닭에 녹봉도 많이 받지 못하고 노비를 많이 거느리지 못하여 품위 유지가 어려웠던 것 같다.

이런 불만을 자신의 종인 귀석에게 전했던지, 귀석이 진풍정 때에 임금 앞에 나아가 종실양반이 길을 가다 재상을 만나 겪게 되는 갈등 상황을 놀이로 꾸몄다. 귀석은 여러 배우들과 미리 약속을 하고 공연을 시작했다.

배우 한 명이 귀석의 주인인 종실양반이 되어 비루먹은 말을 타고 지나간다. 실제 말이 아니라 배우가 말의 탈을 뒤집어썼을 것이다. 귀석은 극중에서도 종실의 종이 되어 말고삐를 쥐고 간다. 한 명은 재상이 되어 아주 멋진 준마를 탔고 가마꾼들이 길을 옹위하며 간다.

재상의 행차를 앞장서 가던 병졸이 '물렀거라!'를 외치며 행인들을 좌우로 갈라서게 하는데 종실은 그대로 길 가운데를 가다가 재상의 병졸들에게 걸려들었다. 행색은 초라하지만 종실 역시 지체 있는 양반인지라 주인 대신 말고삐를 쥔 귀석을 잡아다가 매질을 했다. 주인을 잘못 인도했다는 죄이다.

귀석이 큰 소리로 하소연하며 자기 주인인 종실의 처지를 털어놓게 된다. "소인의 주인은 시예하는 데 참여하는 종실로서 관직이 대감에 비하여 낮지 않은데 녹봉도 받지 못하고 거느리는 종도 없이 왕릉이며 전각에 제관으로 뽑혀 한가한 날이 없으니 오히려 시예(試藝)가 되기 전보다 못합니다. 소인에게 무슨 죄가 있습니까?" 그 말을 들은 재상이 경탄하여 귀석을 놓아주었다는 결말로 놀이는 끝난다. 귀석의 배우희를 통하여 자신의 정치적 입장을 피력한 종실양반은 결국 실제 관직을 얻게 된다.

6) 광화문 앞 봉래산과 산대나례(山臺儺禮)의 연행

중세 궁정문화에서는 임금을 환영하거나 개선장군 및 외국사신을 맞이할 때 행차가 지나가는 거리 곳곳에서 여러 가지 예식 절차와 공연 행사를 베푸는 행렬 의식을 거행하였다. 조선전기에는 선조의 신주를 종묘에 안치하는 부묘(祔廟) 의식이나 임금이 친히 경작을 경험하는 친경제(親耕祭) 등을 거행할 때 행사 장소에서 광화문에 이르는 연도에서 행렬 의식이 진행되었다. 임금의 환궁(還宮) 의식이 베풀어졌다.

조선시대 임금의 환궁 의식은 『국조오례의(國朝五禮儀)』와 『세종실록』 「오례(五禮)」에서 확인할 수 있다. 다음은 종묘에서 부묘(祔廟) 의식을 거행한 후에 베풀어진 환궁 의식의 절차이다.

> 의금부(義禁府)의 군기감(軍器監)이 종묘(宗廟)의 동구(洞口)에서 나례(儺禮)를 올리고, 성균관(成均館)의 학생(學生)들이 종루(鐘樓)의 서가(西街)에서 가요(歌謠)를 올리고, 교방(教坊)에서 혜정교(惠政橋) 동쪽에서 가요(歌謠)를 올리고, 이어 정재(呈才)한다. 그리고 또 광화문(光化門) 밖의 좌우(左右)에다 채붕(綵棚)을 맺는다. 어가(御駕)가 광화문(光化門) 밖의 시신하마소(侍臣下馬所)에 이르러 잠시 멈추면, 시신(侍臣)이 모두 말에서 내려 나누어 서서 몸을 굽혔다가 지나가면 몸을 바로 한다. 어가가 근정문(勤政門)에 이르면, 악(樂)이 그친다.[35]

종묘에서 광화문에 이르는 연도에는 네 가지 환궁 의식의 절차가 진행된다. 첫째, 종묘의 동구 밖에서는 의금부와 군기감이 주관하여 길 양쪽 좌우에서 나례(儺禮) 잡희를 공연한다.

환궁 의식의 절차 가운데 나례가 포함된 것은 '귀신을 쫓는 의식'이라는 본연의 의미를 살리면서 광대의 놀이를 통하여 임금의 행렬을 환영하는 두 가지 목적을 염두에 둔 것이다. 나례의 잡희는 국가적인 의례를 거행하고 난 뒤 '동티'가 나지 않도록 잡귀를 풀어먹이는 난장놀이의 성격을 지녔다고 할 수 있다. 또한 이 난장놀이는 세속공간인 민간에 나왔다가

---

35 『세종실록』 권135 五禮 / 凶禮儀式 / 祔廟儀

다시 신성공간인 궁궐로 돌아가는 임금의 몸과 마음을 정화시킨다는 의미를 지녔다고 할 수 있다. 따라서 신성공간인 궁궐과 세속공간인 민간을 경계 짓는 커다란 대문인 광화문 앞에 이르러 나례의 잡희는 가장 성대한 모습을 연출하게 된다.

둘째, 종루의 서쪽 거리에서 성균관의 유생들이 임금을 칭송하는 내용의 노래를 바치는 '가요헌축(歌謠獻軸)'을 진행한다. 성균관 유생들은 당대의 젊은 엘리트를 대표하여 임금의 무병장수와 왕실의 번영을 기원하는 것이다.

셋째, 종로에서 광화문 쪽으로 돌아가기 직전 혜정교 동쪽에 이르면 교방(敎坊)에서 임금에게 가요를 올리고 정재(呈才)를 공연한다. 이 절차는 〈교방가요(敎坊歌謠)〉라 하여 『악학궤범(樂學軌範)』에 수록되어 있다. 초입배열도에 따르면(그림 6), 무대 세트인 침향산(沈香山)을 세우고(그림 7) 청학(靑鶴)과 백학(白鶴)으로 분장한 연기자가 등장하며 침향산 양옆으로

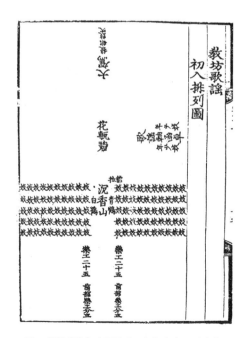

그림 6 악학궤범에 수록된 〈교방가요〉의 초입배열도

기녀(妓女) 백 명이 나누어 선다.

임금의 가마가 도착하면 고취악(鼓吹樂)으로 여민락(與民樂) 영(令)을 연주하고 모든 기녀가 함께 노래를 부른다. 노래가 끝나면 나이 어린 기녀 두 사람이 가요 두루마리를 넣은 함을 받들어 우두머리 기녀에게 전하고 기녀는 승지(承旨)에게, 승지는 내시에게, 내시는 임금에게 바친다. 교방에서 임금에게 가요를 바치는 절차 역시 예악론에서 이르는 예(禮)의 차별과 질서를 구현한 것이다.

가요를 바치는 예식이 끝나면 조화와 화합을 강조하는 악(樂)으로서 〈학무(鶴舞)〉와 〈연화대(蓮花臺)〉가 연출된다. 〈연화대〉는 『고려사』「악지」에 당악 정재로 수록되어 있고 〈학무〉는 『악학궤범』에 시용향악정재(時用鄕樂呈才)로 등재되어 있다. 정재의 형식 및 형성 시기의 차이에도 불구하고 두 작품은 공연방식과 연출 의도가 유사하여 합설(合設)되었다고 여겨진다. 신선이 타고 다닌다는 학은 십장생(十長生)의 하나로 장생불사의 상징이다. 학이 연꽃을 쪼면 그 안에서 두 소녀가 나와서 "봉래산에 머물러 있다가 내려와 연꽃에 태어났도다." 하며 임금의 장생불사를 기원하는 노래를 부른다.[36]

〈교방가요〉에서 사용하는 침향산은 지당판 위에 산 모형이 추가된 형태로 판 아래 윤통(輪桶) 네 개를 달아 끌 수 있게 하였다(그림 7). 〈교방가요〉는 어가의 행렬이 지나는 연도에서 베풀어지므로 연행이 끝나면 길 가운데 세워둔 침향산을 끌고 가 신속하게 길을 터주어야 했다.

침향산은 나무판자로 산 모양을 만들고 앞뒷면에 피나무로 산봉우리를 조각하여 붙이고 사찰과 탑, 부처와 승려, 고라니와 사슴 등의 잡상을 만들어 설치하고 채색하여 만들었다.[37] 침향산은 세속에서 벗어난 신성 공

---

36 이혜구는 『악학궤범』을 번역하면서, 연화대의 창사 내용 및 학무의 장경 연출 방식을 들어 두 정재가 응당 붙어있어야 한다는 견해를 제시하였다; 이혜구, 『신역 악학궤범』, 국립국악원, 2000, 332면.

37 위의 책, 505~506면.

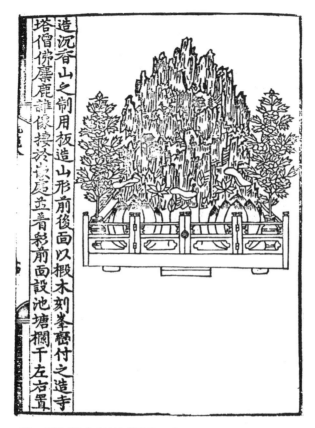

그림 7 악학궤범에 수록된 침향산 도설

간을 상징한다. 침향산 아래 모습을 드러낸 백학과 청학, 연꽃에서 나온 어린 소녀는 침향산에서 날아와 임금을 송축하는 신성 공간의 사절단으로 연출되었다.

〈교방가요〉가 끝나면 어가 행렬은 우회전하여 육조거리를 지나게 되고 기로소(耆老所) 앞에 이르면 국가 원로인 기로(耆老)들이 나와 가요헌축을 진행하기도 한다. 조정에서 정3품 이상의 벼슬을 지낸 전현직 관료로서 70세가 된 사람들은 기로소에 들어갈 수 있었다. 기로들의 가요헌축은 성균관 유생의 가요헌축과 짝을 이루어 젊은 지식인에서 국가 원로에 이르기까지 만백성이 임금과 왕실을 송축한다는 사실을 만방에 알리게 된다.

기로들의 가요헌축이 끝나고 어가 행렬이 광화문에 이르면 거대한 채붕(綵棚) 또는 산대(山臺)가 눈앞에 펼쳐지게 된다. 산대는 봉래산(蓬萊山)이나 곤륜산(崑崙山) 등 동아시아 보편의 신화에 등장하는 신성한 산을 형상화한 산 모형으로 무대인 동시에 무대 배경으로 사용되었다.

『사기(史記)』「봉선서(封禪書)」와 『열자(列子)』「탕문(湯問)」편 등에 의하면 바다를 떠다니는 다섯 개의 신성한 산인 오신산(五神山)이 있었는데 정처 없이 흘러가다 서쪽 끝으로 가버릴 것을 염려한 천제가 커다란 자라들로 하여금 지고 다니게 하였다. 그런데 용백국(龍伯國)이란 나라의 거인이 자라를 잡아먹어 두 산은 바다 멀리 흘러가 버리고 봉래(蓬萊), 방장(方丈), 영주(瀛洲)의 삼신산(三神山)만 남았다고 한다.[38] 자라가 지고 다닌다고 해서 '자라 오(鼇)'자를 써서 오산이라고도 부른다.

신화의 근원지인 아시아 대륙을 중심으로 할 때 동쪽 해상에 있는 장생불사의 낙원이 삼신산이라면 서쪽 내륙에 있는 장생불사의 낙원이 곤륜산(崑崙山)이다. 곤륜산에는 서왕모가 살며 삼천 년 만에 한 번 열리는 복숭아를 가지고 인간의 수명장수를 주관한다고 전해진다. 두 산은 동아시아 문화에서 장생불사를 상징하는 '신성한 산'의 두 축을 이루어왔다.

장생불사를 상징하는 신성한 산인 봉래산이나 곤륜산을 만들어 연행하는 전통은 동아시아의 중세적 보편성을 잘 드러내준다. 진시황(秦始皇)이나 한무제(漢武帝)와 같은 중국 고대의 제왕들은 봉래산이나 곤륜산을 찾도록 신하들을 파견하였고 스스로 신선이 되기 위한 봉선(封禪) 의식을 거행하기 위하여 연못 안에 거대한 산을 조성하기도 하였다. 장생불사의 환상이 거두어지면서 후대의 임금들은 신성한 산의 모형을 만들어 궁궐 앞에 세우고 자신의 만수무강과 왕조의 영속성을 기원하고 과시하도록 하였다. 장생불사의 신화가 개인적인 욕망에서 정치적인 이념으로 전환

---

38 봉래산 관련 신화에 대해서는 정재서, 『不死의 신화와 사상』, 민음사, 1994, 109~117면; 정재서, 『이야기 동양 신화 2』, 황금부엉이, 2004, 266~272면 참조.

되어 쓰인 양상을 확인할 수 있다.[39]

『광해군일기』에 기록된 선조 때의 사례를 보면 봄산[春山], 여름산[夏山], 가을산[秋山], 눈 덮인 겨울산[雪山] 등 사계절 산의 모습을 형상화한 산대를 세웠다.[40] 광화문 앞 좌우의 연도에 사계절의 산대를 각각 세웠으니 모두 여덟 좌인 셈이다. 산대 하나를 만들기 위하여 90척 높이의 상죽(上竹)이 세 개씩, 80척 높이의 차죽(次竹)이 여섯 개씩 들어가고 수많은 기둥 나무가 필요하다고 하였다. 기둥 나무로 중심을 세우고 유연한 대나무인 상죽과 차죽으로 산의 외형을 만들었던 것 같다. 외형을 만든 다음에는 장인을 동원하여 기암괴석과 기화요초를 장식한다. 이러한 대산대는 광화문 앞에 고정하여 가설하였다가 행사가 끝나면 해체하였다. 한번 세우고 반복하여 사용할 수 있는 것이 아니었기 때문에 많은 인력과 물력이 소모되었다.

전국에서 목재 등의 물자를 징발하고 재인 및 장인들을 동원하여 산대를 만드는 일은 나례도감(儺禮都監)에서 맡아 했다. 산대를 만드는 일이 가장 중요한 업무였으므로 나례도감은 산대도감이라고도 불렸다. 나례도감은 좌우변으로 나뉘어져 있었는데 의금부가 좌변 나례도감을 군기시가 우변 나례도감을 맡았다. 의금부는 평소에 왕실의 공연 오락 행사인 관나를 담당했고 군기시는 불꽃놀이 관람 행사인 관화를 담당했기 때문에 자연스럽게 산대나례의 일을 주관하게 되었을 것이다.

앞서 언급한 선조 때의 사례를 보면 산대를 만드는 일꾼으로 좌우변 각각 1,500명에서 1,800명의 군인이 징발되었다고 한다. 좌우변 나례도감에서 경쟁적으로 성대한 산대를 만들다 보니 자꾸 높아져 90척에 이르기도 했고 결국 높이를 60척으로 제한하자는 상소가 올려지기도 했다.[41] 산대

---

39 동아시아 보편적인 '신성한 산'의 설행과 그 의미 변천에 대해서는 사진실, 「동아시아의 '신성한 산' 설행에 나타난 욕망과 이념」, 『공연문화연구』 12, 한국공연문화학회, 2006 참조.
40 『광해군일기』 156권, 12년 9월 3일.

를 만들다가 떨어져 다칠 위험을 방지하기 위해 호랑이 잡는 그물을 치는 배려를 하기도 했다.[42]

대산대 외에 임금의 행차를 전도하면서 화려한 장관을 연출한 이동식 산대인 예산대(曳山臺)와 헌가산대(軒架山臺)가 있었다. 예산대는 수레 형식으로 만들어 끌고 다닌 산대라면 헌가산대는 가마 형식으로 만들어 지고 다닌 산대라고 할 수 있다. 앞서 보았던 〈교방가요〉의 침향산은 예산대의 일종이라고 할 수 있다.

영조 1년(1725) 중국사신을 영접하는 행사를 묘사한 화첩 「봉사도(奉使圖)」에 산대나례의 장면이 나타난다(그림 8). 화면 오른쪽에 바퀴를 달아 끌고 다닐 수 있게 한 예산대가 보인다. 기암괴석으로 만들어진 산에는 절간이며 누정과 같이 산에 있음직한 건물들이 세워져 있고 소나무가 장식되어 있다. 바위 사이에는 동굴처럼 몇 개의 빈 공간이 마련되어 있는데 한쪽에는 분홍저고리에 다홍치마를 입고 춤추는 여인이 있고 다른 쪽에는 삿갓을 쓰고 낚싯대를 들고 있는 남자가 있다. 이들보다 위쪽에는 원숭이가 나무에 매달려 있는 모습도 나타난다.

산대 위에는 신화나 고사 속의 장면을 표현한 잡상(雜像)들을 설치하였는데 봉래산이나 곤륜산과 같은 신성 공간에 있을 법한 신선, 신비한 동물과 기화요초 등을 만들어 장식하였다. 불교나 유교의 성인들도 잡상으로 만들어졌다. 중종 때는 중국사신을 환영하기 위하여 세운 산대에 공자(孔子)의 잡상을 만들어 설치하였다가 조정의 논란이 일었던 사건이 있었다.[43] 예의가 있는 국가로서 성인의 형상을 잡희 속에 만들어 설치하여 체면을 떨어뜨렸다는 것이다. 이 사건으로 나례도감의 실무를 맡은 의금부 낭관 등이 처벌을 받았다.

---

41 『세종실록』 31권, 8년 2월 28일.
42 『중종실록』 43권, 16년 11월 6일.
43 『중종실록』 90권, 34년 5월 6일.

그림 8 〈奉使圖〉에 나타난 鰲山

대산대의 경우 산골짜기 굽이마다 각기 다른 이야기의 장면들을 연출하여 산대를 오르내리며 잡상을 감상하였던 것 같다. 같은 이야기에 나오는 여러 장면을 순서대로 늘어놓는 방식도 고려해 볼 수 있다. 중종 때는 평양에서 중국사신이 오산(산대)의 잡상을 만지며 구경했으며 산대 위에 올라가려 했었다는 기록이 있다.[44] 인종 때는 광화문 앞 산대가 무너지는 바람에 그 위에 올라가 구경하던 사람들 가운데 수십 명이 죽었다는 기록이 있다.[45]

산대 잡상 놀이는 인물과 잡상을 늘어놓는 데 그치지 않고 극적인 상황을 연출하여 보여주었다. 연산군 때는 경회루 연못가에 만세산(萬歲山)을 만들고, 산위에 월궁(月宮)을 짓고 채색 비단을 오려 꽃을 만들어 온갖 꽃

---

44 『중종실록』 84권, 32년 3월 4일.
45 『인종실록』 2권, 1년 5월 11일.

이 산중에 난만한 모습을 꾸몄다. 또한 채색비단으로 연꽃과 산호수를 만들어 연못 가운데 심었다. 경회루 아래에는 붉은 비단 장막을 치고서 흥청과 운평 3천 여 명을 모아 연주하고 노래하게 했다. 임금은 연못 위에 용의 형상을 꾸민 배인 '황룡주(黃龍舟)'를 띄워 타고 다니면서 만세산을 구경했다고 한다. 그로부터 20일 뒤에는 만세산 위에 봉래궁(蓬萊宮)·일궁(日宮)·월궁(月宮) 등을 만들어 금은 비단으로 꾸미고 흥청들이 그 안에서 음악을 연주하기도 했다.[46]

다시 나흘 뒤에는 연산군이 미복으로 잠행하여 경회루에 가서 만세산에 관등(觀燈)을 배설하고 잔치를 끝낸 다음, 승정원으로 하여금 들어와 보게 했다는데, 청란(靑鸞), 자봉(紫鳳)과 같은 신비한 새들, 연화(蓮花), 모란 등의 화초, 월나라 서시가 살았다는 고소대(姑蘇臺), 신선들이 사는 봉래산(蓬萊山), 까마귀가 새겨진 해, 옥토끼가 새겨진 달의 형상을 한 연등을 만세산의 좌우로 나누어 달아 천태만상으로 기교를 다했다. 금은보석으로 꾸미며 등을 만드는 데 1만 냥이나 들였으며 만세산 아래 달고 왕은 황룡주에 올라 구경했다. 부용꽃으로 만든 향을 수백다발이나 태우고 밀랍으로 만든 횃불 1천 자루를 늘어 세워 밤을 낮처럼 밝힌 가운데 흥청 수백 명이 늘어 앉아 풍악을 연주했다고 한다.[47]

다시 십 여일 후에는 만세산 왼쪽에 영충산(迎忠山), 오른쪽에 진사산(鎭邪山)을 만들었다. 신화 속의 삼신산을 정치적으로 이용한 것이다. 충성스런 신하를 맞이한다는 뜻의 영충산에는 조정에 있는 선비들의 득의양양한 모양을 만들어 노래와 춤으로 즐기는 모양을 꾸몄다. 사악한 신하를 진압한다는 뜻의 진사산에는 귀양 간 사람들의 근심하고 괴로워하는 모양을 만들었는데, 용모는 초췌하여 초가집에서 궁하게 살며 굶주려 쓰러져 있고 처자가 매달려 울부짖는 모양이었다. 연산군은 만세산과 영충

---

46 『연산군일기』 61권, 12년 3월 17일 / 62권, 12년 4월 8일.

47 『연산군일기』 62권, 12년 4월 12일.

산, 진사산을 시제(詩題)로 걸어 스스로도 시를 짓고 신하들에게도 짓게 했다.[48] 임금 자신에게 충성하는 신하와 불충하는 신하의 말로를 극명하게 대립시켜 무소불위의 왕권을 과시했다고 하겠다.

산대의 조설은 동아시아 보편의 문화를 수용한 상층문화의 산물이었지만 산대 앞마당과 거리에서 연행된 가무백희들은 외방의 토착문화에 기반을 두고 시정문화를 통하여 성장한 민간 공연예술이었다고 할 수 있다. 전국에서 광대들을 모아 다양한 민간 공연예술을 펼쳐 놓음으로써 임금을 송축하고 왕실의 번영을 과시하는 환궁 의식의 목적에 잘 부합할 수 있었다.

환궁 의식 등 의전 행사는 표면적으로 임금을 위한 행사였지만 실제로는 길가에 늘어선 백성들을 위한 행사였다. 한양의 중심부인 종로에서 광화문에 이르는 연도에서 젊은 지식인인 성균관 유생에서 국가 원로에 이르기까지 임금을 송축하는 의식을 거행하게 함으로써 왕조의 정당성과 영속성이라는 이념을 만방에 과시했던 것이다. 임금의 행차나 〈산대나례〉 등의 화려한 볼거리는 평소에 접할 수 없는 장관이었을 것이다.

도성 안의 모든 백성들이 환궁 의식을 보기 위해 몰려들다 보니 혼잡과 무질서에 따른 논란도 많았던 것 같다. 사대부의 부녀자들이 길가에 장막을 치거나 부계를 가설하고 관람한 사실이 폐단으로 지적되기도 했다.[49] 부계란 사다리를 엮어 가설한 임시 관람석이다. 담장처럼 둘러진 사람들 너머로 채붕이나 산대의 볼거리를 즐기기 위하여 높은 다락이 필요했던 것이다. 부녀자의 관람을 금지하자는 사헌부의 간언을 임금은 받아들이지 않았다. 이때만큼은 도성의 모든 백성들이 함께 즐기는 축제가 된다는 사실을 인식하였던 것 같다.

산대나례를 포함한 환궁 의식이 거행된 공간은 종묘의 동구 밖에서 광

---

48 『연산군일기』 62권, 12년 5월 1일.
49 『세종실록』 127권, 32년 1월 29일 / 『문종실록』 2권, 즉위년 7월 26일.

화문에 이르는 도심으로 시정문화의 중심지였다. 시정은 궁정문화와 외방문화의 매개 공간으로 사대부집 부녀자들부터 하층 노비까지 수많은 구경꾼들이 시정 공간에 함께 모여 다양한 문화예술을 향유하였다. 환궁의식이 거행되는 동안 시정은 국가적 축제의 중심 공간인 동시에 민간 부문의 자발적인 교류의 장이었다. 산대나례를 통하여 펼쳐진 온갖 공연예술은 상업문화의 중심지인 시정 공간에서 공연상품으로 재생산되어 유통되었다고 할 수 있다.

  광화문 앞 환궁 의식은 조선시대 서울의 거리 축제이며 도시 축제였다. 요즘도 서울의 축제에서 임금의 어가 행렬이 재현되곤 하지만 문헌 기록으로만 전해지는 조선시대 거리 축제와 비교해도 많이 허술하다. 산대나례의 경우는 문학, 음악, 연극, 무용, 조형예술 등 각 방면의 예술 요소가 결합된 총체극이며 현대적인 거리 축제로 각광받기에 충분하다. 산대나례를 중심으로 하는 환궁 의식을 재창조하여 종묘에서 광화문에 이르는 거리 축제를 만들어낸다면 서울의 역사와 문화를 상징하는 대표적인 문화관광상품이 될 것이다.

7) '신성한 산'의 연희 축제와 동아시아의 보편성

  '신성한 산'을 만들어 연행하는 전통은 세계적인 보편성을 지닌다. 원시적인 산악숭배 신앙에서 도교나 불교에 이르기까지 '신성한 산'과 관련된 신화가 가득하고 산 모양의 조형물을 만들어 연행하는 종교 의식의 전통 또한 다양하다. 그러나 이 연구는 세계적인 보편성 가운데서 한·중·일 세 나라의 '신성한 산' 설행이 지니는 응축된 동질성을 탐색하는 데 목표가 있다.

  중국의 경우 자라가 지고 다닌다는 신성한 산인 '오산(鼇山)'을 표방한 조형물을 세우고 백희(百戲)를 연출하는 전통이 있었다. 『사기(史記)』 「봉선서(封禪書)」와 『열자(列子)』 「탕문(湯門)」 등에 의하면 바다를 떠다니는 오신산(五神山)이 있었는데 서쪽 끝으로 흘러가버릴 것을 염려한 천제가 커다란 자라를 시켜 지고 다니게 하였는데, 용백국(龍伯國)의 거인이 자라를 잡아먹어 원교(員嶠)와 대여(大輿)는 바다 멀리 흘러가 버리고 봉래(蓬萊), 방장(方丈), 영주(瀛洲)의 세 산만 남았다고 한다.[50] 오산은 자라가 지고 다니는 삼신산(三神山)을 이르는 것이며 그 중 대표성을 띤 봉래산을 이르기도 한다.

그림 9 〈洛中洛外圖〉에 나타난 야마 琴破山

한국 역시 오산 또는 산대(山臺)라고 불리는 산 모양의 조형물을 만들어 백희를 연행한 전통이 있었다. 두 용어가 혼용되는 양상을 보이기 때문에 한국과 중국에 있어 '신성한 산'의 조형과 연행은 일단 동일한 전통으로 받아들일 수 있을 것이다. 일본의 경우 현재 진행되고 있는 여러 지역의 마쓰리에서 '야마(山)'라고 불리는 산 모양의 조형물이 등장한다. 교토에서 전승된 〈낙중낙외도(洛中洛外圖)〉의 내용은 야마를 끌고 순행하는 기온마쓰리가 중심이 된다(그림 9).

일본의 '신성한 산'인 야마(山)는 한국이나 중국과 달리 현재까지 전승되고 있어 일본 현지에서 많은 연구가 진행되었다. 한국과 일본의 산대문화를 함께 다룬 논의는 국내 연구에서 활성화되었는데 주로 산악숭배

---

50 봉래산 관련 신화에 대해서는 정재서, 『不死의 신화와 사상』, 서울: 민음사, 1994, 109 ~117면; 정재서, 『이야기 동양 신화 2』, 서울: 황금부엉이, 2004, 266~272면 참조.

와 종교 의식이라는 세계적 보편성에 입각하여 논의되었다.[51] 최근에는 국내에 잘 알려지지 않았던 일본의 야마가타[山形] 민속에 대한 연구 성과가 나와 한국의 산대와 일본의 야마가타가 지니는 유사성을 입증하고자 하였다.[52]

한국과 일본의 '신성한 산' 설행은 종교·주술적인 보편성이라는 이유로 설명하기에는 너무 구체적인 동질성을 지니고 있다. 동아시아 문화의 보편성과 역사적 교류에 대한 접근이 요구된다고 하겠다. 한국과 중국의 오산에 대해서는 이미 동질성의 단초가 확인되었으므로 한·중·일 세 나라의 '신성한 산' 설행이 지니는 동질성과 문화사적 의미를 논의할 수 있게 되었다.

'신성한 산'의 설행에 대하여, 중국은 기원에 해당하는 고대 신화의 내용을 잘 갖추고 있다면, 한국은 중세 궁정문화의 양상과 관련한 상세한 문헌 기록을 보유하고 있으며, 일본은 현재적인 전승을 보여주는 민속과 축제의 현장을 보존하고 있다. '신성한 산'의 설행에 관한 자료가 시대를 달리 하여 집중해 있다는 사실을 통하여 세 나라는 동아시아 문화의 동질성을 유지하되 자국 문화의 특수성에 맞게 이질적인 분화 과정을 거쳤다는 가설을 세울 수 있다.

한·중·일의 '신성한 산'의 설행은 동질성과 이질성을 함께 다루어 동아시아 문화의 보편성과 특수성에 입각한 문화사적 의미를 밝혀낼 필요가 있다. 그러나 세 나라가 설행한 '신성한 산'의 전통이 어떻게 동질적인가에 대한 합의가 이루어지지 않은 상황이므로 동아시아 문화의 보편성

---

51 고승길, 「한국과 아시아의 山車」, 『연극, 그 다양한 얼굴』, 서울: 연극과 인간, 2004. 강춘애, 「중·일 무대의 발상」, 『공연문화연구』 11집, 서울: 한국공연문화학회, 2005.8.
52 이토 요시히데, 「'산대(山臺)'와 '야마가타(山形)'의 비교연구」, 『한국민속학』 40호, 2004; 이 연구는 현재 일본에서 전승되는 산대 문화의 양상을 살필 수 있는 귀중한 연구자료를 제공하고 있다. 신이 강림하거나 정령이 깃드는 물체를 의미하는 '요리시로[依代]'의 관점에서 한국의 산대와 일본의 야마가타가 지니는 동질성을 논의한 것이다.

에 입각한 동질성의 문제가 선결될 필요가 있다.

(1) '신성한 산'을 만드는 전통

한국, 중국, 일본에서 '신성한 산'을 만드는 조형 방식은 문헌 기록과 회화 자료를 견주어 추정할 수 있다. 한국의 경우 「봉사도」(그림 8)에 나타난 오산이 산대의 일종인 예산대(曳山臺)로 밝혀지면서 문헌 기록의 실체를 확인하고 산대의 모양과 규모를 추정할 수 있었다.[53] 예산대는 윤거(輪車) 또는 산거(山車)라고도 불렸으며 수레 위에 산을 만들어 거리를 순행할 수 있도록 제작되었다.

인조 4년(1626)의 〈나례청등록(儺禮廳謄錄)〉에 의하면, 산대를 만드는데 들어가는 물품은 흰 무명 34필을 비롯하여,[54] 고목(柧木), 청수목(靑水木), 횡결목(橫結木), 생갈(生葛), 대나무 등 각종 목재와 채색 비단, 각종 염료, 밧줄 등 다양하다.[55] 목재를 종횡으로 얽고 생갈[칡덩굴]과 밧줄로 동여매어 산대의 구조를 마련하고 무명천에 채색하여 기암괴석의 산 모양을 제작하였다고 여겨진다. 이렇게 만든 산 모양의 조형물 위에는 「봉사

---

53 이하 「봉사도」에 나타난 산대의 특성에 대해서는 사진실, 「山臺의 무대양식적 특성과 공연방식」 참조. 서연호는 앞의 논문에서 「봉사도」의 오산이 산대가 아니라 산거라고 논의하였으나 산대에는 이동식 산대인 예산대가 있으므로 산대라고 통칭해도 무방하리라 생각한다.

54 사진실, 「나례청등록 2」, 『문헌과해석』 1998년 여름호, 서울: 태학사, 1998, 58면.

55 사진실, 위의 논문, 66~67면.

— 나례청이 수송할 일: 이번 중국사신 접대시 윤거(輪車)와 잡상(雜像)을 만드는 데 들어가는 고목(柧木), 청수목(靑水木), 생갈(生葛) 등의 물품은 지난 해 등록을 상고하여 줄이지 말고 상송하며, 진장목(眞長木), 횡결목(橫結木) 등은 지난 해 상납한 숫자가 여든 여덟 개였으나 이번에는 다시 쓸 수 있는 물품이 많이 있으므로 충분히 참작할 것. 진장목, 횡결목은 모두 사십 조를 지정하되 헌가산(軒架山) 위의 윤통(輪桶) 한 개는 부서져 못쓰게 되었으니 개조할 차로 괴목(傀木) 길이 한 자 일곱 촌, 끝이 둥글고 지름이 한 자 네 촌인 것으로 급히 각 관에 분정하고 기한에 맞춰 상송하여 궁박해지는 우환을 없앨 것. 경기 감사에 이문(移文).

도」에서 확인할 수 있듯이 산에 있음직한 인물과 짐승 등의 잡상이 설치되어 있다.

1892년경 일본 가쿠노다테[角館]의 마쓰리에 등장한 오야마[飾山] 역시 노송이나 대나무 등 목재를 사용하여 산의 골격을 만들고 그 위에 검은 무명으로 씌워 산 모양을 표현하였다고 한다.[56] 〈각관정식산고도(角館町飾山古圖)〉에 의하면(그림 10), 검은 천을 씌워 세 봉우리의 바위산을 만들고 소나무와 벚

그림 10 〈角館町飾山古圖〉에 나타난 오야마[飾山]

꽃 따위로 산의 외형을 표현하였다. 바위산은 높이에 따라 세 단으로 나뉘어 인물 잡상들이 설치되었다. 바위산에 소나무 등을 장식하고 단을 나누어 인물 잡상을 배치한 것도 「봉사도」의 오산과 유사하다.

〈낙중낙외도(洛中洛外圖)〉에 그려진 기온마쓰리에 등장하는 야마[山]는 가쿠노다테[角館]의 오야마[飾山]보다 규모가 작고 단순하다. 산봉우리를 둥글게 만들어 채색 천을 씌우고 소나무 한그루를 세워 산을 표현하였다. 오야마[飾山]에서는 높은 산을 몇 단으로 나누어 여러 조의 인물 잡상을 설치하였다면 기온마쓰리의 야마는 수레를 달리 하여 각각 한 조씩 인물 잡상을 설치하였다. 십여 개로 늘어난 야마의 행렬이 강조되면서 나타난 변화라고 할 수 있다.[57]

---

56 이토 요시히데, 앞의 논문, 428~430면. 〈그림 2〉는 『日本民俗藝術大觀』 제1집에 실려 있으며 이 그림과 〈그림 6〉을 이토 요시히데 선생이 제공해 주어 게재할 수 있었다.

「봉사도」의 오산이나 기온마쓰리의 야마가 수레 위에 산을 만든 산거(山車)의 형태라면 가쿠노다테[角館]의 오야매[飾山]는 여러 사람이 지고 가는 니나이야매[担い山]의 형태로 백 명 가까운 사람이 어깨에 메고 움직인다. 『나례청등록』에 기록된 예산대인 '헌가(軒架)'는[58] 담지군(擔持軍)으로 마전(馬廛) 담지군 10명과 방민(坊民) 100명이 필요하다고 하였는데[59] 바퀴를 달아 끌고 다니는 예산대의 담지군이 100명 이상이라는 사실을 이해하기 어려웠다. 그러나 가쿠노다테[角館]의 오야매[飾山]를 통하여 헌가산이 니나이야매[担い山]의 형태로서 100명 이상의 담지군이 어깨에 메고 가는 산대였음을 유추할 수 있다.

한국에서는 행렬에 쓰이는 산대인 예산대(曳山臺)와 구분하여 거리나 광장에 고정하여 세우는 산대를 대산대(大山臺)라고 하였다.[60] 조선전기의 경우 대산대는 광화문 앞 큰길에 좌우로 세워졌고 그 규모가 60척에서

---

57 이토 요시히데는 복수의 산거가 등장한 것은 도시 같은 거대 공동체의 경우 신을 모시는 단체의 수가 늘어났기 때문이며 신들끼리의 다양한 커뮤니케이션이 전개된다고 하였다; 이토 요시히데, 앞의 논문, 432~433면.

58 『나례청등록』에 나타나는 軒架가 궁중음악의 殿庭 軒架가 아니라 재인들이 올라가 놀이하는 이동식 무대라는 주장은 사진실, 「나례청등록 2」, 『문헌과해석』 1998년 여름호, 58~59면 각주 1)과 10); 사진실, 「산대의 무대양식적 특성과 공연방식」, 『구비문학연구』 7, 한국구비문학회, 1998, 355~356면 참조.

59 사진실, 「나례청등록 4」, 『문헌과해석』 1998년 겨울호, 54~55면.
軒架와 雜像에 따라 擔持軍을 나누는 秩
一. 사자 담지군 : 입전 36명
一. 호랑이 담지군 : 혜전 24명, 저포전 10명, 사립전 5명
一. 낙타 담지군 : 입전 14명, 초립전 10명, 상미전 8명, 시소전 6명, 철물전 4명
一. 소간 담지군 : 이엄전 16명, 어물전 7명, 생선전 7명, 의전 4명, 전상전 6명, 전우전 5명, 지전 7명, 진사전 담지군 1명
一. 軒架 담지군 : 마전 담지군 10명, 坊民 100명

60 사진실, 「조선전기 나례의 변별양상과 공연의 특성」, 『구비문학연구』 제3집, 한국구비문학회, 1996, 582~583면에서 대산대와 예산대의 분류에 대하여 처음 언급하였고; 사진실, 「산대의 무대양식적 특성과 공연방식」, 352~357면에서 대산대와 예산대의 역사적 전개 과정에 대하여 논의하였다; 홍미라, 앞의 논문, 151~171면에서 이동성 여부에 따른 산대의 분류에 대하여 심도 있는 논의가 이루어졌다; 이토 요시히데, 앞의 논문, 424~425면에서는 이러한 분류를 일본의 야마가타와 비교하여 논의하였다.

90척에 이르렀다고 한다.[61] 선조 15년(1582)에는 광화문 앞 거리 양쪽에 각각 춘산(春山), 하산(夏山), 추산(秋山), 설산(雪山)을 세웠다.[62] 4계절의 산이 지니는 전형적인 모습을 형상화한 거대한 규모의 산대였다고 추정된다.

대산대는 구경꾼들이 걸어 올라가 인물 잡상을 감상할 수 있을 만큼, 장식적인 조형물이 아닌 건축적인 구조를 지니고 있었다. 『세종실록』 31권 8년 2월 28일의 기록에 의하면 중국 사신을 영접하기 위하여 광화문 앞에 세운 대산대의 한 귀퉁이가 무너져 구경하러 올라갔던 많은 사람들이 죽었다는 내용이 있다.[63] 『중종실록』 84권, 32년 3월 4일에는 중국사신이 평양의 대동관 앞에 세워진 오산 앞에 이르러 잡상을 찬찬히 들여다보고는 오산으로 올라가려다가 그만두었다는 내용이 있으며 『중종실록』 89권, 34년 2월 6일에는 역시 평양에서 중국사신이 산대에 올라가 구경하였다는 기록이 있다.[64]

대산대에 해당하는 오산의 모습은 명대의 회화 자료인 〈남도번회도(南都繁會圖)〉에서(그림 11) 확인할 수 있는데[65] 정월대보름에 거행하는 명절놀이인 사화(社火)를 위하여 많은 등불을 달았기에 등산(燈山)이라고도 불린다. 이 오산은 네 개의 대들보에 여덟 개의 기둥으로 만든 양정(凉亭) 위에 설치한 것이 특징이며 2단으로 나누어 인물 잡상을 설치하였다. 인물 잡상들의 위쪽에는 해와 달을 나타내는 등불이 걸려 있으며 그 위쪽에

---

61 사진실, 「산대의 무대양식적 특성과 공연방식」, 360면.

62 사진실, 위의 논문, 352~353면 참조. 4계절을 형상화한 대산대의 기록은 『광해군일기』 156권 12년(1620) 9월 3일자에 나타나 있으나, 이는 의금부가 산대도감 하인에게 물어들은 선조 15년(1582)의 상황을 임금에게 보고한 내용이므로 이 기록에 나오는 4계절의 산대는 선조 15년에 설행된 것이다. 임진왜란 때 경복궁이 불타 없어진 이후로는 광화문 앞 대산대가 설행되지 않았다.

63 사진실, 위의 논문, 360면.

64 사진실, 위의 논문, 364면.

65 〈남도번회도〉에 나타난 오산에 대해서는 홍미라, 앞의 논문, 145면; 강춘애, 『儺與假面戲劇文化』, 北京: 中國戲劇出版社, 2003, 105면; 전경욱, 앞의 책, 176~177면 참조.

는 신선이 사는 궁전을 형상화한 듯한 2층 누각이 만들어져 있다.

중국 청대 강희제(康熙帝)의 생일을 축하하는 행사를 그린 〈강희만수도(康熙萬壽圖)〉에서는[66] 무대로 사용되는 오산의 모습을 확인할 수 있다(그림 12). 강희제의 행차가 지나는 길 왼쪽에 세워진 오산은 '오산희대(鼇山戲臺)'라고 명명되었는데 오산과 희대가 결합된 모습을 하고 있다. 2층 누각으로 된 희대는 신선들이 사는 궁전을 상징하는 동시에 공연을 위한 무대로 사용되었다고 할 수 있다. 희대에서는 위층에서 노래를 부르고 아래층에서 연극을 공연하

그림 11 〈南都繁會圖〉에 나타난 鼇山

였다고 한다. 희대가 세워진 기암괴석 앞에는 모란 꽃밭을 만들고 그 아래에는 연꽃이 가득한 연못을 만들었다. 연못 바닥은 판자를 사용하여 물결이 휘돌아 흐르는 모습을 표현하였고 아름다운 물고기들이 날듯이 헤엄치는 모습을 만들어 놓았다. 오산희대의 뒤에는 석산(石山)이 첩첩하게 솟아 있고 나무숲이 울창하였는데 모두 비단 따위로 엮어 만든 것이었다고 한다.[67]

---

66 『萬壽盛典初集』, 影印 文淵閣四庫全書 제653책, 臺北: 臺灣商務印書館, 1986, 594면.
67 위의 책, 614면.
　路左鼇山重臺一座, 高四丈五尺, 周二十一丈. 下演劇, 上節節高歌. 臺前爲牧丹圃, 圃下爲荷池. 池底以板爲之淸波瀁洄・錦鱗翔泳. 臺後石山疊起, 林木蔚然, 皆繪繭結撰者.

그림 12 〈康熙萬壽圖〉에 나타난 오산희대(鰲山戲臺)

일본의 경우는 히메지[姬路] 시의 하리마[播磨] 총사(總社)에 대산대를 설행하는 전통이 남아 있다. 임시대제(臨時大祭)의 경우 신사(神社)의 정문 앞에 대산대 세 기(基)를 조설하는데, 이를 '미쓰야마[三山]'라고 한다.[68] 야마는 높이가 40척 정도 되는 원추형 목조 가설물로 꼭대기에는 산상전(山上殿)을 만들고 둘레에 인조 나무를 심어둔다. 산꼭대기에 설치하는 산상전(山上殿)은 〈남도번회도〉에 묘사된 산꼭대기 2층 누각과 유사하다.

야마의 내부에는 계단을 두어 신직(神職)이 산상전에 올라 의식을 거행할 수 있게 하였고 외부에는 쓰쿠리닌교[作り人形]를 설치한다. 하리마 총사(總社)의 미쓰야마는 노[能] 공연을 위한 가쿠야[樂屋]로 분장실과 대기실의 역할을 하였다고 한다. 가쿠야는 하시가카리[橋掛り]로 연결되어 노

---

68 미쓰야마에 대해서는 이토 요시히데, 앞의 논문, 415~420면 참조.

[能]의 무대로 이어졌다는 것이다.[69] 산상전에서는 '산상전강신(山上殿降神)의 의(儀)'를 거행한다고 하는데, 고대의 제왕들이 봉래산의 신선을 만나기 위하여 거행한 봉선(封禪) 의식을 연상하게 한다.[70] 세 개의 산을 만든다는 점에서도 '미쓰야마'와 삼신산(三神山), 즉 오산(鼇山)과의 연관성을 타진해볼 수 있다.[71]

일본의 사찰에서 거행된 엔넨[延年]에 관한 기록에서 중국 고대 신화에 전하는 '신성한 산'인 곤륜산이 설행된 사실을 확인할 수 있다.[72] 에쿄[永享] 원년(1429) 9월에 당대 최고권력자인 아시카가 요시노리[足利義敎]를 위하여 나라의 고후쿠지[興福寺]에서 후류[風流] 곤론잔[崑崙山]을 연행하였다. 『산해경(山海經)』에 의하면 곤륜산은 약수(弱水)와 염화산(炎火山)으로 둘러싸여 인간의 접근을 불허하며 호랑이 이빨에 표범의 꼬리를 한 서왕모(西王母)가 살고 있다고 한다.[73]

후류[風流] 곤론잔[崑崙山]에는 곤륜산을 표현한 쓰쿠리모노가 설치되는데 산 속에 2층 누각을 짓고 위층에는 여의주 두 개, 아래층에는 란뵤시[亂拍子]를 담당할 아이 두 명을 배치하였다고 한다. 신선으로 꾸미기 위한 도구로서 붉은 지팡이, 부채, 흰 수염 등을 준비하였으며, 뒤집어쓰는 도구로서 머리는 호랑이에, 등은 가시 모양의 물고기인 샤치호코[鯱], 새우 등의 잡상을 사용하였다.[74] 이 공연을 관람한 승려의 일기인 『만제준

---

69 이토 요시히데, 위의 논문, 420면.

70 고대 제왕들의 봉선 의식과 봉래산에 대해서는 4장에서 논의할 것이다.

71 이토 요시히데, 위의 논문, 418~419면에서 산대와 미쓰야마의 유사점으로 (1) 산의 모습을 모방하고 상당한 높이가 있다는 것, (2) 골조에는 목재가 사용되는 것, (3) 色布로 화려하게 외장되고 그곳에 인형을 설치하는 것, (4) 대문 밖의 꽤 넓은 장소에 1기 내지 복수로 조설되는 것, (5) 주변에서 연희가 행해지는 것 등을 들었다.

72 須田敦夫, 『日本劇場史の研究』, 東京: 相模書房, 1957, 102면.
河竹繁俊(이응수 역), 『일본연극사 (상)』, 서울: 도서출판 청우, 2001, 242~245면.

73 곤륜산의 신화에 대해서는 이종은·윤석산·정민·정재서·박영호·김응환, 「한국문학에 나타난 유토피아 의식 연구」, 『한국학논집』 28, 서울: 한양대학교 한국학연구소, 1996, 26~29면 참조.

후일기(滿濟准后日記)』에 의하
면 곤륜산에서 스이캔[水干] 복
장을 한 두 아이가 란뵤시[亂拍
子]를 추어 보는 이들을 놀라게
하였다고 한다. 곤륜산을 가설
하여 2층 누각을 만들어 놓고
무대처럼 사용하였다고 하니
〈강희만수도(康熙萬壽圖)〉에 그
려진 오산희대(鼇山戲臺)와 유
사하였으리라 여겨진다.

그림 13 興福寺 〈一乘院延年舞圖〉

1714년에 거행된 흥복사(興福寺)의 엔넨(延年)은 〈일승원연년무도(一乘
院延年舞圖)〉(그림 7)가 전하여 더욱 자세한 상황을 알 수 있다.[75] 무대의
양쪽에 동서로 산이 가설되어 있는데 악사(樂舍) 안에 소나무를 장식하여
표현하였다. 산과 악실(樂室) 사이에 후류[風流] 쓰쿠리모노[作り物]인 거
북이와 학의 모형이 배치되어 있다. 거북이와 학은 불로장생의 상징으로
봉래산이나 곤륜산과 같은 신성한 산의 이미지와 연관된다고 할 수 있다.

바다 위를 떠다니는 삼신산은 육지보다는 연못이나 강물 위에 조성하
여 놓았을 때 그 형상성이 구체화된다고 할 수 있다. 연산군은 경회루 연
못에 산대를 만들면서[76] 관사(官私)의 배들을 가져다가 가로로 연결하고
그 위에 판자를 깔아 평지처럼 만들고 채붕을 설치하여 바다 가운데 있는
삼신산을 본떠 세 산을 꾸몄는데, 가운데를 만세산(萬歲山), 왼쪽은 영충
산(迎忠山), 오른쪽은 진사산(鎭邪山)이라 이름 붙였다고 한다. 산 위에는

---

74 河竹繁俊(이응수 역), 앞의 책, 243면.

75 興福寺 維摩會延年에 대해서는 강춘애, 앞의 논문, 262~263면 참조. 〈그림 7〉의 자료
를 강춘애 선생이 제공해 주어 이 논문에 게재할 수 있었다.

76 『연산군일기』 12년 9월 2일.

전우(殿宇), 사관(寺觀), 인물의 잡상을 벌여 놓아 기교를 다하였으며 연못 가운데는 비단을 잘라 꽃을 만들어 줄줄이 심고 용주(龍舟)와 화함(畵艦)을 띄워 서로 휘황하게 비추었다고 한다. 세 산은 연못 위에 떠 있으니 바다 위에 떠있는 오산(鼇山)을 풍류 있게 표현하였다고 할 수 있다.[77]

판소리계 소설 「게우사」에서도 주인공 무숙이가 한강에서 선유(船遊) 놀음을 벌이면서 유선(遊船) 위에 보계판(補階板)을 깔아 강상 육지를 만들어 놓고 좌우 산대를 설치한다.[78] 좌우 산대 위에서 추었다고 하는 만석춤은 '만석승무(曼碩僧舞)'라 하여 유득공의 『경도잡지(京都雜誌)』에 산희(山戲)로 분류되어 있다. 산희란 산대 위에 잡상을 설치하고 놀리는 인형극 양식이라고 할 수 있다.[79]

'신성한 산'을 만드는 전통은 크게 고정하거나 이동하는 차이가 있었다. 고정식인 경우는 바닥에 설치하거나 누정 위에, 혹은 악사(幄舍) 안에 설치하는 차이가 있었다. 이동식인 경우는 수레 위에 설치하거나 배 위에 설치하는 다양성을 보였다. 산 모양의 표현 방식에 있어서도 기암괴석의 바위산을 묘사하는가 하면 숲이 무성한 산을 묘사하기도 하였다. 실용적인 측면에서 무대를 겸하는가 하면 분장실과 대기실을 겸하는 경우도 있었다.

조형 방식의 다양성에도 불구하고 한·중·일 세 나라에서 설행한 '신성한 산'은 봉래산과 곤륜산으로 수렴된다고 할 수 있다. 신화의 근원지인 중국 내륙을 중심으로 할 때 동쪽에 있는 장생불사의 낙원이 삼신산이라면 서쪽에 있는 장생불사의 낙원이 곤륜산이다.[80] 두 산은 동아시아 문

---

77 사진실, 「산대의 무대양식적 특성과 공연방식」, 363~364면; 사진실, 「금강산의 팔선녀: 산대의 이념과 미학」, 15~16면 참조; 홍미라, 앞의 논문, 170~171면에서 연산군의 만세산을 이동식 산대에 속한다고 하였으며 국립중앙박물관 소장 〈평양감사선유도〉에 나오는 樓船과 함께 '船綵棚'으로 명명하였다.

78 사진실, 『공연문화의 전통』, 155~158면.

79 사진실, 「산대의 무대양식적 특성과 공연방식」, 370~371면.

80 Michael Loewe, *Ways to Paradise: The Chinese Quest for Immortality*, London: GEORGE ALLEN & UNWIN LTD, 1979, p.15.

화에서 장생불사를 상징하는 '신성한 산'의 두 축을 이루어왔다고 하겠다.

(2) '신성한 산'을 연행하는 전통

'신성한 산'을 연행하는 전통으로는 먼저 산 위에 설치한 인물 잡상을 전시하고 관람하는 방식을 들 수 있다.[81] 한국의 경우 산대의 인물 잡상은 고사의 한 장면을 포착하여 형상화한 사실이 밝혀졌다. 인물 잡상은 당대의 관객이 쉽게 알아차릴 수 있도록 신화나 전설, 소설 등으로 잘 알려진 내용을 다루게 된다. 산대 위의 인물 잡상이 보여주는 것은 한 장면일 뿐이지만 배후의 서사를 익히 알고 있는 관객에게는 흥미로운 볼거리가 될 수 있는 것이다.

「봉사도」를 예로 들면, 강태공이 위수(渭水)에서 곧은 낚싯대를 드리우고 때를 기다리는 장면이 포착되었다고 할 수 있다. 〈남도번회도〉의 경우 제1단 왼쪽의 인물은 쌍상투에 불룩한 배를 드러낸 형상으로 보아 팔선(八仙) 가운데 하나인 종리권(鍾離權)이라고 여겨진다. 종리권 등 여러 신선들이 서왕모의 요지연에 참석하러 가는 장면은 회화의 소재로도 널리 퍼져 있다. 〈낙중낙외도〉의 경우 백아(伯牙)가 자신의 거문고를 부서뜨리는 장면을 포착하고 있다. 관람객들은 이 장면을 보고 '지음(知音)'이라는 고사성어를 남긴 백아(伯牙)와 종자기(鍾子期)의 이야기를 떠올려 음미하게 될 것이다.

1865년 씌어진 『기완별록(奇玩別錄)』에 의하면,[82] 경복궁 중건을 축하하는 행사에 등장한 여러 개의 예산대 위에도 신선들의 고사가 인물 잡상으로 묘사되었다.[83] 당시 관객이었던 글쓴이는 여동빈(呂洞賓)이 요지연

---

81 사진실, 「산대의 무대양식적 특성과 공연방식」, 364~366면.

82 이 작품의 전문과 주석은 윤주필, 「경복궁 중건 때의 전통놀이 가사집 『奇玩別錄』」, 『문헌과해석』 9호, 서울: 문헌과해석사, 1999 참조.

83 사진실, 「山戲와 野戲의 공연 양상과 연극사적 의의」, 269~282면 참조.

으로 가는 장면이며, 바둑을 두는 상산사호(商山四皓)의 모습, 소설 〈구운몽〉의 성진과 팔선녀 등을 한눈에 알아차렸을 뿐 아니라 그 배후의 서사를 떠올려 음미하는 감상 태도를 보이고 있다.

『중종실록』 84권, 32년 3월 4일에는 중국사신이 평양의 대동관(大同館) 앞에 세워진 오산 앞에 이르러 잡상들을 자세히 구경하였다는 기록이 있어 산대 위의 잡상이 그 자체로서 훌륭한 볼거리였다는 사실을 알 수 있다. 『인종실록』 2권, 1년 5월 11일에는 광화문 앞에 세워진 산대에 구경꾼들이 많이 올라가 구경을 하다가 산대가 무너져 수십 명이 죽었다는 기록이 있다. 산대를 설행하는 국가적인 행사가 끝나면 일정한 기간 그대로 세워 두어 백성들이 관람하도록 하였다는 사실을 알 수 있다. 사람들이 산대 위에 올라가 구경한 것은 바로 여러 가지 고사를 연출한 인물 잡상들이었다고 할 수 있다.[84]

연산군 때 가설한 선상 산대의 경우 인물 잡상을 늘어놓는 데 그치지 않고 어떠한 극적 상황을 연출하여 보여주었다고 여겨진다. 만세산의 왼쪽에 있는 영충산에는 임금의 신임을 받아 조정에 등용된 선비들의 득의만만한 모양을 꾸미고, 오른쪽에 있는 진사산에는 귀양 간 사람들의 근심하는 모양을 꾸몄다. 연산군은 직접 놀이를 연출하여 전자는 노래와 춤으로 연악(宴樂)하는 모양을 표현하고, 후자는 의복이 남루하고 용모가 초췌하여 초가집에서 궁하게 살며 굶주려 쓰러져 있고 처자가 매달려 울부짖는 모양을 표현하도록 하였다.[85] 서사적인 줄거리를 확인할 수는 없지만, 산대 위 잡상들의 표정과 동작이 강조되는 극적인 모습이었으리라 여겨진다. 산대 잡상들은 전형성을 띠는 상황이나 세간에 잘 알려진 이야기의 한 장면을 재현하였다고 할 수 있다.[86]

---

84 사진실, 「산대의 무대양식적 특성과 공연방식」, 364~365면.
85 『연산군일기』 62권, 12년 5월 1일.
86 사진실, 앞의 책 『공연문화의 전통』, 195~197면 참조.

현재 전승되는 일본의 마쓰리에서 야마와 호코 등 산거에 설치된 인물 잡상은 기관 조작을 통하여 움직이도록 고안되었다. 이들 인형은 원시계(原始系), 특수계(特殊系), 풍류계(風流系)의 세 종류로 나누어진다고 하는데 이 가운데 풍류계통의 인형은 중세 및 근세의 예능과 기계문화의 영향을 받아 오락적으로 풍류화한 인형으로 산거의 내부에 정교한 기관 구조를 장치하여 인형을 움직인다고 한다.[87]

『무림구사(武林舊事)』「원석(元夕)」에 의하면, 대보름날 궐내에 설치한 오산에 오색 유리로 만든 등을 달았는데 산수풍경이나 인물, 식물이나 동물의 기묘한 모습을 형상하였다고 한다. 인물들은 모두 기관을 사용하여 움직였으며 용이나 봉황이 물을 뿜으며 꿈틀거리는 모습이 살아있는 것 같았다고 한다.[88]

정조 22년(1798) 2월 동지정사(冬至正使) 김문순(金文淳) 일행이 보고한 내용 가운데 중국의 오산에 대한 설명에서도 기관 조작으로 움직이는 인물 잡상이 등장한다.[89] 바위와 골짜기의 모습을 만들어 산을 표현하고 그 위에 누각과 기화요초, 짐승과 인물의 잡상을 설치하였으며 기관을 장치하여 움직일 수 있었다. 밖에서 줄을 당기면 골짜기에서 미녀와 선관(仙官)이 나오고 온갖 장식물들이 작동하며 음악 소리까지 들리도록 고안되어 있었다.

『나례청등록』에 의하면, 한국의 산대에서도 기관을 장치하여 인물 잡상을 작동하였을 가능성이 보인다.[90] 산대를 만드는 일을 주관한 나례청

---

87 산거 인형의 분류에 대해서는 고승길, 앞의 논문, 281~282면 및 永田衡吉, 앞의 책, 134~138면 참조.

88 『무림구사』 권2, 「元夕」.
鼇山燈之品極多(見後燈品), 每以蘇燈爲最圈片, 大者徑三四尺, 皆五色琉璃所成, 山水·人物·花竹·翎毛種種, 奇妙儼然著色便面也. ……禁中嘗令作琉璃燈山, 其高五丈, 人物皆用機關活動, 結大綵樓貯之. 又於殿堂梁棟窗戶間, 爲涌壁作諸色故事, 龍鳳噀水蜿蜒如生.

89 『정조실록』 48권, 22년 2월 19일; 사진실, 「산대의 무대양식적 특성과 공연방식」, 198~199면 참조.

에서 경기감사 및 병조에 공문을 보내면서 헌가산 위에 설치한 '윤통(輪桶)'을 수리하는 내용을 언급하였고[91] 헌가의 잡상을 논의하면서 기관 장치를 위하여 필요한 '기목(機木)'이 소용된다는 사실을 언급하고 있다.[92] 윤통과 기목은 동력을 전달하여 잡상을 움직이는 기관(機關)을 구성하였으리라 여겨진다.

또한 '신성한 산'은 예능인들이 노래와 춤, 놀이를 펼치는 무대 및 무대 세트로 사용될 수 있었다. 『무림구사(武林舊事)』「원석(元夕)」에 의하면 중국에서는 대보름날 임금의 행행(行幸)을 환영하기 위하여 세운 오산(鼇山) 위에서 영관(伶官)들이 음악을 연주하고 구호(口號)와 치어(致語)를 읊었으며, 그 아래 노대(露臺)에서는 백희(百戲)를 공연하였다고 한다.[93] 앞서 살펴본 〈강희만수도(康熙萬壽圖)〉(그림 5)에서도 오산희대의 위층에서는 노래를 부르고, 아래층에서는 연극을 공연한다고 하였다.

「봉사도」의 경우 오산 위에 인물 잡상이 세워져 있으나 잡상과 함께 예능인이 올라가 공연하는 일이 배타적인 것은 아니라고 할 수 있다. 관객으로서 산대 위에 올라갈 수 있었다면 배우로서 산대 위에 올라갈 수도

---

90 이하 『나례청등록』에 나타난 인물 잡상의 기관 조작 가능성에 대해서는 사진실, 앞의 책 『공연문화의 전통』, 199~201면 참조.

91 각주 7) 참조.

92 사진실, 「나례청등록 3」, 『문헌과해석』 1998년 가을호, 63면.

— 본청이 상고한 일 : 이번에 도부한 조 첩정의 내용이, "이번 중국사신이 올 때 헌가 잡상을 만드는 역군 60명을 좌우변에 똑같이 나누어 시행함이 마땅하며 좌우나례청에 문의할 것"이라는 첩정이었기에 상고하되, 헌가 잡상에 대하여 말하기를 묵은 것을 가져다 보수하라고 하였으나 모두 진흙으로 만들어 채색하고 꾸민 물건이라 상태가 오래가기 어려울 뿐만 아니라 남아 있는 機木도 또한 많이 부서지고 부러져서 이번에 개조를 거행함에 지난해의 일보다 적지 않을 듯하거늘 이와 같이 수를 줄인다면 뒷날에 폐단이 있을 뿐 아니라 앞으로 들어갈 공력을 예측할 수 없어 매우 걱정되거니와 事勢를 찬찬히 살펴보아 다시 이 문하여 헤아릴 것. 병조에 移文.

93 『武林舊事』권2 「元夕」.

至二鼓, 乘小輦, 幸宣德門, 觀鼇山. ……山燈凡數千百種, 極其新巧, 怪怪奇奇無所不有. 中以五色玉柵簇成皇帝萬歲四字. 其上伶官奏樂, 稱念口號致語. 其下爲大露臺, 百藝羣工競呈奇技.

있기 때문이다.[94] 홍복사(興福寺)의 엔넨(延年), 후류[風流] 곤론잔[崑崙山]에서는 거대한 곤륜산 가운데서 두 아이가 춤을 추었다고 하였고, 가쿠노다테[角館]의 오야마[飾山]에서는 바위산 아래 악공들의 반주석을 마련하였고 앞에는 별도의 무대를 마련하여 사람들이 춤을 추고 있다. 일본의 마쓰리에 등장하는 야마에서는 노래나 악기 연주는 물론이고 가부끼를 공연하는 경우도 많다고 한다.[95]

한국에서는 산대 위에서 연행하는 놀이를 산희(山戲)라 하고, 산대 앞 광장이나 거리에서 연행하는 놀이를 야희(野戲)라 하여 구분하였다. 수직 방향으로 하늘에 닿아 있는 산대가 신성공간을 의미한다면, 수평적으로 이어지는 마당이나 거리는 세속공간을 의미한다. 산희와 야희는 상관적인 공연미학을 지녀 신성공간과 세속공간을 넘나드는 상상력을 증폭시킬 수 있었다.[96]

고려말 이색(李穡, 1328~96)의 시 〈자동대문지궐문전산대잡극전소미견야(自東大門至闕門前山臺雜劇前所未見也)〉에 의하면, 국가적인 행사에 봉래산을 형상화한 산대를 세우고 신선이 과일을 바치는 내용의 연희를 공연하였다. 봉래산 위에는 그곳에 있음직한 신선이며 불로초며 선과(仙果), 신기한 짐승들의 잡상이 설치되었을 것이다. 신선이 과일을 바치는 장면은 산대 위보다는 산대 아래 무대에서 연출되었을 때 더욱 효과적이었다고 여겨진다. 신성공간인 산대 위에는 서왕모 또는 신선의 인물 잡상이 설치된 가운데 세속공간인 마당의 무대에 서왕모 또는 신선의 배역을 맡은 배우가 연기를 한다면 산희와 야희의 상관적인 공연미학이 극대화될 것이다.[97]

---

94 사진실, 「산대의 무대양식적 특성과 공연방식」, 365면.

95 고승길, 앞의 논문, 278면.

96 사진실, 「산대의 무대양식적 특성과 공연방식」, 372~388면; 앞의 책 『공연문화의 전통』, 416~417면.

97 사진실, 「금강산의 팔선녀」, 19~20면.

(3) '신성한 산'의 욕망과 이념

봉래산이나 곤륜산을 향한 열망은 중국의 제왕들과 관련하여 많은 이야기를 남겼다. 그 가운데 대표적인 인물이 진시황(秦始皇)과 한 무제(漢武帝)이다. 『사기(史記)』「봉선서(封禪書)」에 의하면 중국 제나라, 연나라 이후 많은 왕들이 동쪽 바다로 사람을 보내어 봉래산의 불사약을 구하고자 하였으며 진시황 역시 서복(徐福) 등 방사(方士)에게 명하여 동남동녀 수천 명을 이끌고 봉래산의 불사약을 구해오도록 하였다.[98] 진시황은 직접 해상을 순유(巡遊)하기도 하며, 봉래산의 불사약을 얻고자 하였으나 그러한 순행 도중 사구(沙丘)에서 죽게 된다.

한 무제 역시 봉래산의 신선을 만나기 위하여 방사들을 파견하였으며 명당(明堂)을 지어 봉선(封禪) 의식을 거행하였다.[99] 『사기(史記)』「봉선서(封禪書)」에 의하면 기원전 104년 한 무제는 백량대(柏梁臺)가 불탄 뒤 건장궁(建章宮)을 축조하면서 북쪽에 태액지(太液池)라고 하는 큰 연못을 조성하였는데, 그 안에 20여 丈 높이의 점대(漸臺)를 세웠고 봉래(蓬萊), 방장(方丈), 영주(瀛洲), 호량(壺梁) 등을 만들어 바다 가운데 있는 신산(神山)과 귀어(龜魚) 등속을 상징하였다고 한다.[100] 바다에 떠다니는 삼신산을 상징한 연못 속의 가산(假山)은 동아시아 조경문화의 전통으로 직결될 뿐 아니라 '신성한 산'을 만들어 연행하는 공연문화의 모태가 되었다고 할

---

98 중국의 신선사상과 진시황의 행적에 대해서는 도광순,「中國古代의 神仙思想」,『도교학연구』9, 서울: 한국도교학회, 1992, 38~42면 참조.

99 신선을 만나고자 했던 한무제의 행적에 대해서는 Michael Loewe, 앞의 책, 37~38면; 이성규,「漢武帝의 西域遠征·封禪·黃河治水와 禹·西王母神話」,『동양사학연구』72집, 서울: 동양사학회, 2000; 이성구,「漢武帝時期의 皇帝儀禮」,『동양사학연구』80집, 서울: 동양사학회, 2002 참조.

100『史記』권28,「封禪書」.
……作建章宮, 度爲千門萬戶, 前殿, 度高未央. 其東則鳳闕, 高二十餘丈. 其西則唐中數十里虎圈. 其北治大池, 漸臺高二十餘丈, 命曰太液池, 中有蓬萊·方丈·瀛洲·壺梁, 象海中神山龜魚之屬. 其南有玉堂璧門大鳥之屬……

수 있다.[101]

태액지의 신산(神山)과 점대(漸臺)에서 한 무제는 신선이 되기 위한 자기 수련의 의식을 거행하였다고 할 수 있다. 신산(神山)으로 둘러싸인 점대는 감천궁(甘泉宮)에 세워진 100장(丈) 높이의 통천대(通天臺)처럼 천신이나 선인과의 교통을 위한 우주산(宇宙山)을 상징한다고 할 수 있다.[102] 한무제는 방사 이소군(李少君)의 주장을 받아들여 황제(皇帝)의 예를 따라 (1) 사조(祠竈)를 거행하고 (2) 치물(致物)의 과정을 거쳐 (3) 단사(丹沙)를 황금으로 만들고 (4) 그것으로 식기를 제작하여 사용하고 (5) 익수(益壽)의 경지에 도달하여 (6) 봉래의 신선을 만나며 (7) 봉선(封禪) 의식을 거행하고 (8) 불사(不死)의 경지에 들고자 하였다.[103] 한 무제의 자기 수련 과정은 궁궐 내부에서 비의(秘儀)로 진행되었으며,[104] 장생불사를 향한 개인적인 욕망을 나타낸다고 할 수 있다.

한 무제는 동쪽 바다 위의 봉래산뿐만 아니라 서왕모가 사는 곤륜산을 찾고자 하였다. 『사기(史記)』「대완열전(大宛列傳)」과 『한서(漢書)』「예악지(禮樂志)」 등에 의하면, 한 무제는 장건(張騫) 등을 서역으로 보내어 천마(天馬)를 구하고자 하였고 장건이 가져와 바친 한혈마(汗血馬)를 두고 〈천마가(天馬歌)〉를 지었다. 〈천마가〉는 천마의 위용에 대한 찬미와 더불어 천마를 타고 곤륜산에 가고자 하는 갈망을 드러내고 있다.[105]

---

101 인공연못을 만들어 삼신산을 상징하는 인공섬을 조성하는 조경 방식은 중국뿐 아니라 한국과 일본에서도 발견된다. 『삼국사기』에 나오는 백제의 宮南池나 신라의 雁鴨池 등에 대한 기록에서 바다 위의 삼신산을 상징한 연못 조경 방식이 나타난다. 홍미라, 앞의 논문에서 삼신산의 신화를 형상화한 조경 문화와 산대 조설의 전통에 상세하게 논의하였다.

102 이성구, 앞의 논문, 16～17면.

103 Michael Loewe, 앞의 책, 37면; 이성규, 앞의 논문, 6～7면.

104 이성구, 앞의 논문, 6～8면.

105 한무제의 서역 원정과 천마를 향한 열망에 대해서는 이성규, 앞의 논문, 9～13면; David R. Knechtges, "The Emperor and Literature: Emperor Wu of Han", *Court Culture and Literature in Early China*, Variorum Collected Studies Series, Burlington: Ashgate Publishing Co., 2002, pp.64～65 참조.

봉래산과 곤륜산을 통하여 진시황과 한 무제가 도달하고자 했던 장생 불사의 경지는 신화에 등장하는 신선들의 경지와는 다르다고 할 수 있다. 신선들이 사는 봉래산이나 곤륜산은 인간 세상과 단절된 다른 세상이다. 인간 세상에 연속되어 있는 듯이 보이지만 특별한 수련 과정을 거치지 않 고는 도달할 수 없는 초월적인 세계인 것이다. 진시황과 한 무제는 인간 세상을 떠나 초월계에서의 장생불사를 꿈꾼 것이 아니다. 오히려 세속적 인 부귀영화를 극대화하기 위한 열망으로 신선의 불사약을 구하려고 하 였다. 선계의 신선들이 '초월적인 불멸(otherworldly immortality)'의 경지에 있다면 제왕들은 '세속적인 불멸(worldly immortality)'의 경지를 열망하였 다고 할 수 있다.106

세속적인 장생불사의 경지는 현실 속에서 제왕의 지위와 권력을 공고 히 하고 강화하려는 통치 행위와 연관된다. 진시황과 한 무제는 궁궐 내 부에서 자기 수련의 비의(秘儀)를 거행하는 데 머무르지 않고 외방 지역 을 순수(巡狩)하며 공개적인 봉선(封禪) 의식을 거행하였다. 이들의 봉선 의식은 국가주의를 원리로 하는 유가적(儒家的) 봉선과 개인주의를 원리 로 하는 방사적(方士的) 봉선을 모두 실현하는 이중성을 지니고 있었다고 한다.107 대외적으로 공개된 봉선 의식을 통하여 제왕의 권력을 과시하며 피지배세력의 복종을 종용하는 정치적 의미를 담고 있었다고 하겠다. 한 무제의 경우는 봉선 의식이 황하(黃河)의 치수 사업과 같은 현실적인 정 책과 밀접한 연관이 있었다고 한다. 장생불사의 신화적 신념을 이용하여 제국의 정책 운영을 주도하는 명분으로 삼았다는 것이다.108

---

106 Ying-shih Yu, "Life and Immortality in the Mind of Han China", *Harvard Journal of Asiatic Studies*, Vol. 25, Cambridge: Harvard-Yenching Institute, 1964~1965, pp.93~102에서 worldly immortality와 otherworldly immortality를 구분하여 논의하였다.

107 진시황과 한 무제의 봉선 의식이 지닌 이중성에 대해서는 이성구, 앞의 논문, 22~ 27면 참조.

108 한 무제의 신화적 신념과 치수 등 국가사업의 운영에 대해서는 이성규, 앞의 논문, 36~46면 참조.

결국 봉래산과 곤륜산 등 '신성한 산'의 신화는 개인적인 장생불사의 욕망을 실현하기 위한 방사적 비의가 되었으며 국가적인 정치 이념을 구현하기 위한 유가적 공의(公儀)가 되었다고 할 수 있다. 이러한 이중성은 모든 봉선 의식에 나타났다고 할 수 있으나 궁궐 내부에서 거행한 자기 수련의 의식은 방사적 비의의 성격이 강하고, 외방을 순수하며 거행한 국가 제례 의식은 유가적 공의의 성격이 강했다고 추정할 수 있다.

한 무제의 행적을 통하여 궁궐 내부의 방사적 비의를 거행하기 위하여 바다 위 삼신산을 상징한 조형물을 세운 사례를 확인하였다. 유가적 공의로서 거행된 봉선 의식의 경우 외방의 명산(名山)을 순수하며 거행하였기 때문에 산 모양의 조형물을 세울 필요가 없었다고 여겨진다. 한나라 때 장형(張衡, 78~139)의 〈서경부(西京賦)〉에 이르면, '신성한 산'이 공개적인 공연공간에서 백희(百戲)의 형태로 연행된 사실을 확인할 수 있다. 〈서경부〉는 서한(西漢) 때 상림원(上林苑) 평락관(平樂觀)에서 벌어진 잡희의 공연 장면을 묘사하고 있다.[109]

공연 내용에서 '신성한 산'은 두 번 등장하는데 '화악(華嶽)'과 '신산(神山)'으로 표현되어 있다. 화악은 들쑥날쑥한 봉우리에 신기한 나무[神木]와 신령스런 풀[靈草]이 나며 붉은 과일이 주렁주렁 열리는 신성한 산의 모습으로 표현되었다.[110] 신성한 산은 신앙적인 조형물로서만 존재하는 것이 아니라 신선이 춤추고 노래하며 표범, 곰, 호랑이, 용이 춤추고 악기를 연주하는 오락적인 볼거리를 제공한다. 신선과 동물들의 여러 가지 모습은 신성한 산의 조형물 위에 잡상으로 만들었거나 분장을 하거나 탈을 쓴 광

---

109 〈서경부〉의 내용에 대해서는 김학주, 『중국의 희곡과 민간연예』, 명문당, 2002, 17~35면 참조.

110 김학주, 위의 책, 18면.
華山이 우뚝하고, / 봉우리 들쑥날쑥한데, / 신기한 나무와 신령스런 풀 자라고, / 붉은 과일 주렁주렁 달려 있네. / 신선들의 가무놀이 다 모아놓은 듯하니 / 표범 재롱떨고 큰 곰 춤추며, / 흰 범이 瑟을 타고, / 푸른 용이 퉁소를 부네.

대들의 연기로 표현되었을 것이다. 신산은 어룡만연지희(魚龍蔓延之戲)가 연출되는 무대공간으로 활용되었다.[111] 신산이 문득 등 뒤로 나타났다는 표현으로 미루어 움직일 수 있게 만든 산거(山車)의 형태였다고 추측할 수 있다.

건장궁 태액지의 봉래산과 상림원 평악관의 신산을 통하여 '신성한 산'을 만드는 주술 의식이 예술 양식으로 전환된 양상을 볼 수 있다. '신성한 산'의 주술 의식에서는 임금이 행동 주체가 되지만 '신성한 산'의 예술 양식에서는 임금이 관객이 된다. 산의 조형물을 무대로 혹은 무대배경으로 사용하여 놀이꾼들의 노래와 춤이 공연되기 때문이다. 조형예술과 공연예술의 영역으로 들어온 '신성한 산'은 비밀스러운 의식이 아닌 국가적 축제의 중심이 되었다고 여겨진다. 이러한 변화는 고대 제왕들의 봉선 의식에 포함된 유가적 공의의 성격이 강화되어 예술적 형상성을 추구한 결과라고 여겨진다.

'신성한 산'의 퍼포먼스가 비의에서 공의로, 주술에서 예술로 중심점을 옮겨간 변화는 거대한 산의 모형이 지니는 우주산(宇宙山)의 이미지와[112] 공연예술의 선동성을 결합하여 얻을 수 있는 효용성 때문이었다고 여겨진다. 회화나 조경으로 표현된 봉래산은 개인적인 장생불사의 욕망을 담을 뿐이지만, 거대한 조형물을 만들어 화려한 볼거리로 연행된 봉래산은 집단적인 공감과 환호를 이끌어낼 수 있다. 또한 중심점의 변화는 불사신화에 대한 믿음이 퇴색하는 추이와 맞물려 있다고 여겨진다. 인간 개체의 불멸에 대한 환상이 거두어지면서 왕조나 국가 등 공동체의 불멸에 대한 열망을 담게 되었다고 하겠다. 결국 '신성한 산'의 상징은 장생불사를

---

111 김학주, 위의 책, 19면.
8백 자 길이의 큰 짐승이, / 蔓延之戲를 연출하고, / 높다란 神山이, / 문득 등 뒤로 나타나니, / 곰과 호랑이 기어오르며 서로 다투고, / 원숭이들 튀어나와 높이 기어오르네.

112 신선희, 「한국 궁중의례의 극장공간 연구」, 중앙대 박사학위논문, 2003, 251~258면에서 山을 형상하는 무대공간이 宇宙木의 이미지가 결합된 신화적 공간이라고 하였다.

향한 개인적인 욕망에서 왕조의 영속성을 과시하는 정치적인 이념으로 확장되었다고 할 수 있다.

'신성한 산'의 조형과 연행을 통하여 군주의 권력과 왕조의 영속성을 과시하는 전통은 중세 궁정문화의 전례로 자리 잡게 되었다. 군주가 국가적인 의식을 거행하고 환궁하거나 외방 지역을 순행할 때 거리의 양쪽에 오산을 세워 군주와 왕실에 대한 환영과 송축, 복종의 의미를 전달하였던 것이다.

앞서 인용한 『무림구사(武林舊事)』「원석(元夕)」에 의하면 중국에서는 대보름을 맞이하여 행행(行幸)하는 군주를 환영하기 위하여 선덕문(宣德門) 밖에 오산(鰲山)을 세워 수천 가지의 기묘한 등을 달아 장식하였는데, 한 가운데 오색의 옥책(玉柵)으로 족자를 만들어 '황제만세(皇帝萬歲)'의 네 글자를 새겼다고 한다.[113] 오산이 상징하는 이념을 문자로 가시화하였던 것이다. 『선화유사(宣和遺事)』형집(亨集)에 의하면, 동지(冬至)부터 대보름까지 궐문 앞에 길이 16장(丈) 넓이 265보의 오산을 세웠으며 가운데 24장(丈) 길이의 오주(鰲柱) 두 개를 세우고 금룡(金龍)으로 감싸 장식하였는데, 그 중간에 '선화채산(宣和綵山) 여민동락(與民同樂)' 8자를 금서(金書)로 새긴 패를 걸었다고 한다.[114] 고려 시대 때도 팔관회를 거행하면서 '성수만년(聖壽萬年)'이나 '경력천추(慶曆千秋)' 등의 글자를 새긴 액자를 내걸었다고 한다.[115]

일본의 경우도 군주의 행차를 환영하기 위하여 지방의 수령들이 거리에 산 모양의 조형물을 세웠다고 하며, 교토의 기온마쓰리에 등장하는 야

---

113 각주 46) 참조.

114 『宣和遺事』「亨集」; 안상복, 앞의 논문 「宋·金代 雜劇·院本 硏究」, 127면에서 재인용. 自冬至日下手, 假造鰲山高燈, 丈一十六丈, 闊二百六十步. 中間有兩條鰲柱, 丈二十四丈, 兩下用金龍纏柱, 每一箇龍口裏, 點一盞燈, 謂之'雙龍呷照'. 中有一箇牌, 丈三丈六尺, 闊二丈四尺, 金書八箇大字, 寫道'宣和綵山, 與民同樂'.

115 손태도, 『광대의 가창문화』, 집문당, 2003, 279면 참조.

마[山]의 순행은 이러한 환영 의식에서 시작되었다고 한다.[116] 앞서 살펴
보았던 1429년 고후쿠지[興福寺]의 엔넨[延年]에서 보듯이, 당대 최고 권력
자를 송축하기 위하여 사찰에서도 후류[風流]〈곤론잔[崑崙山]〉을 설행하
였다.[117]

사찰에서 거행한 엔넨의 무대에 나타나는 산의 원류는 다이죠사이[大嘗
祭]를 거행할 때 다이죠큐우[大嘗宮] 앞에 세운 산의 조형물인 두 개의 시
메야마[標山]라고 하는 견해가 있다.[118] 다이죠사이는 천황의 즉위 후 처
음으로 맞이하는 니나메사이[新嘗祭]로 음력 11월 중에 천황이 햇곡식을
천지신명께 바치고 스스로도 맛을 보는 의례라고 한다. 다이죠사이에서
는 시메야마[標山]를 신의 강림을 위한 표식으로 인식하고 있으며 구체적
인 제장(祭場)의 의미도 지닌다고 한다.[119]

다이죠사이[大嘗祭] 때 궁궐 앞에 세운 두 개의 시메야마[標山]는 조선시
대 임금이 부묘의(祔廟儀)나 친경례(親耕禮)를 치루고 돌아올 때 환궁 행
사의 일환으로 광화문 앞에 세운 좌우 산대와 유사하다.[120] 조선시대 임
금의 환궁 행사는 '신성한 산'의 조형과 연행이 지니는 이념성을 명확하게
드러내준다. 대체적인 절차는 (1) 의금부(義禁府)와 군기감(軍器監)이 종묘
(宗廟)의 동구에서 나례(儺禮) 잡희(雜戲)를 올리고 (2) 성균관 생도들이
종루(鐘樓)의 서쪽 거리에서 가요(歌謠)를 바치며 (3) 교방(敎坊)이 혜정교

---

116 秋山愛三郎,『祇園祭』, 京都: 似玉堂, 昭和 4년, 9면.

117 각주 25) 참조.

118 오리구치 시노부[折口信夫]의 학설로 강춘애, 앞의 논문, 263면에서 재인용.

119 강춘애, 위의 논문, 263~264면 각주 21) 참조.

120 조선시대 환궁 행사에 대해서는 사진실, 앞의 책『한국연극사 연구』, 346~347면;
손태도, 앞의 책, 294~297면; 전경욱, 앞의 책, 265~267면 참조. 종묘에서 부묘의를 거행한
후에 산대나례를 포함한 환궁 행사를 거행하는 절차는『五禮儀』에 명시되어 있다.『광해군
일기』150권 12년 3월 13일에는 東籍田에서 친경제를 지내고 돌아올 때 산대 잡희를 설행하
였다는 기록이 있다. 가을 제사인 嘗祭가 일본의 大嘗祭와 유사한 제사인데, 종묘에서 상제
를 지낸 후에도 환궁 행사를 거행하였다고 여겨지나 산대, 곧 '신성한 산'을 설행한 기록은
발견하지 못하였다.

(惠政橋) 가에서 가요를 바치고 (4) 기로(耆老)들이 기로소(耆老所) 앞에서 가요를 바치며 (5) 의금부와 군기감이 광화문 앞에서 산대나 채붕을 가설하고 나례를 설행한다고 하였다.[121]

가요를 바친다는 것은 임금을 찬양하는 노래를 부르고 노래를 적은 두루마리를 임금에게 바치는 행사이다. 젊은 지식층인 성균관 유생들과 국가 원로인 기로(耆老)들, 국가의 장악(掌樂) 기관인 교방에서 송축(頌祝)과 헌수(獻壽)의 노래를 바침으로써 온 백성이 임금과 왕실을 지지한다는 사실을 만방에 주지시키고자 하였던 것이다. 『조선왕조실록』에 나오는 가요(歌謠) 헌축(獻軸) 가운데 빠지지 않고 등장하는 내용이 서왕모(西王母)의 고사이다. 『단종실록』 11권, 2년 7월 16일에 거행된 부묘(祔廟) 후 환궁 행사에서 교방의 기녀들이 침향산붕(沈香山棚)을 설행하고 가요를 바치면서 장생불사의 이미지인 서왕모의 곤륜산 요지(瑤池)와 반도(蟠桃)를 언급하였다.[122]

침향산붕을 설행하고 가요를 바친 합설(合設) 정재(呈才)가 바로 〈교방가요(敎坊歌謠)〉이다(그림 6, 7). 행행(行幸) 중인 임금의 대가(大駕)가 화전벽(花甎碧)에 이르면 침향산을 무대세트로 사용하여 〈연화대(蓮花臺)〉, 〈학무(鶴舞)〉, 〈금척(金尺)〉 등의 정재를 합설하여 공연한다. 〈금척〉은 태조 이성계가 꿈속에서 신인(神人)의 헌사(獻詞)와 함께 금척을 받았다는 내용을 다루고 있다. 조선의 건국신화에 해당하는 내용을 담은 정재 〈금척〉을 연행하여 조선왕조의 정당성을 주지시켰던 것이다. 〈연화대〉와

---

121 『세종실록』 135권 五禮儀; 『단종실록』 11권 2년 7월 16일(을축) 참조.
122 『단종실록』 11권 2년 7월 16일.
輦이 혜정교에 이르니, 女妓 擔花枝 등이 沈香山棚을 만들고 가요를 바쳤다. 그 말은 이러하였다. "……禮를 이루고 환궁하심에 있어 첩 등이 경사에 기뻐서 손뼉을 치며 지극한 기꺼움을 누를 길 없어 삼가 가사를 올리고 아울러 짧막한 引을 올리는 바입니다. …… 감히 瑤池의 封緘을 받들어 올리니, 華封人의 송축하던 그 마음을 절실히 느끼는 바입니다." 가사는 이러하였다. "……여덟 채색 堯임금의 하늘에, 겹 瞳子 舜임금의 해가 밝았도다. 蟠桃로 獻壽한 그 영화 몇 번이런가? 억만년 길이길이 昇平을 누리소서."

〈학무〉의 합설에서는 임금의 만수무강과 왕조의 영속성을 기원하게 된다. 백학과 청학이 춤을 추다 연꽃을 쪼면 동기(童妓)가 연꽃 속에서 나와 〈미신사(微臣詞)〉를 부르는데, 노랫말에 의하면 그들은 봉래산에 살다가 세속으로 내려와 연꽃에서 태어난 선녀이다.[123]

　가요 헌축의 절차를 통하여 고조된 분위기는 광화문 앞에 이르러 산대(山臺) 나례(儺禮)에서 극대화된다고 할 수 있다. 장생불사의 신화를 간직한 봉래산이 길가 좌우에 높이 솟아 왕조의 영속성을 상징하는 가운데 전국 각지에서 모인 재인 광대들이 백희를 연행하기 때문이다. 산대 앞 광장이나 거리에서 펼치는 여러 가지 놀이들은 인물정태(人情物態)가 뒤섞인 세속 그 자체이며 온 나라 백성들의 삶을 대변한다고 할 수 있다. 거리에서 벌어진 난장적인 축제의 힘은 산대를 통하여 수직으로 상승하고 봉래산의 상징성과 결합하여 왕조의 영속성을 주지시키는 이념으로 수렴되는 것이다. 환궁 행사의 모든 절차는 온 백성과 신하가 임금에게 올리는 형식을 취하고 있으나 실제로는 국가 권력에 의하여 위에서 아래로 부과된 의무였다.

　조선시대 '신성한 산' 설행의 이념적 성격은 중국 사신을 접대하면서 거행한 산대나례에서도 확인할 수 있다. 앞서 살펴본 「봉사도」에 나오는 예산대는 바로 중국사신을 위하여 설행한 오산(鰲山)이었다. 세종 때 사신으로 온 예겸(倪謙)의 〈조선기사(朝鮮紀事)〉[124] 및 성종 때 사신으로 온 동월(董越)의 〈조선부(朝鮮賦)〉에[125] 평양이나 황주 등 각 지방 및 한양의 광화문 앞에 설행한 오산의 모습이 묘사되어 있다.

---

123 이혜구,『신역 악학궤범』, 서울: 국립국악원, 2000, 226면.

124 예겸의 〈조선기사〉에 나타난 오산 설행의 양상에 대해서는 손태도, 앞의 책, 290~291면 참조.

125 동월의 〈조선부〉에 나타난 오산 설행의 양상에 대해서는 김일출,『조선민속탈놀이』평양: 과학원출판사, 1958, 100면; 이두현,『한국의 가면극』, 서울: 일지사, 1985, 85~86면; 사진실, 앞의 책『한국연극사 연구』, 152~153면 참조.

오산의 화려한 볼거리를 구경하여 즐기는 것은 중국 사신 일행이지만 오산 설행의 명분은 조서(詔書)를 보내는 황제를 위한 것이다. 『중종실록』 89권, 34년 2일 6일 기록에, 중국 사신이 오산 설행의 명분이 중국 황제의 조명(詔命)에 있다는 사실을 확인한 후에 잡희를 구경했다는 내용이 있다. 중국 황제를 대리하는 사신을 위한 오산 설행은 중국에서 황제가 외방 지역을 순행할 때 제후들이 오산을 세우고 잡희를 공연했던 관습과 연관되어 있다고 하겠다. 책봉(冊封)-조공(朝貢) 관계를 바탕으로 하는 동아시아의 질서를 반영하였던 것이다.

*　　*　　*

한국, 중국, 일본에서 '신성한 산'을 설행하는 전통은 삼신산(봉래산)과 곤륜산 등 중국 고대 신화에 기반을 둔 '신성한 산'을 형상화하는 동질성을 지니고 있다. 고대의 제왕들은 장생불사에 대한 신앙을 바탕으로 신성한 산을 조성하여 봉선 의식을 거행하였다. 그러나 장생불사에 대한 환상이 점차 거두어지면서 산대의 설행은 왕조의 영속성을 주지시키는 이념적 성격이 강해졌다고 할 수 있다.

이러한 이념화는 동아시아문명권의 중세적인 특성을 반영한다고 할 수 있다. 중세는 유교의 세계관을 바탕으로 지배층의 권력이 고착화되고 문명권의 중심부와 주변부가 성립되었던 시기이다. 특히 중국사신을 영접하면서 설행한 산대는 책봉-조공 관계를 바탕으로 하는 동아시아의 질서를 반영하였다고 할 수 있다.

동아시아문명권으로 통합되는 중세 이전에는 한국, 중국, 일본 모두 토착적인 산신 숭배 신앙에 따라 고대적인 산대 문화가 형성되어 있었다고 할 수 있다. 하늘과 우주로 통하는 나무와 산에 대한 원초적인 신앙은 산신(山神)을 모시는 제의적인 행렬 의식으로 거행되었을 것이다. 중국의 경우 『산해경(山海經)』에 나오는 신화를 통하여 각 지역에서 숭배한 신성한 산과 그곳에 사는 산신(山神)들의 존재를 확인할 수 있다. 이 가운데서 삼신산이나 곤륜산이 메타적인 '신성한 산'으로 부각되었다고 할 수 있으며 한국이나 일본 등으로 전래되었다고 할 수 있다. 삼신산 및 곤륜산의 신앙은 토착적인 산악숭배 신앙과 습합하게 되었으며, 중국을 중심부로 하는 동아시아문명권이 성립된 중세에는 다른 신앙을 압도하게 되었다고 여겨진다.

삼신산과 곤륜산에 얽힌 신화들은 유교적 질서가 지배하게 된 이후에도 종교적이거나 정치적인 행렬의식을 거행하는 상상력의 원천으로 존재하였다. 동아시아 궁정 문화에서 '신성한 산'의 설행은 신선사상에 대한 신앙을 드러낸 것이 아니라 신화가 지니는 장생불사의 이미지를 이용하였다고 할 수 있다. '신성한 산'의 설행은 유교적인 통치 이념을 주지시키고 확산시키는 동아시아 보편의 의전(儀典)으로 사용되었던 것이다.

한·중·일의 '신성한 산' 설행에 대한 연구는 시론 단계에 머물러 있다. 서론에서 밝혔듯이 동질성의 문제에만 집중하였기 때문이다. 삼신산이나 곤륜산을 상징하는 '신성한 산'의 설행이 자국의 문화사에 맞추어 어떤 이질성을 창출하였는지 밝히는 논의가 이어져야 한다. 이질성의 창출은 중세를 벗어나면서 가속화되었을 것이며 중세 이후 연극사의 전개 양상과 관련하여 논의해야 할 것이다. 이러한 논의를 위해서는 원시도교적인 '신성한 산'의 설행이 불교나 유교, 토착 종교 등의 의식과 어떻게 습합되고 어떤 새로운 의미를 만들어냈는지 주목할 필요가 있다.

8) 왕실의 내연(內宴)과 '신성한 산'의 무대미학

중세 궁중연향은 예와 악이 교차되는 의전 행사의 성격이 강한 까닭에 행사의 주인공인 특정한 관객을 대상으로 정재(呈才) 작품이 창작되고 공연된다. 관객의 관극 체험은 결국 작품 생산 과정에서 고려할 첫 번째 요소라고 할 수 있다.

작품 생산자의 창작 의도나 연출 의식은 문헌자료를 통해서 밝혀낼 수 있지만 관극 체험은 생산자와 수용자가 존재하는 공간을 함께 유추하여야 가능할 수 있다. 관객의 체험은 작품 생산자의 창작 의도와 연출 의식이 공연 현장에 실현되어 나타나기 때문이다. 공간에 대한 유추는 규장각 소장 『진작의궤』[『순조무자진작의궤』]의 「연경당도」와 「연경당진작도」, 고려대 소장 「동궐도」의 연경당 부분 등 회화 자료를 참조하고 현전하는 창덕궁 연경당의 현장 답사를 통하여 시도한다.

(1) 관객의 위치와 시선

연경당 진작에서 관객은 순조, 순원왕후, 효명세자, 세자빈을 비롯하여, 명온공주(明溫公主), 숙선옹주(淑善翁主), 숙의박씨(淑儀朴氏), 영온공주(永溫公主) 등 내명부(內命婦) 네 명, 영명위(永明尉) 홍현주(洪顯周), 동녕위(東寧尉) 김현근(金賢根), 영안부원군(永安府院君) 김조순(金祖淳), 지돈녕(知敦寧) 조만영(趙萬永) 등 척신 네 명이었다.

연경당 진작의 의주(儀註)와 「연경당진작도」를 견주어 보면(그림 14) 진작의 의례 절차에 참여한 사람은 임금과 왕비, 왕세자로 임금의 어좌(#1)는 연경당 대청 안 동쪽 가까이 남향하여 마련되었고 왕비의 보좌(#2)는 대청 안 서쪽 가까이 남향하여 마련되었다. 왕세자의 좌석(#26)은 대청 밖 보계 위에 동쪽 가까이 서향하여 마련되었다. 세자빈 이하 내명부와 척신들은 행사에 참석했으나 의례 주체로 참여하지는 않았다. 그들의 좌석은 연경당의 동서쪽에 배치된 누다락에 마련되었다고 여겨진다. 남성의 좌석이 동쪽에 배치되는 관습으로 보면 동쪽에 척신의 좌석이 배치되고 서쪽에 내명부의 좌석이 배치되었을 것이다.[126]

---

[126] 사진실, 「연경당 진작의 공간 운영과 극장사적 의의」 참조.

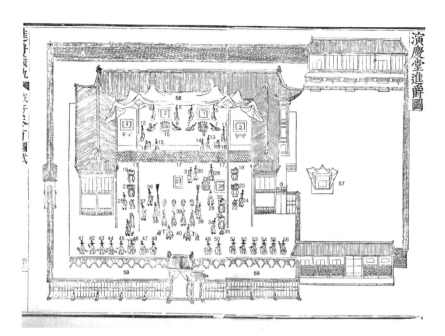

그림 14 「연경당진작도」, 『순조무자진작의궤』

1. 대전 御座　　　　2. 중궁전 寶座　　　3. 대전 大次　　　　4. 중궁전 大次
5. 대전 侍衛　　　　6. 중궁전 侍衛　　　7. 대전 前導　　　　8. 중궁전 前導
9. 대전 饌盤　　　　10. 중궁전 饌盤　　　11. 대전 進揮巾 · 進壽爵 · 進御饌 · 進茶 차비
12. 중궁전 進揮巾 · 進壽爵 · 進御饌 · 進茶 차비　　13. 司贊　　　14. 典贊
15. 典唱　　　　　16. 香案(爐烟床)　　　17. 簾門　　　　18. 대전 壽酒亭
19. 중궁전 壽酒亭　　20. 대전 茶亭 · 匙楪盤　　21. 중궁전 茶亭 · 匙楪盤
22. 대전 進花 겸 揮巾卓　　　　　　23. 중궁전 進花겸 揮巾卓
24. 대전 壽酒亭 겸 茶亭 차비 · 奉花 겸 奉揮巾 차비
25. 중궁전 壽酒亭 겸 茶亭 차비 · 奉花 겸 奉揮巾 차비
26. 왕세자 侍宴位　　27. 왕세자 拜位　　28. 왕세자 前引　　29. 왕세자 饌盤
30. 啓請 겸 覽請 中使　　31. 贊笏　　　32. 왕세자 酒亭　　33. 왕세자 茶亭
34. 왕세자 酒亭 겸 茶亭 차비 · 奉花 겸 奉揮巾 차비
35. 供花 겸 揮巾卓　　36. 집박 전악　　37. 홀기 전악　　38. 戲竹 차비
39. 望仙門 舞童(奉雀扇)　40. 望仙門 舞童(執幢)　41. 가야금
42. 비파　　　　　43. 唐琴　　　　44. 해금　　　　45. 아쟁
46. 方響　　　　　47. 교방고　　　　48. 羯鼓　　　　49. 장고
50. 피리　　　　　51. 피리　　　　52. 피리　　　　53. 피리
54. 대금　　　　　55. 대금　　　　56. 해금　　　　57. 왕세자 便次
58. 前庭 油芚遮日　　59. 보계

어좌와 보좌에 앉은 임금과 왕비의 시선은 대청의 기둥 사이로 보계 위 무대공간과 그 너머 악사석을 향하게 된다. 악사석이 있는 보계의 가장자리를 벗어나면 연경당의 정문인 장락문이 보이고 낮은 담장 위로는 나무와 하늘 등 자연 경관이 배치된다.

모든 의례 절차와 정재의 연행은 북향으로 진행되므로 관극 체험은 어좌와 보좌에서 극치를 이룬다고 할 수 있다. 임금과 왕비에게 휘건을 올리는 절차에서 연행하는 정재 〈망선문〉을 시작으로 17종의 정재가 연행되는 동안 어좌와 보좌의 시선을 가리거나 임금과 왕비의 관극에 장애가 되는 행위는 발생하지 않는다. 그러나 현전 연경당의 구조를 참조하여 유추할 때 대청의 기둥 때문에 확 트인 시야를 확보하기는 어려웠다고 여겨진다(그림 15, 그림 16).

그림 15 현전 연경당의 사랑채에서 거행된 진작 복원 공연 중, 어좌에서 임금의 시선으로 바라본 무대의 장경. 순조대 연경당에서는 보계의 남쪽 끝으로 장락문과 판장담이 보였을 것이다.

그림 16 현전 연경당의 사랑채에서 거행된 진작 복원 공연 중, 보좌에서 왕비의 시선으로 바라본 무대의 장경

왕세자는 진작의 주체로서 서향위에 앉아 정재를 관람하기보다는 배위(拜位)에 오르거나 어좌와 보좌 앞에 나아가 의례를 거행하는 경우가 많다. 처음에 배위에서 사배(四拜)를 올리는 것으로 시작해서 임금과 왕비에게 술잔을 올리는 의례를 거행할 때는 주렴(朱簾) 안쪽으로 들어갔다가 상식(尙食)이 임금과 왕비에게 별미와 탕, 차를 올릴 때까지 배위에 머문

다. 차를 올리는 절차가 끝나면 왕세자는 자신의 좌석인 서향위로 돌아갔다가 연회가 끝났음을 아뢰는 장면에서 다시 배위로 나아간다.

주렴 안쪽은 물론 배위의 위치에 있으면 무대를 등지게 되므로 왕세자는 10종의 정재를 공연할 때는 관객의 구실을 할 수 없다. 그동안 왕세자는 행례주체로서 정재주체인 악사, 무동들을 이끌고 임금과 왕비에게 경축과 칭송의 예와 악을 올렸던 것이다. 이때 왕세자는 관객이 아닌 연출자로서 임금과 왕비에게 음악과 정재를 바친 셈이 된다.

왕세자는 자신의 좌석인 서향위에서 휘건을 시작으로 술과 별미, 탕과 차를 받는 동안 비로소 〈침향춘(沈香春)〉, 〈연화무(蓮花舞)〉, 〈춘앵전(春鶯囀)〉, 〈춘광호(春光好)〉, 〈첩승무(疊勝舞)〉, 〈최화무(催花舞)〉, 〈가인전목단(佳人剪牧丹)〉 등 일곱 정재를 관람할 수 있고 관객의 구실을 하게 된다. 왕세자의 시선은 정면으로 무대를 바라보지만 정재의 안무는 북향을 기본으로 이루어지므로 작품의 측면을 관람하게 된다. 무대 너머로는 중궁전을 위한 수주정과 다정 등의 설비가 보이고 그 너머로는 서쪽 누다락이 보이게 된다(그림 17).

그림 17 왕세자의 시야에 들어왔을 서쪽 누다락의 일부. 현전 연경당 안채의 서쪽 누다락으로 본래는 남쪽(그림에서 왼쪽)으로 한 칸을 더 내고 툇마루를 두었으나 축소되었다.

서쪽 누다락 안에는 세자빈 이하 왕실의 내명부들의 좌석이 마련되었다. 「동궐도」에 의하면 서쪽 누다락에는 네 쪽짜리 분합문이 달린 한 간이 더 있었지만 지금은 사라진 상태로 그 흔적을 남기고 있다. 누다락은 기단에서 반 층 정도 높이 지어져 있어 몸을 노출시키지 않고 마당이나 보계의 광경을 내려다볼 수 있었다(그림 18, 그림 19). 맞은 편 동쪽에 자리 잡은 왕세자나 척신 등 남자 관객 사이 직접적인 시선을 차단하기 위하여 분합문을 올린 상태에서 주렴을 달았다고 여겨진다.

그림 18 서쪽 누다락에서 내명부의 시선으로 바라본 대청쪽 모습. 월대가 끝나는 부분부터 보계가 깔리고 월대와 보계의 경계선에 주렴문을 달았다. 분합문을 올려놓으면 임금과 왕비의 모습이 어렴풋이 눈에 들어왔을 것이다.

그림 19 서쪽 누다락에서 내명부의 시선으로 바라본 안마당. 연경당 진작 당시를 유추해보면 창호 앞에 중궁전의 수주정과 다정이 놓이고 그 너머로 왕세자의 배위와 무대가 시야에 들어오게 된다. 순조 당시에는 누다락이 두 간으로 지어졌고 창호도 분합문의 형태로 이루어져 훨씬 넓게 트인 시야를 확보했을 것이다.

연경당의 동쪽 누다락은 특별히 축화관(祝華觀)이라는 이름을 붙여 성대한 '경사를 축하'거나 '화봉인(華封人)의 축원'을 올린다는 중의적인 의미를 지닌 관람루의 성격을 강조하고 있다. 축화관에서 임금의 대차인 동온돌 사이에 둔 널찍한 반침(半寢)은 척신들이 담소를 나누는 공간이며 행사가 시작되면 축화관으로 가서 의례 절차와 정재를 관람했을 가능성이 제기되었다.[127]

127 김봉렬, 「연경당 건축공간」(『오래된 예술 새로운 무대』, 민속원, 2008)에서 순조대 연경당과 현전 연경당을 비교하여 공간의 쓰임새에 대한 논의가 이루어졌다.

동서쪽 누다락은 현대 극장에서 박스형 사이드 객석과 유사하다. 측면에서 관람한다는 사실 외에 무대와 직접적인 소통이 어렵다는 사실 때문이다. 현대 극장에서 관객과 소통을 추구하는 공연의 경우 주로 1층 객석을 활용하게 된다. 연경당 진작에서 누다락의 관객들은 의례에 참여하지 않으므로 오직 축하와 관람을 위해 참석했을 뿐이다.

임금과 왕비는 최고의 관객인 동시에 진작의 의례에 참여하는 행례 주체이기도 하다. 술잔을 받거나 치사를 들은 후 고개를 끄덕이며 만족한 표정을 짓는 모습도 예를 행하는 동작에 해당한다. 같은 해 거행된 자경전 진작은 연경당 진작에 비하여 격식을 갖춘 행사여서 임금은 왕세자에게 술잔을 내리거나 치사를 받은 답례로 전교(傳敎)를 내리는 등의 적극적인 예를 행하였다. 절차에 따라 연행되는 모든 정재는 임금과 왕비, 두 명의 관객을 향해 있으며 이들은 때로 작품 속에 편입되기도 한다.

앞서 언급했듯이 왕세자는 작가인 동시에 연출자이고 관객인 동시에 행례 주체이기도 하다. 왕세자가 행하는 모든 의례 절차는 정재와 병행되므로 무대 위의 장경을 유추할 때 왕세자는 출연자의 위상마저 지닌다고 할 수 있다. 특히 임금과 왕비에게 술을 올리는 진작의 절차에서는 배위에서 수주정에 나아가고 수주정에서 주렴문을 통과하여 어좌와 보좌 앞에 나아갔다가 다시 배위로 돌아오는 긴 동선을 보여주기 때문에 이때 올리는 정재와 긴밀한 상관관계를 이루게 된다.

누다락의 관객들이 현대 공연예술의 보편적인 관객에 해당한다면, 임금이나 왕비, 왕세자는 의례의 주체로서 무대 위 작품에 편입되거나 능동적으로 작품을 이끌어가는 특별한 관객이라고 할 수 있다. 현대 공연예술의 경우 의례나 제의의 형태를 끌어들여 무대와 객석의 소통을 추구하고 있지만 실제로 의례와 제의의 진정성을 공유할 수 없는 경우가 많다. 궁중 연향의 행례 주체이며 관객인 임금이나 왕세자의 위상을 통하여, 엄숙한 의례나 제의의 진정성을 온전하게 수용하면서 공연예술의 감흥과 신명을 향유할 수 있는 관객의 존재 방식에 대한 논의가 가능하리라 여겨진다.

이하의 논의에서는 연경당 진작에서 연행된 정재 작품을 중심으로 작품 생산자가 의도했던 무대의 장경(場景)은 무엇이고 관객은 어떤 관극 체험을 할 수 있었는지 분석하고자 한다.

(2) 초월의 상상과 체험

연경당 진작을 주도한 효명세자는 〈향령(響鈴)〉을 제외한 16종의 정재에 악장(樂章)을 지어 붙였다. 악장은 정재를 올릴 때 무동이나 기녀가 부르는 노랫말이다. 〈향령〉은 춤동작만으로 구성되고 노래를 부르지 않기 때문에 악장을 짓지 않았다. 16종 정재의 악장에는 일일이 설명을 붙여 중국 역대 임금의 연악(宴樂)을 전거(典據)로 제시하였고 무대설비와 무대도구, 출연자의 배열과 동선을 제시하였다. 다음은 효명세자가 지은 〈망선문(望仙門)〉의 설명과 노랫말이다.

【『당회요(唐會要)』에 '망선문 등은 날이 저물면 닫고 5경(3~5시)이 되면 연다'고 하였고, 『패문운부(佩文韻府)』 안수(晏殊)의 사(詞)에 '임금의 은택을 입어 일제히 망선문을 노래하네'라고 하였다. ○무동 4인이 앞에서 작선(雀扇)을 받들어 문을 만든다. 무동 2인이 뒤에서 당(幢)을 잡고 문을 드나들며 춤춘다.】

붉은 기운 감도는 구중궁궐이 하늘 문으로 통하고,
궁궐을 감싸는 구름의 길조가 하늘 향기와 가까우니,
이리로 학을 탄 선인(仙人)이 내려올 것이옵니다.[128]

---

[128] 【唐會要: 望仙等門, 昏而閉, 五更而啓. 佩文韻府 晏殊詞: 荷君恩, 齊唱望仙門. ○舞童四人, 奉雀扇在前, 作門而立. 舞童二人, 執幢在後, 出入作門而舞.】丹霄九重閶闔通, 寶殿雲瑞天香近, 這乘鶴仙子來; 이의강 책임번역, 『국역 순조무자진작의궤』, 보고사, 286면.

선인(仙人)을 기다린다는 뜻의 망선문은 당나라 대명궁(大明宮)에 딸린 문이다. 대명궁은 당나라 장안에 세운 이궁(離宮)으로 태액지(太液池)라는 연못을 조성하고 그 안에 봉래산(蓬萊山)을 세웠다고 한다.[129] 대명궁 태액지의 봉래산은 한 무제가 세운 건장궁(建章宮) 태액지의 전통을 계승한 것이다.

한 무제는 태액지 안에 20여 길 되는 높이의 점대(漸臺)를 세우고 봉래(蓬萊), 방장(方丈), 영주(瀛洲) 등의 산을 만들었는데 바다 가운데 있는 신성한 산과 거북이 등을 상징하였다고 한다.[130] 봉래, 방장, 영주는 거대한 자라가 지고 다니며 불로초와 불사약이 난다는 삼신산(三神山)으로 진시황이나 한 무제가 장생불사의 욕망을 이루기 위해 도달하고자 했던 신화적 공간이다.[131] 바다에 떠다니는 삼신산을 상징한 연못 속의 가산(假山)은 동아시아 조경문화의 전통으로 직결될 뿐 아니라 '신성한 산'을 만들어 연행하는 공연문화의 모태가 되었다고 할 수 있다.[132]

대명궁이나 건장궁의 연못에 세운 봉래산은 신선이 오기를 기다린다거나 스스로 신선이 되기를 바란다는 뜻을 담고 있다. 대명궁의 문 가운데 '망선문'이 있는 이유가 그것이다. 효명세자는 대명궁의 망선문과 연관된 신화와 역대 임금의 고사를 통찰하고 정재 악장 〈망선문〉에서 "학을 탄 선인(仙人)이 내려올 것"이라고 마무리하고 있다.

정재 악장을 지은 효명세자 뿐 아니라 정재를 관람하는 관객 역시 망선문이 있는 대명궁이며 대명궁 안에 있던 태액지, 봉래산, 더 나아가 진시

---

129 김봉렬, 『김봉렬의 한국건축 이야기 1: 시대를 담는 그릇』, 돌베개, 2006, 74면.

130 『史記』 권28, 「封禪書」, '……作建章宮, 度爲千門萬戶, 前殿, 度高未央. 其東則鳳闕, 高二十餘丈. 其西則唐中數十里虎圈. 其北治大池, 漸臺高二十餘丈, 命曰太液池, 中有蓬萊·方丈·瀛洲·壺梁, 象海中神山龜魚之屬. 其南有玉堂璧門大鳥之屬……'

131 봉래산 관련 신화에 대해서는 정재서, 『不死의 신화와 사상』, 민음사, 1994, 109~117면; 정재서, 『이야기 동양 신화 2』, 황금부엉이, 2004, 266~272면 참조.

132 신성한 산을 만들어 연행했던 동아시아 산대 문화의 전통에 대해서는 사진실, 「동아시아의 '신선한 산' 설행에 나타난 욕망과 이념」, 『공연문화연구』 12, 2006 참조.

황이나 한 무제가 갈망하던 봉래산의 신화까지 떠올리게 될 것이다. 정재 〈망선문〉은 관객의 상상력을 자극하여 시공간을 초월한 신선의 세상을 꿈꾸게 한다.

유선시(遊仙詩)와 같이 신선의 세계를 다룬 문학작품을 통해서도 신화적 상상력은 증폭될 수 있다. 정재 〈망선문〉은 상상을 넘어선 체험을 유도한다는 점에서 문학보다 구체성을 띤다. 무동들의 동작과 춤, 무대 세트나 무대도구 등을 통해서 이야기가 무대 위에 제시되기 때문이다.

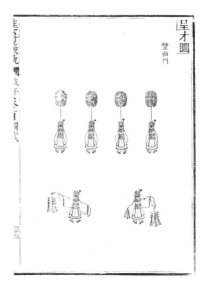

그림 20 정재 〈망선문〉의 연행 장면

정재 〈망선문〉의 공연방식은 간결하고 상징적이다. 하얀 깃털로 장식한 옷깃과 허리띠를 두른 무동 네 명이 작선(雀扇)을 들고 앞에 서서 문을 만든다. 다른 무동 두 명은 당(幢)을 들고 문을 드나들면서 춤을 춘다. 상징적인 수법으로 간단하게 망선문을 만들자 연경당의 대청에 있는 임금과 왕비는 대명궁의 망선문 안쪽 태액지의 봉래산에서 신선을 만나는 체험을 시작하게 된다(그림 20). 하늘 문이 열리면서, 역대 제왕들이 갈망하던 신선들이 학을 타고 '지금 여기' 연경당 진작의 현장에 내려온 것이다.

〈망선문〉에 이어지는 정재는 〈경풍도(慶豊圖)〉이다. 〈경풍도〉는 송나라 태종이 지었다는 남려궁(南呂宮) 11곡 중 「경년풍(慶年豊)」과 명나라 악장인 『천명유덕지무(天命有德之舞)』중 「경풍년지곡(慶豊年之曲)」에 착안한 작품이다. 풍년이 들어 기뻐하는 광경을 담은 그림인 〈경풍도〉를 임금에게 바친다는 설정이다. 헌도탁을 설치하고 무동 한 명이 〈경풍도〉를 받들고 등장하며 그 뒤에 다섯 명의 무동이 대오를 짓는다. 앞선 무동 한 명이 한문 악장을 부르고 다섯 명의 대오가 우리말과 한문이 섞인 가곡을 부른다고 한다. 한문 악장의 일부를 보면 다음과 같다.

> 아, 위대하신 우리 임금님! 성대한 명성 크게 빛나네.
>
> 두루 융성한 일덕(一德)이여! 높은 이름을 누릴 만하네.
>
> 거룩하신 상제께서 아름다운 상서를 내려주셨네.
>
> 그 상서는 무엇인가? 아홉 줄기의 가화(嘉禾)라네.
>
> 만년토록 거듭 풍년이 들어 경사의 근본이 불어나리.
>
> …(중략)…
>
> 봉궐(鳳闕)에서 조회를 여니 임금께 바치옵니다.[133]

노래를 부르며 그림을 바치는 무동은 하늘의 상제가 보낸 선인(仙人)으로 전환되었다. 정재 〈망선문〉을 통하여 신선의 도래를 기다리는 주인공이 되었던 임금과 왕비는 드디어 하늘에서 상제의 선물을 가지고 온 선인을 만나게 된 것이다.[134]

고종 30년 간행된 『정재무도홀기(呈才舞蹈笏記)』에는 무동이 아닌 기녀가 연행하는 정재 〈경풍도〉가 수록되어 있는데 그림을 바치는 인물을 왕모(王母), 즉 서왕모(西王母)로 부르고 있다.[135] 서왕모는 곤륜산에 살며 삼천 년 만에 한번 열리는 신령한 복숭아를 가지고 있으면서 인간의 수명 장수를 주관하는 여신이다. 『산해경(山海經)』에 의하면 서왕모는 호랑이 이빨에 표범의 꼬리를 가졌다고 하며 곤륜산은 약수(弱水)와과 염화산(炎

---

133 於皇聖辟, 丕彰鴻名. 普隆一德, 克享高明. 皇矣上帝, 肇錫休禎. 厥禎維何, 嘉禾九莖. 綏萬屢豊, 慶本滋長. ……鳳闕開朝, 以獻于王; 이의강 책임번역, 앞의 책, 287면.

134 이의강, 「樂章으로 읽어보는 孝明世子의 '呈才' 연출 의식」(『한문학보』 12집, 우리한문학회, 2005)에서 연경당 진작에서 초연된 정재 작품들의 악장을 분석하여 일련의 정재들이 내적 연관성을 지니도록 연출되었다고 밝혔다. 17종의 정재들이 순차적인 연관 관계를 지닌다는 결론에 동의하기는 어렵지만 적어도 〈망선문〉이 서막에 해당하며 그에 따라 신선이 궁궐에 찾아오는 정재가 이어진다는 논의는 충분히 설득력이 있다고 생각한다.

135 이흥구·손경순 역, 『국역 정재무도홀기』, 열화당, 2000, 54면.

火山)으로 둘러싸여 인간의 접근을 불허한다고 한다.[136] 서왕모가 주나라 목왕을 초청하여 곤륜산 요지(瑤池)에서 잔치를 베풀었다거나 한무제를 찾아와 신령스런 복숭아를 바쳤다는 등의 고사가 함께 전한다. 당악 정재인 〈헌선도(獻仙桃)〉가 이런 고사의 내용을 담고 있는데 고려 때부터 조선후기까지 지속적으로 연행되었다.

〈경풍도〉에 이어지는 정재는 〈만수무(萬壽舞)〉이다(그림 21). 만수무는 정재 〈헌선도〉를 응용한 작품으로 죽간자(竹竿子) 대신 족자(簇子)를 든 무동이 등장하고 2명의 협무가 4명의 대오로 늘어났다. 창사로 부르는 악장을 새로 지으면서 우리말과 한문이 섞인 노래를 합창하는 등 변화를 추구하였다. 다음은 〈만수무〉의 악장이다.

궁궐 정원의 온화한 바람 비취빛 발을 스치는데
용무늬 곤룡포 임금님 조용히 팔짱끼고 계시네.
대궐문의 화려한 의장에는 상서로운 아침 햇살이 비치고
봉래궁에서 선인들이 조회를 하니 상서로운 구름이 열리네.
금빛 궁전에선 요임금의 술 단지에 북두 자루를 기울이고
화려한 누각에선 순임금의 음악이 남훈가(南薰歌)를 울리네.
해동의 오늘날은 태평한 세상이니
천년만년토록 성군(聖君)을 받들겠나이다.
【족자를 받들고 부르는 노래】

요지(瑤池)의 섬돌 가 복숭아가 열리니
삼천 년의 봄빛이 옥쟁반에 가득하네.

---

136 곤륜산의 신화에 대해서는 이종은·윤석산·정민·정재서·박영호·김응환, 「한국 문학에 나타난 유토피아 의식 연구」, 『한국학논집』 28, 한양대학교 한국학연구소, 1996, 26 ~29면 참조.

삼천 년의 봄이 군왕을 위하여 축수하오니

상서로운 태양이 붉게 떠오릅니다.

【선도반을 받들고 부르는 노래】[137]

족자를 든 무동은 서왕모를 안내하여 어좌 앞으로 데려온 인물로 효명세자 이하 신민(臣民)을 상징한다.[138] 선도반을 든 무동은 서왕모의 복숭아를 전달하는 선인으로 전환되었다. 『정재무도홀기』에는 〈만수무〉의 등장인물 역시 선모(仙母), 즉 서왕모로 설정하고 있다. 〈경풍도〉에서는 만백성을 위한 풍년의 상서로운 징표를 헌정하였다면 〈만수무〉에서는 임금의 만수무강을 비는 신령스런 복숭아를 바친다.

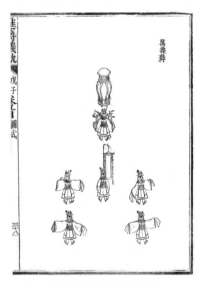

그림 21 정재 〈만수무〉의 연행 장면

〈만수무〉를 연행하는 동안 왕세자는 임금에게 술을 올리는 진작의 절차를 진행한다. 왕세자가 수주정에 나아가면 내시가 술동이에서 술을 떠서 술잔에 담아 왕세자에게 전한다. 〈만수무〉 악장의 내용에서 "금빛 궁전에선 요임금의 술 단지에 북두 자루를 기울이고 화려한 누각에선 순임금의 음악이 남훈가(南薰歌)를 울리네."라고 한 부분은 진작 절차와 정재의 연행을 묘사하고 있어 실제 현장과 상응하고 있다.

---

137 禁苑和風拂翠箔, 袞衣深拱繡龍文. 天門彩仗暎祥旭, 萊闕仙朝開靄雲. 金殿堯樽傾北斗,
玉樓舜樂動南薰. 海東今日昇平世, 萬歲千秋奉聖君. 【奉篏子唱詞】瑤階蟠桃結, 三千春色玉盤
中. 三千春爲君王壽, 瑞日紅. 【奉仙桃盤唱詞】; 이의강 책임번역, 앞의 책, 289~290면.

138 이의강, 「악장으로 읽어보는 효명세자의 '정재' 연출 의식」, 『한문학보』 12, 우리한
문학회, 2005, 468면.

정재에서는 노랫말의 작중공간과 실제 공연공간을 긴밀하게 연결하여 특정한 공연미학을 생성한다.[139] 정재 〈만수무〉나 〈헌선도〉처럼 서왕모가 한 무제에게 선도(仙桃)를 올리는 형상을 빌어 임금에게 비는 뜻을 드러내는 경우 작품 속에 서왕모의 상대자인 한 무제가 등장하지 않는 대신 그 자리에 실제 연향에 참석한 임금이나 왕비가 들어가게 된다. 그 결과 창사에 나타난 작중공간이 현실의 공연공간과 일치하는 양상이 나타나는 것이다. 진헌의 의미를 담고 있는 정재의 경우 서왕모 등 극중인물의 형상을 빌리되 임금의 만수무강을 헌수하는 제의적 진정성을 지닌 까닭이다.

정재 〈만수무〉에는 족자를 들고 부르는 노래와 선도반을 들고 부르는 노래가 구별된다. 족자를 든 출연자가 부르는 노래는 정재 〈헌선도〉에서 죽간자 차비가 맡아 하는 구호치어와 유사한 역할을 한다. 극중인물로 전환되지 않은 신민(臣民)의 입장에서 뒤에 이어질 정재의 내용을 전달하고 공연의 시작을 알리는 기능을 한다.

선도반을 든 인물이 부르는 노래는 극중인물인 서왕모 또는 남자 선인의 노래이다. 신령스런 복숭아와 관련된 신화처럼 "요지(瑤池)의 섬돌 가 복숭아"를 쟁반 가득 담아 와서 "군왕을 위하여 축수"한다고 노래하고 있다. 이 노래를 부르는 선인은 극중인물로 전환되어 관객 앞에 모습을 드러낸 것이다. 대오를 이루는 네 명도 노래를 부르는데 무동이 연기하는 경우 그들은 선인의 곁을 따르는 선동의 모습으로 전환되었다고 할 수 있다.

신화 세계는 오랜 옛날부터 구축되어 왔지만 끊임없이 신성성을 갱신하여 언제나 현재적 의미와 영향력을 지닌다. 따라서 신화 세계란 공간적 차원의 초월계라고 할 수 있다. 〈망선문〉, 〈경풍도〉, 〈만수무〉 외에도 연

---

139 임미선·사진실, 「고려시대 정재의 음악과 공연미학」(『한국음악연구』 40, 한국국악학회, 2006)에서 고려사 악지 소재 정재를 공연학의 입장에서 분석하여, 송축의 목적을 지닌 정재의 경우 노랫말의 작중공간과 실제 공연공간을 일치시켜 제의적이거나 의례적 진정성을 강화하였다는 사실을 밝혔다.

경당 진작의 정재 가운데 대다수는 장생불사의 신화를 무대 위의 장경(場景)으로 꾸며내었다. 관객은 '지금 어딘가' 있을 공간적 초월계인 신화 세계를 상상하고 체험하게 된다.

효명세자가 지은 정재 악장들은 모두 중국 역대 임금과 관련된 연악(宴樂)의 전통을 전거(典據)로 제시하고 있다. 앞서 인용한 〈망선문〉에서는 『당회요(唐會要)』를 인용하여 당나라 대명궁의 망선문에 대해 언급한 이후 송나라 문인 안수(晏殊)의 사(詞) 〈망선문(望仙門)〉의 구절을 들어 태평성대를 이룬 군왕의 은덕을 칭송하는 연악이 있었고 정재 〈망선문〉이 그러한 연악의 전통 위에 서 있음을 환기하고 있다. 안수의 〈망선문〉은 다음과 같다.

맑은 연못 찰랑이는 물결은 물고기처럼 푸르고, 이슬 머금은 연꽃이 싱그럽구나.

맑은 노래 한 곡에 푸른 눈썹을 찡그리며 아름다운 자리에서 춤추네.

난꽃으로 빚은 술 가득 따라 모름지기 천년을 사시도록 헌수(獻壽)해야 하나니

태평무사는 군왕의 은혜 덕분, 군왕의 은혜 덕분, 일제히 「망선문」을 부르네.[140]

안수의 노래에 언급된 「망선문」 역시 연경당 진작의 정재 〈망선무〉와 마찬가지로 궁중연향의 화려한 자리에서 임금의 만수무강을 비는 노래와 춤이었다는 사실을 알 수 있다. 연경당에 열린 하늘 문은 역대 제왕의 풍류를 보여주는 역사 공간을 향해 있기도 하다. 당나라 대명궁의 어느 곳인가에서 「망선문」의 노래와 춤을 추던 옛날 임금의 연악을 수백 년이 지

---

140 玉池波浪碧如鱗, 露蓮新. 淸歌一曲翠眉顰, 舞華茵. 滿酌蘭英酒, 須知獻壽千春. 太平無事荷君恩, 荷君恩, 齊唱望仙門; 이의강 책임번역, 앞의 논문, 465면 참조.

난 순조대 연경당에서 반복함으로써, 시간을 초월한 먼 과거에 대한 상상과 체험이 가능해진다고 할 수 있다.

앞서 분석한 〈경풍도〉와 〈만수무〉의 경우도 송나라와 명나라 때 궁중악을 단서로 삼아 재창조한 작품이라고 할 수 있다. 역대 임금의 연악을 전거로 삼아 새로운 작품을 만드는 작업은 시론(詩論)에서 말하는 용사(用事)의 효용을 의도하였다고 할 수 있다. 옛 시인의 유명한 구절을 활용해서 자신의 시에 녹여 넣어 그 반복과 차이에서 오는 절묘함을 즐기는 것이다. 용사의 시작법과 마찬가지로 역대 임금의 연악을 전거로 삼아 새로운 작품을 창조하고 음미하기 위해서는 고전적인 궁중악에 대한 깊고도 넓은 공부가 선행되어야 할 것이다.

정재 〈영지(影池)〉에서는 수천 년의 시간을 초월하여 같은 소재와 이미지가 반복되고 재창조되는 양상을 확인할 수 있다. 다음은 〈영지〉의 창작 배경과 노랫말이다.

『패문운부』에 한무제가 망학대(望鶴臺)에서 달그림자가 연못 안에 비치는 것을 보고 연못 이름을 영아지(影娥池)라고 하였다. 『도서집성』, 「원씨액정기(元氏掖庭記)」에 황제가 일찍이 대궐 안 연못[禁池]에 배를 띄웠는데, 그의 사(詞)에 이르기를 '밝은 달빛이여, 수면은 거울 같구나. 일렁이는 달빛이여, 항아의 그림자를 잡네'라고 하였다. ○영지를 설치하는데 모양은 네모난 연못과 같다. 무동 세 명은 영지의 앞에서 세 명이 뒤에서 서로 상대하며 춤춘다.

찰랑대는 맑은 연못에 달그림자 비치는데
선인께서 물결을 완상하시누나.
생황과 피리로 연주하는 아름다운 음악에
너울너울 노래하며 춤추네.[141]

---

141 【佩文韻府: 漢武帝於望鶴臺, 眺月影入池中, 因名影娥池. 圖書集成: 元氏掖庭記, 帝嘗

창작의 전거에 등장하는 역대 임금은 한 무제와 명나라 때 황제이다. 한 무제는 연못에 비친 달그림자를 보고, 서왕모의 복숭아를 훔쳐 먹고 달 속으로 달아난 항아(姮娥)를 떠올리며 '항아를 비춘다'는 뜻의 연못 이름을 지었다. 명나라 때 황제는 달밝은 밤 궁궐의 연못에서 뱃놀이를 하다가 한 무제의 고사를 떠올리고 '항아의 그림자를 잡네'라는 표현을 사용하였다. 순조대 정재 〈영지〉에서는 한 무제와 명나라 황제의 일을

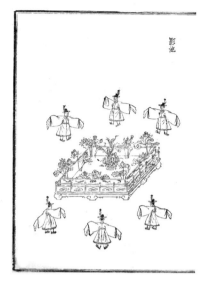

그림 22 정재 〈영지〉의 공연 장면

고사로 삼아 그림자가 비치는 연못을 무대세트로 만들어 놓고 물결과 연꽃을 완상하는 악가무가 완성되었다(그림 22).

세 명씩 나뉘어 서로 대무하는 무동들은 연못의 그림자를 보고 감흥에 젖는 선인들을 형상화한 것이다. 이 작품에서는 극중인물의 행위가 관객에게 미치지 않고 무대공간의 독립성을 유지하고 있다. 임금이나 왕비는 현대 극장의 관객처럼 무대 위의 장경을 감상할 뿐이다.

정재 〈영지〉의 무대세트인 '영지'는 당악 정재 〈연화대(蓮花臺)〉에 쓰는 지당판(池塘板)에 비하여 매우 사실적인 기법을 사용하여 제작하였다. 기록에 의하면 나무판자를 사용하여 네모난 연못의 형태를 만드는데 두 겹으로 만들어 안쪽 연못에는 실제로 물을 담았다. 연못 둘레에는 연꽃과 연잎을 꽂고 바깥에는 녹색을 칠한 후 물고기나 게 따위의 모양을 조각해

泛舟禁池, 其詞云, '明皎皎兮, 水如鏡. 弄蟾光兮, 捉娥影.' ○設影池, 形如方塘. 舞童三人, 在影池之前, 三人在影池之後, 並相對而舞.】影娥池水涵涵碧, 仙人弄波. 笙笛雲韶, 樂舞婆娑; 이의강 책임번역, 앞의 책, 296면 참조.

놓았다. 한가운데는 나무로 가산(假山)을 만들어 설치하고 산봉우리 꼭대기에 백조(白鳥)를 올려놓았다. 바깥 연못에는 난간을 설치하고 족대(足臺)를 달았다. 연못과 가산은 바다를 떠다니는 봉래산을 상징하는 것이기도 하다.

효명세자는 중국 역대 임금의 연악과 풍류를 전거로 삼아 재창조한 장면을 무대 위의 장경으로 형상화하였다. 수백 년 혹은 천 년 이상 시간을 거슬러 올라갈 수 있도록 관객의 상상력을 자극하고 체험의 기회를 제공했다고 할 수 있다. 정재에 구현된 신화 세계의 이미지가 공간적 초월계에 대한 상상과 체험을 가능하게 했다면 실존했던 과거의 이미지는 시간적 초월계에 대한 상상과 체험을 가능하게 했다고 할 수 있다.

이하의 논의에서는 초월에 대한 상상과 체험을 가능하게 한 극중공간의 미학에 대하여 논의하기로 한다.

(3) 극중공간의 확장과 중첩

연경당 진작의 정재 가운데 대다수의 작품에서 무동이 선인(仙人)이나 역사 인물로 전환하여 신화와 고사의 이야기를 전제로 한 극중공간을 만들어낸다. 최소한의 분장과 연기를 통하여 극중인물을 형상화하고 극중공간을 만들어내는 경우 정재를 연극으로 인식할 수 있다.[142]

연극을 공연할 때 연기자와 관객은 같은 시공간 안에서 현존하게 된다. 외형적으로는 극장 안에 함께 있을 뿐이지만 극중공간, 공연공간, 일상공간의 세 층위에서 공존하는 관계를 내포하고 있다.[143] 극중공간은 허구적

---

142 사진실, 「한국연극사의 시대구분을 위한 이론적 모색」, 『한국음악사학보』 24집, 한국음악사학회, 2000 참조; 사진실, 『공연문화의 전통』, 43~44면.

143 세 층위의 공간에 대해서는 사진실, 「고려시대 정재의 공연방식과 연출원리」, 『정신문화연구』 73호, 한국정신문화연구원, 1998 참조; 사진실, 『공연문화의 전통』, 233~245면 참조.

으로 형상화된 공간으로 극중인물의 세계이다. 공연공간은 공연이 이루어지는 공간으로 연기자와 관객이 만나는 장소이다. 일상공간은 극중공간과 공연공간의 배후에 있는 현실 세계이다.

'~공간'은 물리적인 장소로서 공간의 개념이 아닌 시공간과 인물, 사건으로 조직된 텍스트가 존재하는 층위를 가리키는 것으로 사용한다. 극중공간에는 연극 텍스트(theatrical text), 공연공간에는 공연 텍스트(performance text), 일상공간에는 문화적 콘텍스트(cultural context)가 존재한다고 할 수 있다.144 물리적인 장소로 보면 '극중공간 〈 공연공간 〈 일상공간'의 포함관계를 이룬다. 극중공간은 대체로 무대 위에 한정되고 공연공간은 무대와 객석, 분장실, 휴게실 등을 포함한 극장공간에 한정되며 일상공간은 극장을 포함한 현실적인 생활공간에 해당한다.

일상공간에서 생활인으로 존재하는 A는 연극 공연을 위하여 극장문을 들어서게 되며145 먼저 공연공간에 속하게 된다. 무대에 오르기 위하여 A가 분장을 하고 의상을 갈아입는 일 등이 공연공간에서 발생하는 연기자의 행위들이다. 연극이 시작되면 A는 극중인물로 전환되어 허구적인 극중공간에 속하게 된다. 극중인물이 객석의 관객에게 말을 건네는 경우 극중공간과 공연공간이 소통하는 상황이 발생하기도 한다. 연극이 끝나 무대 인사를 하는 순간부터 연기자는 다시 공연공간의 층위에 속하게 된다. 분장을 지우고 다시 평상복으로 갈아입고 휴식을 취하는 일 등이 공연공간에서 이루어진다. 다시 극장문을 나서는 순간 연기자는 일상공간으로 복귀하게 된다.

---

144 패트리스 파비스에 의하면 연극 텍스트 안에 또 다른 층위로서 희곡 텍스트(dramatic text)를 설정할 수 있다; 리차드 셰크너, 김익두 옮김, 『민족연극학』, 한국문화사, 2004, 36~37면. 이 논의에서는 무대공간에 표현된 연극 공연 행위를 다루기 때문에 그 이면에 있는 희곡 텍스트의 층위는 생략하였다.

145 여기서 극장이란 고정적인 건축물로 완성된 극장만을 가리키지 않는다. 궁궐에 마련된 연회석이나 장터 놀이판도 극장에 해당한다. 따라서 '극장문'은 일상공간과 공연공간을 구별해주는 최소한의 표지라는 의미로 사용한다.

B 역시 일상공간에서 생활인으로 존재하였다가 극장문을 들어서면서 공연공간의 관객으로 전환된다. 공연공간에서 그는 준비 중인 연기자 A를 격려해줄 수도 있고 좋은 좌석을 찾기 위해 옮겨 다닐 수도 있다. 연극이 시작되면 B는 극중공간에 집중하게 되고 극중인물을 접하게 된다. 대체적으로 관객은 극중공간에 참여하지 않는다. 그러나 연극의 공연방식상 극중공간이 공연공간으로 확장되는 경우 관객은 일시적으로 극중공간에 속하게 된다. 연극이 끝나고 극장문을 나서면 B는 다시 일상공간으로 복귀하게 된다.

일반적인 연극에서는 극중공간이 공연공간이나 일상공간과 단절되어 독립성을 유지하게 된다. 그러나 정재의 경우 극중인물을 형상화하여 극중공간을 설정하지만 공연공간 및 일상공간의 층위와 긴밀한 관계를 유지하고 있다. 〈경풍도〉나 〈만수무〉에서 무동이 선인의 역할을 하거나 기녀가 서왕모의 역할을 함으로써 가상의 극중공간이 열리게 되는데 이들 극중인물이 〈경풍도〉나 선도반을 현실 속의 관객인 임금과 왕비에게 바치게 된다. 이 경우 극중공간이 확장되어 관객이 신화 세계를 체험하는 결과를 낳는다고 할 수 있다.

임금과 왕실에 대한 송축을 핵심으로 하는 궁중악의 특성상 정재의 극중공간은 궁중연향이 이루어지는 궁궐인 경우가 많으며 정재의 노랫말이 묘사하는 작중공간 역시 궁궐인 경우가 많다. 먼 과거에 이루어진 옛 임금들의 풍류와 음악은 마치 상상 속의 추억처럼 시간을 초월한 공감대를 형성할 수 있게 해준다.

〈경풍도〉나 〈만수무〉, 〈헌선도〉와 같이 진헌이나 송축을 위한 정재 작품들의 공통적인 특성은 일상공간의 층위가 공연공간 및 극중공간에 직접적인 영향을 준다는 사실이다. 일상공간은 넓은 의미에서 나라 전체에 해당하고 좁은 의미에서 연향이 이루어지는 궁궐에 해당한다. 연경당에서 진작을 거행하는 도중 무동의 정재가 시작되고 관객의 시선이 집중될 때 공연공간이 열린다. 정재를 연행하는 가운데 무동이나 기녀가 신화나

역사 속의 인물로 전환되는 경우 극중인물이 생겨나고 극중공간이 생성
된다.

궁중연향은 임금이나 왕비 등에게 진헌되는 의미를 지닌다. 연향의 절
차로 연행되는 정재는 이미 '재주를 바친다(呈才)'는 이름에 그 양식적 의
미가 내포되어 있다고 할 수 있다. 일상공간, 공연공간, 극중공간에서 모
두 '바친다'는 행위가 중첩되어 나타난다. 표로 나타내면 다음과 같다.

	경풍도	만수무	헌천화	헌선도
일상공간	臣民이 임금에게 풍년의 기원을 바치다	臣民이 임금에게 송수의 뜻을 바치다	臣民이 임금에게 송축의 뜻을 바치다	臣民이 임금에게 송축의 뜻을 바치다
공연공간	무동이 관객에게 재주를 바치다	무동이 관객에게 재주를 바치다	무동이 관객에게 재주를 바치다	무동이 관객에게 재주를 바치다
극중공간	선인이 임금에게 경풍도를 바치다	선인이 임금에게 선도를 바치다	천녀가 임금에게 꽃을 바치다	서왕모가 임금에게 선도를 바치다

↓　　　↓　　　↓　　　↓

임금	왕비

송축이나 송수, 기원 등을 담은 정재는 임금의 만수무강과 왕조의 영속
성, 나라의 태평성대 등을 기원하는 제의적 진정성을 담지하고 있다. 이
러한 진정성을 강화하기 위하여 극중공간의 형상을 빌어 일상공간의 현
실적 의미를 전달하는 연출 방식이 유용하였다고 할 수 있다. 필자는 앞
선 논의에서 이러한 방식을 '가탁(假託)'의 원리로 설정하고, '탁물우의(託
物寓意)'의 시론(詩論)을 응용하여 극중공간의 형상(物)을 빌어 일상공간의
뜻[意]을 드러내는 방식이라고 설명하였다.[146]

---

146 가탁의 원리와 정재의 연출 방식에 대해서는 사진실, 「고려시대 정재의 공연방식과
연출원리」 참조; 사진실, 『공연문화의 전통』, 245~252면.

공연예술에 개입된 의례와 제의적 진정성을 파악하기 위해서 리차드 세크너(Ricahrd Schechner)의 개념이 유효하다. 세크너는 공연의 전후에 발생하는 연기자와 관객의 심신 변화에 주목하여, 한 번의 연행으로 영구히 변화되는 경우를 지속적인 변환(transformation)으로, 연행이 진행되는 동안 변화를 경험했다가 끝나면 다시 처음의 상태로 돌아오는 경우를 일시적인 변환(transportation)으로 구분하였다.[147]

지속적인 변환을 추구하는 연행 양식이 일회성을 특징으로 하고 일시적인 변환을 추구하는 연행 양식이 반복성을 특징으로 한다고 할 때, 지속적인 변환을 추구하면서도 반복적인 연행을 통하여 공동체의 정신이나 이념을 고취시키는 경우를 상정할 수 있다. 이를 도형으로 표현하면 다음과 같다.[148]

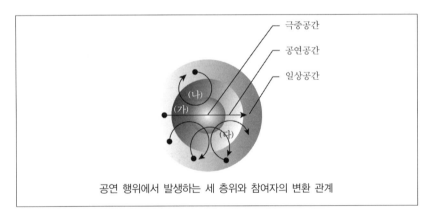

공연 행위에서 발생하는 세 층위와 참여자의 변환 관계

(가)는 지속적인 변환을 나타내고 (나)는 일시적인 변환을 나타낸다. (다)는 일시적인 변환을 이루는 개별적인 연행들이 나선형으로 연속되어 장기적으로 지속적인 변환을 추구하는 경우로 '주기적인 변환'이라고 부

---

147 리차드 세크너, 김익두 옮김, 『민족연극학』, 201~257면 참조.
148 이하 공연 행위에서 발생하는 세 층위와 참여자의 변환 관계에 대해서는 사진실, 「근대극의 성립과 해체 과정에 나타난 공동체 문화의 위상」, 『구비문학연구』 21집, 한국구비문학회, 2006 참조.

를 수 있다. 왕실이나 관아, 마을 공동체, 종교 집단 등에서 주기적으로 반복하는 의례와 연향, 축제 등이 포함된다.

연경당 진작과 같은 궁중 연향은 특정한 계기를 맞아 거행되는 일회적인 특성을 지니지만 정재의 연행을 통하여 장생불사의 신화나 역대 임금의 풍류를 반복하여 보여준다. 왕실의 번성과 영속성을 주지시키는 이념의 성격을 지니기 때문이다. 이 경우 연향의 참석자들은 주기적인 변환을 경험하게 된다고 할 수 있다.

연경당 진작에서 주기적인 변환을 통하여 관객에게 부여한 이념은 효명세자가 진작의 서두에 올린 치사에 잘 나타나 있다.

연경당 진작 때 세자가 올린 사(睿製演慶堂進爵時詞)

태평스런 성대한 세상 축화관(祝華觀)에서 다시 술잔을 올리오니,
하늘 가운데 노인성(老人星)이 밝게 빛나고 태평의 기상이 있나이다.
옥 술잔에 장수의 술을 담고 금쟁반에 서왕모(西王母)의 반도를 바치오니,
축화관에 상서로운 구름 열리고 신성한 산과 신령한 자라가 보입니다.[149]

'祝華'와 '華觀'은 연경당의 오른쪽 날개인 '축하관(祝華觀)'의 줄임말이면서 '화봉인(華封人)의 축원을 올리다'와 '찬란히 바라본다'로 풀이하여 중의적인 묘미를 느낄 수 있다. 효명세자는 연경당 진작의 치어(致語)를 지을 때도 자경전(慈慶殿)의 '慈慶', 축화관의 '祝華', '華觀'을 중의적으로 사용하였다. 효명세자에게 있어 연경당은 왕실의 위상을 높이고 번성함과 영속성을 과시하는 이념적인 성격이 강하였다.

---

149 이의강 책임번역, 앞의 책, 285면,
昇平盛世, 祝華又稱觴. 天中老人朗, 太平有象.
玉觴壽酒, 金盤王母桃. 華觀祥雲開, 神山靈鼈.

연경당 진작에서는 신화 세계의 이미지를 구현하고 역사 속의 풍류와 연악을 전거로 내세워 관객으로 하여금 시공간적 초월의 상상과 체험을 유도하였다. 두 경우 모두 임금과 왕비의 송수, 왕실의 영속성과 번성함을 드러내기 위하여 가탁한 극중공간으로 나타났다. 극중인물의 존재로 인해 열리게 된 극중공간은 관객을 향하여 확장되거나 현실 속 공연공간이나 일상공간과 중첩되는 양상이 나타난다. 극중공간이 공연공간 및 일상공간의 연속선상에서 '바친다'는 행위로 중첩되는 양상도 확인할 수 있었다.

*　　　*　　　*

1828년 효명세자의 주도로 이루어진 연경당 진작은 의례 절차와 정재 공연을 통합시켜 공간을 초월한 신화 공간 및 시간을 초월한 역사 공간을 구축하였다. 장생불사의 신화를 바탕으로 마련된 극중공간은 어좌와 보좌까지 확장되어 임금과 왕비가 신선을 만나는 체험을 가능하게 하였다. 역대 임금의 연악(宴樂)을 전거로 마련된 극중공간은 시간을 거슬러 올라간 역사적 풍류 공간이 현실 속의 연경당에 반복되는 체험을 가능하게 하였다. 시공간적 초월계를 '지금 여기'에 중첩함으로써 '상상의 추억'이라는 미학에 도달할 수 있다.

따라서 연경당 진작의 무대는 간결하고 유동적인 극중공간을 추구하여 신화의 세계와 먼 과거의 역사를 향하도록 상상을 자극하는 무대를 추구하였다. 간결하며 집약적이고도 상징적인 수법을 견지하는 만큼 신화와 역사의 초월적 시공간을 넘나드는 상상의 자유를 부여하였다고 할 수 있다.

현재 남아 있는 건축 유산이나 〈의궤〉 등 문헌기록을 참조할 때, 조선시대 궁궐은 의례와 연회를 위한 다목적 공간으로 지어졌다는 특성을 지닌다. 특히 편전(便殿)이나 내전(內殿) 등에서 진연(進宴)을 거행할 경우 언제나 의례 절차와 더불어 정재(呈才)의 공연이 수반되는 까닭에 극장공간의 면모를 갖추어야 했다. 경축의 계기가 있을 때마다 궁궐 마당에 보계와 차일, 주렴 등을 설치해 일시적인 극장을 만들어내는 것은 조선시대 궁정극장의 규범이었다.

연경당은 독특하게도 연회 및 공연을 위한 전용 공간의 면모를 보인다. 본래 순조대 왕실의 내연(內宴)을 거행하는 공식적인 공간은 왕비의 처소인 자경전(慈慶殿)이었다. 자경전은 전각과 행각이 만나 마당을 감싸는 사각형 구조로 되어 있어 다른 전각에 비하여 극장적 구조를 끌어내기에 적합하였으나, 왕비의 생활공간인 까닭에 수시적인 공간 활용에 어려움이 있었다고 예상된다. 연경당은 자경전에서 진연을 거행할 때 드러나는 극장적 구조를 수용하되, 편의성과 효율성을 고려하여 만들어낸 고정적인 건축공간이라 할 수 있다. 단적으로 말하면 '순조대 왕실극장'이었던 것이다. 순조대 편찬된 〈한경지략(漢京識略)〉에 의하면 연경당은 순조 27년(1827) 효명세자가 진장각(珍藏閣) 옛터에 창건하였다. 진장각은 병풍 따위를 보관하는 왕실의 수장고였기 때문에 창덕궁 후원 깊숙이 자리 잡고 있었다. 그곳에 세워진 연경당은 내부 공간으로 자연의 풍광을 끌어들이거나 수시로 창작 실험과 연습을 하기에 좋은 여건을 갖추었다고 할 수 있다.

연경당을 창건하여 국가 경영의 꿈을 문학과 예술로 피워냈던 효명세자는 순조 30년(1830) 22세의 나이로 요절했다. 이후 연경당이 극장공간으로 사용되었다는 기록은 남아 있지 않으며 어느 시점에 현재의 연경당으로 개건되었다. 현재 연경당은 안채와 사랑채, 서재 등으로 구성된 궁집이나 사대부집의 구조를 지니고 있다. 개금재와 운회헌은 사라졌고 그 사이의 넓은 마당도 없다. 다만 안채에서 순조대 연경당의 'ㄷ'자 구조와 누다락의 모습을 찾을 수 있을 뿐이다.

필자는 2008년 10월 초 연경당에서 거행한 진작의 복원 공연에 참여하였다. 공연은 순조대 연경당의 본래 모습을 간직한 안채가 아닌 사랑채에서 이루어졌다. 안채와 사랑채를 가르는 담장 옆에 커다란 정심수(庭心樹) 때문에 공간을 확보할 수 없었기 때문이다. 사랑채에 보계를 깔고 차일을 쳤지만 효명세자의 연경당 진작에서 드러나는 단아한 대칭 구조를 만들 어내기 어려웠다. 최첨단의 음향 설비를 통해서 창사나 음악을 들어야 하는 상황도 난제였다. 관람객들을 행랑채나 서재로 안내하여 연경당 진작에 참석한 왕실의 초청객으로 끌어들이려 했지만 공간의 여건상 실현되지 않았다.

필자는 공연에 참여하여 안채며 사랑채 등을 살펴볼 기회를 가졌는데, 그 과정에서 더더욱 연경당의 복원 및 재창조의 필요성을 절감했다. 조선시대 왕실극장으로서 순조대 연경당을 복원하는 일은 건축사적으로 매우 큰 의미를 지닐 것이다. 효명세자의 짧은 생애와 예술가적 면모를 결부시켜 독특한 문화관광 콘텐츠를 생산할 수도 있다. 연경당 진작의 공간 구조와 무대미학을 살린 현대 극장의 건축도 기대해본다.

9) 왕실 연희 축제의 해체와 시정 예능인의 성장

조선후기에 오면 서울의 시정문화를 중심으로 공연예술이 상품화되고 그 유통망이 전국적으로 연결되었다. 외방문화에서 만들어진 민속예술이 서울로 진출하면서 광범위한 수용층을 확보하게 되고 전문 공연예술로 발전하였다. 가장 대표적인 사례로 판소리를 들 수 있는데, 전라도 지역에서 형성된 판소리는 외방재인(外方才人)들이 상경하는 계기를 맞아 자연스럽게 서울의 청중들에게 노출될 수 있었다.

외방재인의 공식적인 서울 진출은 두 가지 경로를 통해서 이루어졌다. 첫째는 산대나례를 거행할 때 재인청의 조직을 통하여 상경하는 것이고, 둘째는 과거시험이 있을 때 과거 응시자들과 함께 상경하는 것이다. 과거 급제자가 나면 유가(遊街)나 문희연(聞喜宴)을 열어 가문의 영광을 과시하였는데 이때 당대 최고의 광대들을 초청하는 일이 관습이었다.

전라도 광대인 박남(朴男)의 행적을 통하여 판소리가 이미 17세기에 서울로 진출했을 가능성이 제기되기도 하였다. 인조 4년(1626)에 간행된 『나례청등록(儺禮廳謄錄)』[150]의 말미에 적은 외방재인의 명단 가운데 전라도 김제의 재인 박남(朴男)의 이름이 있다. 1626년 나례 때 박남은 외방재인으로서 서울에 상송되었던 것이다. 외방재인으로서 국가적인 나례에 참여하는 일 자체가 큰 영예가 되었으며 재인의 상품 가치가 높아질 수 있었다.

그런데 다른 기록에는 박남이 서울에서 활동하여 당대의 재상들과 연관된 일화를 남기고 있다. 외방재인들은 전례에 따라 정해진 나례도감으로 반복하여 상송되었기 때문에 나례도감의 인적 조직과 친밀한 관계를 맺을 수 있었다고 생각한다. 박남은 좌변 나례도감에 속한 재인으로 거듭되는 상송과 공연 과정에서 발탁되어 서울에서 활동하게 되었을 것이다.

이이명(李頤命)의 소재집(疎齋集)에 당시 좌의정이었던 김상헌과 얽힌 박남의 일화가 전한다. 김상헌(金尙憲, 1570~1652)은 평생토록 말수가 적었고 잘 웃지 않았다고 한다. 그는 병자호란 당시 청나라와 계속 싸우자는 주전론(主戰論)을 주장한 것으로 알려져 있다. 그 때문에 청나라에 압송되었다가 6년 만에 풀려나게 되는데 귀국 직후인 인조 23년(1645)에 좌의정에 제수된다.

어떤 집안에 과거 급제자가 있어 문희연(聞喜宴)을 베풀었는데 마침 김상헌이 참석하게 되었다. 문희연이란 "기쁜 소식을 듣고 여는 잔치"의 뜻으로 과거 급제자를 낸 집에서 벌이는 축하 잔치이다. 이름난 배우들을

---

150 『나례청등록』은 좌변 나례도감인 의금부가 나례를 거행하면서 주고받은 문서들을 베껴 모아 놓은 책이다. 좌변과 우변 나례도감을 맡은 의금부와 군기시는 각자 독립적인 조직을 통해서 산대를 세울 인력과 물자를 징발하고 외방재인을 동원하였다. 『나례청등록』의 말미에는 당시 좌변 나례도감에서 불러올린 외방재인의 명단이 수록되어 있다. 아비의 업을 물려받아 아비 대신 나례도감의 명단에 오르기도 하고 기존 재인의 신고로 새로운 재인이 추가되기도 했다. 나례도감에서 특정한 재인을 지정하여 추가하는 경우도 있었다.

불러 놀이도 하고 덕담(德談)도 하게 하여 경사를 널리 알리고자 했다. 문희연을 연 집에서 이름난 배우인 박남을 불러놓고는 김상헌을 한번이라도 웃게 할 수 있다면 큰 상을 주겠노라고 약속을 했다.

처음에 박남이 여러 가지 놀이를 보였는데 김상헌은 돌아보지도 않았다. 그러자 박남이 종이 한 장을 상소문 같이 둘둘 말아서는 두 손으로 받들고 천천히 걸어 나가 말했다. "생원 이귀(李貴)가 상소를 바쳤사옵니다." 그리고는 꿇어앉아 종이를 펼치고 읽었다. "생원 신 이귀는 성황성공 돈수돈수……" 즉석에서 종이를 말아 만들어낸 가짜 상소문에 상소 내용이 적혔을 리 없으니 박남은 이귀의 흉내를 내가며 가짜 상소문을 마저 읽었을 것이다. 요즘 말하는 '개인기'이며 일종의 정치 패러디라고 할 수 있다.

자리에 앉아 있던 사람이 모두 배를 쥐고 웃었으며 김상헌도 자신도 부지불식간에 웃고 말았다는 이야기이다. 이 일화는 김상헌이 재상 자리에 있던 당시의 이야기니 1645년 이후의 일이다. 정치 패러디의 주인공이었던 이귀(1557~1633)는 이미 죽고 없는 상황이었지만 걸핏하면 상소문 쓰기를 일삼는 그의 행태가 세간에 널리 알려졌던 모양이다.

현종 때 재상을 지냈던 홍명하(洪命夏, 1608~1668) 역시 박남과 관련하여 일화를 남기고 있다. 어떤 선비 집안에 과거 급제자가 있어 역시 문희연(聞喜宴)을 열었는데 홍명하를 비롯하여 여러 재상들이 참석하였다고 한다. 문희연을 연 주인집에서 배우를 불러왔는데 재주가 신통치 않았다. 주인집에서 손님으로 온 여러 재상들에게 고하기를, 시정의 부잣집 자제가 무과에 급제하여 이름난 배우 박남을 데려갔는데 재상들의 한마디면 데려올 수 있을 것이라고 했다. 좌중에 있던 재상 한 명이 하인을 시켜 박남을 데려오게 했다. 만약 박남을 보내주지 않을 경우 그 집의 아비와 아들을 끌어오라고까지 했다. 이쪽은 재상과 교유하는 선비의 집안이고 저쪽은 무인(武人)의 집안이니 권세로 누르려 한 것이다. 그때 홍명하가 나서서 말하기를 세력만 믿고 배우를 잡아오게 하니 이는 광해군 때 재상들이 패가망신한 꼴과 같다고 했다. 이 일하는 박남이 서울 장안에서 얼마나 이름난 배우였는지를 잘 보여준다. 『나례청등록』에 이름이 올랐던 1626년 무렵만 해도 외방재인이었던 그가 상경하여 장안 최고의 배우가 되었던 것이다.

김상헌을 웃겼던 박남의 놀이는 조선 전기 궁중 배우희의 공연 방식과 흡사하다. 호남 출신 배우인 그가 서울에서 유행한 시사 풍자 방식을 활용했던 것이라고 생각된다. 박남은 당대의 국창(國唱)으로 알려질 만큼 일세를 풍미한 소리꾼이었다. 이 사실로 미루어 박남이 판소리 광대이며 그의 상경은 판소리의 서울 진출과 밀접한 관련이 있다는 논의가 있었다.[151]

전통적인 배우가 재담, 노래, 춤을 두루 갖추었다고 할 때 경중우인과 외방재인의 예능은 크게 다르지 않았을 것이다. 세 가지 예능 가운데 크게 차별되는 것이 바로 노래이다. 경토리, 육자배기토리, 수심가토리, 메나리토리라 하여 지역의 음악적 바탕이 다르기 때문이다. 호남 출신 국창인 박남은 당연히 육자배기토리의 음악에 능하고 17세기 중반 경에는 호남지역에 유행했을 판소리의 명인이었을 것이다. 서울의 시정문화가 발달하고 공연예술이 상품의 가치를 지니게 되면서 판소리가 서울로 진출하게 되었고 박남은 서울의 시정 예능인으로 성장하였다고 할 수 있다.

박남보다 후대에 이름을 날린 시정 예능인으로 광문(廣文, 1707~?)이 있다. 그는 달문(達文)이라는 이름으로 불리기도 했는데, 박지원(朴趾源, 1737~1805)이 「광문자전(廣文者傳)」이라는 글을 써서 그의 이야기를 남겼고 홍신유(洪愼猷, 1724~?)가 「달문가(達文歌)」라는 시를 써서 그의 인생과 예술을 묘사했다.[152]

---

151 김종철, 「19~20세기 초 판소리 변모양상 연구」, 서울대 박사학위논문, 1993, 20~23면 참조.

152 이하 달문의 이야기는 사진실, 「광대 달문」, 서대석 편, 『우리 고전 캐릭터의 모든 것』 2, 휴머니스트, 2008 참조.

그는 처자식을 두지 않아 어느 곳에도 매이지 않는 자유로운 삶을 선택했다. 박지원이 묘사한 그의 일상은 '아침이면 시중에 들어가 노래를 부르며 다니다가 저녁이 되면 부잣집 문하에 들어가 잠자면 그만이지. 한양 성중이 8만 호이니 매일 집을 바꾸어 자더라도 일생동안 다 다니지 못할 것이다.'였다.

달문은 만석중놀이와 〈철괴무(鐵拐舞)〉, 〈팔풍무(八風舞)〉에 능했다고 한다. 만석중놀이는 인형놀이의 일종인데 산대 위에 인형을 설치해서 놀리는 산대잡상놀이라고 여겨진다. 유득공의 『경도잡지』에 의하면 우리나라 연극에는 산희(山戲)와 야희(野戲)가 있는데 산희는 사자나 호랑이, 만석중 등을 만들어 춤춘다고 했다. 산희란 산대와 같은 무대설비를 갖추어 벌인 인형놀이를 말한다는 것이 학계의 정설이다.

〈철괴무〉는 서울지역의 〈산대도감극〉에 포함된 탈춤의 한 종류이다. 정조 2년(1778) 강이천(姜彝天, 1768~1801)이 서울의 남대문 밖에서 광대놀음을 구경하고 쓴 시 「남성관희자(南城觀戲子)」를 보면[153] 마지막 장면에서 〈철괴무〉를 언급하였다. 철괴선이라고 하는 신선의 흉내를 내면서 동쪽으로 달리다 서쪽으로 내닫는 역동적인 춤으로 묘사되어 있다.

광문은 재담이나 흉내 내기 등 연기에도 능한 광대였다. 땅재주를 부리는 중간에도 '눈을 흘기며 삐뚫어진 입에서 나오는 대로 떠드는' 어릿광대의 연기와 입심을 보여주었다. 길을 가다가 싸우는 사람을 만나자 옷을 벗고 함께 싸울 듯이 덤벼들어 싸우는 형상을 흉내 내자 거리의 사람들이 모두 웃고 싸우던 사람들도 웃느라 싸움을 멈췄다는 이야기도 있다.

그는 서울 시정에서 최고의 광대였다. 〈산대나례〉가 거행될 때면 서울 장안의 왈자들이 그를 상석에 앉히고서 귀신이나 모시듯 떠받들었다고 한다. 왈자란 풍류와 무협을 숭상한 유협(遊俠)의 부류를 말하는데, 각전 별감(各殿別監)을 비롯해서 의금부 나장, 액정서(掖庭署) 하예 등 하급무

---

153 임형택, 『이조시대서사시』 하, 창작과비평사, 1994, 302~307면.

관을 주축으로 결성되었고 18세기 이후 서울의 오락 유흥 문화를 장악했다고 알려져 있다.[154]

〈산대나례〉의 일은 의금부와 군기시가 좌우로 나뉘어 경쟁하였는데, 두 관청에서 실무를 맡아본 하급무관들 역시 왈자의 구성원이었으리라는 추측을 해보면, 그들이 광문을 귀신처럼 받들었다는 내용을 이해할 수 있다. 광문을 자기편으로 끌어들여야 〈산대나례〉의 좌우편 경쟁에서 이길 수 있었다는 말이다. 당대 서울 시정의 예능계에서 광문이 차지하는 비중을 확인할 수 있다.

광문은 약방을 하는 부잣집의 일꾼으로 일하기도 하였고 거기서 얻은 신용을 바탕으로 장사꾼이 되어 주릅 노릇도 하게 된다. 그러나 자유로운 광대의 기질은 그를 다시 연예계로 향하게 했다. 이번에는 기생들의 매니저 역할인 조방꾸니이었다. 박지원에 따르면 서울에서 아무리 고상하고 아름다운 기생도 광문이 이름을 내주지 않으면 일 전의 값어치도 없었다고 한다. 광문은 스스로 뛰어난 광대였을 뿐만 아니라 최고의 기예를 감별하는 안목을 지녔던 것이다.

그러나 조방꾸니 노릇에 염증을 느끼게 된 광문은 다시 광대가 되어 통신사 일행을 따라 부산 동래로 내려간다. 영조 23년(1747) 광문의 나이 마흔 한 살이었다. 통신사 일행은 그해 11월에 임금에게 사폐(辭陛)하는 의식을 거행하고 부산으로 떠났는데 일본으로 가는 배를 탄 것은 이듬해 3월이었다. 통신사가 서울을 출발해서 일본으로 가는 배를 타기까지 온갖 기예를 지닌 재주꾼들이 따라 붙었다. 통신사 일행이 거쳐 가는 지방을 비롯 부산 지역의 70여 개 읍에서 이들을 뒷바라지했다고 하는데, 지방에서 거둬들인 많은 물력이 기생이나 광대, 악공 등에게 쓰였을 것으로 생각된다.

154 강명관, 「조선후기 서울의 중간계층과 유흥의 발달」, 『민족문학사연구』 2집, 민족문학사연구소, 1992, 193~194면.

광문은 반년 가까이 부산에 체류하면서 특유의 익살과 재주로 가는 곳마다 사람들에게 인기를 끌었지만, 이 생활에도 역시 지루함과 염증을 느끼게 된다. 이번에는 본격적으로 전국 팔도를 누비는 유랑 연예 생활을 시작했다. 영남에서 호남으로 건너가 다시 호서지방을 두루 다니다가 해서지방으로 가서 대동강을 건너고 청천강을 건너 의주까지 간다.

큰 이름을 떨친 광대인 데다 정처 없는 유랑 생활 탓인지 광문은 영조 40년(1764) 그의 나이 58세 때 역모에 가담했다는 죄목으로 의금부의 추국을 받게 된다. 박지원은 「광문자전」의 후속편인 「서광문전후(書廣文傳後)」에서 광문이 역적 옥사에 휘말린 사정을 설명했다. 경상도 개녕의 수다사에 머물던 거지아이가 광문의 아들이라고 자처하며 스님들의 대접을 받고 있었는데 영남에서 역모를 꾸미던 사람이 아이에게 자신을 작은 아버지라고 해준다면 부귀를 누리게 해주겠다고 꾀었다고 한다. 광문은 원래 자신의 성도 모르고 평생 독신으로 지내 형제나 처자식이 없었는데 갑자기 아들과 동생이 나타나자 누군가 이상하게 여겨 관가에 신고를 했다는 것이다.

조선시대 중죄인의 공초를 기록한 『추안급국안(推案及鞫案)』이라는 책에 광문이 국문을 당한 내용이 남아 있다. 영남의 이태정이란 사람이 중이나 노비, 점쟁이 등 당시 사회의 소외계층을 모아 역모를 꾀했는데, 그 역모에 가담했던 자근만이 경상감사에게 역모를 밀고했다고 한다. 자근만은 바로 광문의 아들을 자처한 거지 아이였다. 공초 결과 역모와 관련 없었다는 사실이 드러났음에도 불구하고 광문은 함경북도로 귀양을 가게 된다.

광문이 유배 생활에서 돌아오자 서울 장안의 남녀노소가 모두 구경을 나가 저잣거리가 텅 빌 지경이었다고 한다. 상층 권력자들은 그를 사회에서 격리시켰지만 평범한 저자거리 사람들은 여전히 그의 재주와 명성을 그리워하고 있었던 것이다. 초췌한 늙은이로 돌아온 광문은 함께 어울리던 왈자 표철주(表鐵柱)를 만나 과거를 회상하게 된다.

광문이 고객으로 모시던 영성군(靈城君) 박문수(朴文秀)며 풍원군(豊原君) 조현명(趙顯命), 조방꾼이 노릇을 해주던 기생 분단이는 이미 죽었고, 한창 때 어울려 지내던 거문고 연주자 김정칠은 일선에서 물러나고 그의 아들인 김철석 형제가 이름을 떨치고 있다는 소식도 들었다. 장안에서 잘 나간다는 기생의 이름도 생소했다. 세월이 흘러 서울 장안 연예계의 주역이 바뀌었던 것이다.

광문은 천민 광대로서 몸은 청계천의 거지 패거리와 함께 지냈지만 재상가에 머물며 상층의 오락 유흥에 기여했다. 그는 약방의 부자가 인정한 신용을 지녔고 주릅 노릇을 통해 시장의 논리를 익혔다. 또한 그는 서울 장안을 주름잡는 왈자들을 탄복시킨 기상과 풍류를 가지고 전국 팔도를 누비며 익살과 재담으로 민간을 파고들었다. 그런 삶을 통해서 광문이 중세적 질서와 차별에 대한 의문을 갖게 되었고, 명분을 내세우는 유학보다 실질적인 생활에 도움을 주는 상업 활동의 중요성을 깨우쳤고, 면면촌촌이 박혀 있는 백성들의 애환과 고통을 목격했다고 보는 것도 무리가 아닐 것이다. 무고하게 역모에 휘말렸다고는 하지만, 그야말로 새로운 세상을 꿈꾸는 변혁의 주체가 되고 싶었던 것은 아닐까 생각된다.

광문과 같은 시대에 살면서 서울 시정 예술가들의 후원자이며 풍류객이었던 합천(陜川) 심용(沈鏞, 1711~88)이란 인물이 있다.[155] 광문이 1707년에 태어났으니 심용보다 4살이 많았다. 그러나 이들은 서울 장안의 연예계에서 한 세대의 시간차를 두고 활약했다. 광문은 광대이니 중년이 되기 전에 활발한 활약을 했을 것이고 심용은 예술가 집단을 후원하는 풍류객이 되기까지 중년의 연륜이 필요했을 것이기 때문이다.

1760년대 중반 광문이 귀양 갔다가 돌아왔을 무렵에는 광문과 함께 활동했던 금객 김정칠의 아들 김철석 형제가 활약하고 있었다. 김철석은 바로 심용이 후원한 예술가 집단의 구성원으로 알려져 있다. 이 집단에는

---

[155] 원전은 『청구야담』에 실려 있으며 번역은 허경진, 『악인열전』, 한길사, 2005 참조.

가객 이세춘(李世春), 기생 추월(秋月), 계섬(桂蟾), 매월(梅月) 등 당대에 이름난 예술가들이 포함되었다.

『청구야담』에 따르면 심용은 재물에 대범하고 의를 좋아하며 스스로 풍류를 즐겼다고 한다. 노래 잘하고 거문고를 잘 타는 음악인들이며 술꾼과 시인들이 그의 집안에 가득 찼으며 서울 장안에서 심용을 통하지 않고는 잔치와 놀이를 벌일 수 없을 지경이었다는 것이다. 심용은 예천군수까지 지낸 양반이었지만 당대 연예계의 인물들과 가까이 지내며 그들의 연예 활동을 후원하고 관리했다.

한번은 공주의 남편인 부마가 한강의 압구정에서 잔치를 벌이는데 심용과 의논하지 않고 금객과 가객을 부르고 손님을 초대해서 질탕하게 놀았다. 가을 밤 달빛이 강물에 비쳐 물결에 부서지는 그림 같은 풍경 속에서 어디선가 청아한 퉁소 소리가 들려왔다. 사람들이 솔깃해 바라보니 멀리서 조각배가 떠오는데 한 노인이 머리에 화양건을 쓰고 몸에는 학창의를 입고 손에는 백우선을 들고 흰머리를 날리며 오롯이 앉아있었다. 푸른 옷을 입은 두 명의 동자가 좌우에서 옥퉁소를 불며 그를 모시고 있었으며 한 쌍의 학이 너울너울 춤을 추었다.

모두들 신선이 나타났는가 여겨 노래와 풍악을 멈추고 정자의 난간으로 몰렸다. 잔치석상의 흥이 깨지자 분하게 여긴 부마는 작은 배를 타고 신선의 배를 향해 나아갔는데 신선은 다름 아닌 심용이었다. 부마는 껄껄 웃으며 자신의 풍류를 압도한 심용을 맞아들여 함께 놀았다. 잠깐 동안 부마의 잔치를 훼방했지만 결과적으로는 심용의 풍류가 잔치의 흥을 돋우었다.

한번은 어느 재상이 평양감사를 제수 받아 떠나게 되었다. 마침 감사의 형이 영의정으로 있어 아주 성대한 전별연을 베풀었다. 서울의 서대문 밖으로 수십 량의 수레가 연이었고 많은 사람들이 거리를 메웠고 구경꾼들이 입을 모아 그들 형제의 우애와 부귀공명을 칭송했다.

그때 소나무 숲 사이에서 말 한 필이 달려 나왔고 그 위에는 자줏빛 가

죽옷을 입고 까만 가죽 남바위를 쓴 사람이 채찍을 들고 있었다. 안장에 버티고 앉아 좌우를 돌아보는 풍채는 보는 이들을 감탄하게 만들었다고 한다. 아름다운 여인 서너 명이 화려한 전립과 전복으로 남장을 하고 그 뒤를 따르고 있었다. 그 뒤로는 대여섯 명의 동자가 푸른 옷을 입고 말 위에서 연주를 했다. 보라매를 팔뚝에 얹은 사냥 몰이꾼이 사냥개를 부르며 숲에서 뛰어나왔다. 압구정 잔치의 일화에서 보듯이 심용이 의도적으로 전별연을 능가하는 멋진 풍류를 과시했던 것이다.

서울 장안에서 이름을 떨친 심용 일행은 드디어 풍류의 본고장으로 알려진 평양으로 풍류 대결을 벌이러 가게 된다. 심용 일행의 평양 원정은 일체 비밀에 붙여졌다. 그들은 금강산 유람을 떠난다고 소문을 내고는 딴 길로 평양 성내에 잠입해서 조용한 곳에 처소를 정했다. 작은 배 한척을 세내어 청포 차일을 치고 좌우에 주렴을 드리워 장식했다. 잔칫날이 되자 배 안에 악기를 싣고 기생과 가객, 금객을 태우고는 대동강 상류인 능라도와 부벽루 사이에 숨어 있었다.

평양감사의 선유놀음이 시작되자 평양감영의 고취악이 하늘을 울리고 강을 뒤덮은 돛배가 행선하기 시작했다. 감사는 배 위에 누각을 얹은 누선(樓船)에 높이 앉았고 여러 수령들이 함께 모였다. 기생과 악공이 타고 있는 유선(遊船), 즉 놀잇배에서는 맑은 노래가 들려오고 절묘한 춤사위가 넘실거렸다. 평양성두와 대동강변에는 구경꾼들로 인산인해를 이루었다.

심용은 부마의 압구정 잔치 때와 마찬가지로 신선으로 분장하여 배 가운데 앉았다. 학창의(鶴氅衣)를 입고 화양건을 쓰고 백우선을 들고 앉아 주위 사람들과 담소를 나누었는데 그들 역시 선녀나 동자의 모습으로 연출했을 것이다. 심용은 노를 저어 나아가서 평양감사의 누선이 보이는 곳에 배를 멈추었다. 저쪽 배에서 검무(劍舞)를 추면 이쪽 배에서 검무를 추고 저쪽 배에서 노래를 부르면 이쪽 배에서 노래를 불렀다.

마치 경쟁이라도 하듯이 노래와 춤을 따라 하니 평양감사 진영의 사람들이 괴상하게 여겨서 날랜 배를 보내 잡아오게 했다. 배가 쫓아오면 달아나고 돌아서면 다시 나오기를 몇 번 거듭하자 평양감사는 사태를 심상치 않게 여겼다. 주렴 가운데 학창의에 화양건을 쓰고 백우선을 든 채 담소를 나누는 노옹은 마치 신선처럼 보였을 것이다. 감사는 비밀스럽게 영을 내려 작은 배 십여 척을 한꺼번에 보내 심용의 배를 포위해서 끌고 오게 했다. 가까이 와서 모습을 드러낸 심용을 보자 원래 친분이 있던 평양감사는 놀라고 기뻐하며 함께 어울렸다.

평양감사의 배에 타고 있던 사람들은 근방 고을의 원님이나 비장, 그리고 감사의 자제와 조카, 사위 등이었는데 이들은 모두 서울에 살던 사람들이었다. 평양의 대동강 위에서 뜻밖의 서울 풍류를 접하고는 모두가 기뻐했다. 그 가운데는 구면인 사람도 많이 있어서 서로 손을 잡고 정회를 나누었다. 심용의 일행은 저마다 평생의 재주를 다해 진종일 놀았고 평양의 풍류를 무색하게 만들었다고 한다.

심용은 서울 시정의 예술 후원자로서 새로운 위상을 분명히 드러내었다. 단지 애호가로서 예술가를 지원했던 것이 아니라 공연 활동의 기획자이며 연출가로서 역할을 넓혔다고 할 수 있다. 압구정 잔치나 대동강 선유놀음에서 선계(仙界)의 모습을 형상화하거나 재상 형제의 전별연에서 호사스러운 사냥꾼 패거리의 모습을 형상화함으로써 현실과 가상공간을 넘나드는 절묘한 공간 연출 방식을 보여주었다.

조선후기 서울 시정에서는 공연예술 분야의 새로운 직업군이 양산된다. 그 가운데 대표적인 부류가 전문 재담꾼이다.[156] 중인 문학가인 유재건(劉在建, 1793~1880)은 『이향견문록(里鄕見聞錄)』에 김중진의 이야기를 썼다. 김중진은 정조 때 사람인데 나이가 늙기도 전에 이빨이 모두 빠져서 사람들이 놀리느라 '외무름[瓜濃]'이라는 별명을 붙여 주었다. 그는 말장난과 익살에 능하고 세속의 이야기를 잘했는데 인심세태와 세상물정을

---

156 이하 전문 재담꾼에 대해서는 사진실, 「18~19세기 재담의 전통과 연극사적 의의」, 『한국연극사 연구』, 태학사, 1997, 408~425면 참조.

곡진하고 자상하게 묘사해서 인기를 얻었다.

외무름은 판소리계 소설 「게우사」에도 등장한다. 주인공 김무숙이 왈자들과 함께 답청놀음을 하면서 많은 가객과 기생, 판소리 명창 등을 불러 풍류를 즐겼는데 그 자리에 모인 예능인 가운데 최고의 이야기꾼 외무름과 최고의 거짓말쟁이 허재순이 있었다. 그런가 하면 작자 미상인 〈청구야담〉에는 오물음이라는 이야기꾼도 나온다. 그는 성이 오(吳)씨인데 오이를 익힌 나물을 즐겨 먹어 오물음(吳物音)이라 불렸다는 것이다. 성이 오씨라 했으니 김중진과 다른 인물일 가능성도 있다. 하지만 김중진이라는 본명보다 외무름이라는 별명이 더 유명해지다 보니 후대에 오씨 성을 가진 오물음으로 와전된 게 아닌가 생각된다.

늙기도 전에 이빨이 빠져 무르게 익힌 음식을 먹을 수밖에 없었던 사람이 이야기꾼으로 이름났다고 하니 의아하게 생각된다. 이빨이 없으면 발음이 새버려 정확한 이야기 전달이 어렵기 때문이다. 정확한 발음조차 어려운 사람이 이야기로 인기를 끌었다는 사실을 보면 그의 이야기는 '사실 전달'이 아닌 무언가 다른 장기를 가지고 있었다고 할 수 있을 것이다. 이빨이 빠져 우물거리는 입으로 거침없이 이야기를 쏟아내는 모습 자체가 익살이 아니었을까 생각된다. 익살과 신소리로 이름을 날렸다는 광대 광문 역시 외모가 극히 추하게 생겼는데 입이 커서 두 주먹이 들락날락 할 정도였다고 전한다. 홍신유는 「달문가」에서 광문이 "비뚤어진 입에서 나오는 대로 떠든다"고 묘사했다.

앞서 언급한 광대 광문은 노래와 춤, 곡예 등의 재주를 가진 전문 광대였다면 김중진은 익살과 재담을 전문으로 하는 이야기꾼 또는 재담꾼이었다. 가객이나 판소리 명창과 함께 왈자들의 풍류놀음에 초청받은 사실로 미루어 이들의 이야기는 전문 예능의 하나로 성립되어 있었다는 사실을 알 수 있다.

김중진의 레퍼토리로 전하는 〈삼사발원설(三士發願說)〉은 옥황상제를 만나 소원을 비는 선비 세 명의 이야기로, 마지막 선비가 말한 '청복(淸福)'

의 발원을 듣고 옥황상제도 얻고 싶어 탄식했다는 이야기이다. 이 작품은 『삼설기(三說記)』 가운데 한글단편인 「삼사횡입황천기(三士橫入黃泉記)」와 줄거리가 비슷하다. 학계에서는, 김중진 등과 같은 이야기꾼들이 예전부터 전해진 설화를 재구성하여 이야기를 만들고 그 이야기가 한문단편 '삼사발원설'과 한글단편 '삼사횡입황천기'를 형성하는 데 영향을 주었다고 한다. 『삼설기』는 이야기를 율독하는 송서(誦書)로도 전한다.

〈삼사발원설〉과 비슷한 구조를 가진 이야기가 전한다. 이름이 전하지 않는 한 익살꾼이 의원 노릇하는 사람을 골려준 이야기라고 한다. 생전에 기생, 도둑, 의원으로 있던 사람 세 명이 죽어서 염라대왕 앞에 나아갔는데 기생과 도둑에게는 각각 사람들을 즐겁게 하고 빈부 격차를 줄였다는 미덕을 들어 환생 판결을 내렸고 의원에게는 죽을 사람을 살려 저승을 어지럽혔다는 죄로 지옥 판결을 내렸다. 지옥으로 압송되는 의원이 기생과 도둑에게 외치는 말이 웃음의 포인트이다. 자기 집에 가서 아내는 기생이 되고 자식은 도둑이 되어 죽어서 지옥행을 면하라는 말이었다. 가족을 위한다는 절박한 심정으로 던진 의원의 말은 스스로 자기 명예를 무너뜨리고 가족을 모욕하는 셈이 되었기 때문이다. 웃자고 꺼낸 이야기니 좌중의 의원은 익살꾼에게 화를 낼 수도 자리를 박차고 일어날 수도 없이 조롱을 당했을 것이다.

이야기꾼은 이처럼 즉흥적인 이야기 구성과 순발력으로 관객들을 골리기도 하고 풍자하기도 했다. 이야기꾼 오물음은 당대의 부자 구두쇠로 이름난 종실 노인이 자신을 불러 이야기를 시키자 그를 풍자하는 내용을 담아 깨우치게 했다. 그 종실 노인은 장사로 큰 부자가 되었는데 재물을 쓰는 데 워낙 인색하여 아들들에게조차 재산을 나눠주지 않고 있었다고 한다. 종실 노인과 비슷한 입장인 인물을 등장시켜 그가 죽을 때 유언하기를, 자신이 죽어 입관할 때 관 양 옆에 구멍을 내어 양손을 내놓아 거리의 행인들로 하여금 재물을 산 같이 두고 빈손으로 돌아감을 보도록 했다고 전한다.

또한 오물음은 종실 노인에게 오는 도중에 장례 행렬을 만났는데 두 손이 관 밖으로 나왔기에 이상하게 여겨 물어 보았다가 그러한 내력을 알게 되었노라고 덧붙였다. 꾸며낸 이야기에 현실감을 주었던 것이다. 종실 노인이 듣고 보니 은연중 자기를 두고 한 이야기였고 자기를 조롱하는 뜻이 들어 있었지만 말인즉 이치에 맞으니 크게 깨닫고 오물음에게 상을 후하게 주어 보냈다고 한다. 그는 이튿날 아침 자식들에게 재산을 나누어주고 일가친척과 친구들에게도 많은 재물을 나누어주었다고 한다.

『청구야담』에서는 오물음의 이야기를 고담(古談)이라고 했지만 시사적인 일을 소재로 하여 즉흥적인 이야기 구성이 이루어졌다. 장안 갑부인 종실 노인의 인색함은 당시 사람이면 누구나 아는 가십(gossip)거리였을 것이다. 자칫하면 그의 분노를 사게 될 일인데, 오물음은 이를 무릅쓰고 풍자를 감행하였던 것이다. 어쩌면 종실 노인의 가족과 친척들이 미리 오물음에게 부탁을 해서 '공수래공수거'의 교훈을 담은 이야기를 하도록 했을 수도 있다.

조선 전기 궁정의 배우희에서도 그러한 양상을 확인할 수 있다. 궁중배우희는 임금이 구중궁궐에 깊숙이 살아 민간 풍속의 미악, 정치의 득실을 알고자 한다는 명분을 가지고 있었다. 사안에 따라서는 정사에 반영하여 잘못을 바로잡았기 때문에 정치적으로 이용될 가능성이 컸다. 조선 전기 궁정배우와 조선후기 이야기꾼의 계보를 논하는 것은 무리가 있지만, 익살 섞인 이야기로 풍자를 담는 예능인의 활동이 서울 시정에서 지속되었다는 사실을 확인할 수 있다.

전문 이야기꾼은 평민 이하의 신분으로 양반가의 사랑방을 드나들며 이야기를 재주로 파는 예능인이었다. 가객이나 기생과 마찬가지로 양반 사대부 등 고객의 부름에 응하여 재주를 보이고 공연이 끝난 후 보상을 받았다. 가객이나 기생의 경우 본래 익히고 있던 노래와 춤을 여러 장소에서 공연했지만 이야기꾼의 경우 초청한 고객의 요청에 따라 맞춤형 이야기를 구연했기 때문에 즉흥적인 이야기 구성이나 순발력이 매우 중요한 재능이었다고 할 수 있다.

연암 박지원의 〈민옹전〉에 묘사된 민옹은 중간층 이상의 신분이면서 이야기꾼으로 이름을 날렸다. 그의 일화 가운데 하나를 소개하면 이렇다. 박지원이 우울증으로 시달리고 있던 때에 가곡을 잘 부르고 이야기를 잘 하는 민옹을 소개받았다. 민옹이 박지원을 찾아온 날 마침 악사들이 풍악 을 울리고 있었다. 민옹은 미처 인사도 없이 피리 부는 악공을 눈여겨보 다가는 대뜸 그의 뺨을 때리고 꾸짖었다. 주인은 즐거워하고 있는데 어찌 두 눈을 부라리고 잔뜩 기를 쓰며 성을 내고 있느냐고 질책한 것이다. 피 리를 불다보면 그런 표정이 나올 수밖에 없는데 민옹은 그걸 성낸 표정으 로 보았다는 설정이다. 느닷없이 뺨을 맞은 악공에게는 미안한 일이지만 민옹은 박지원의 집에 들어서자마자 궤변 같은 말재주인 골계를 과시해 자신의 명성을 확인시켰던 것이다.

전문 이야기꾼들의 이야기는 공연예술의 한 종류면서 언어 텍스트만 보면 서사적인 소화(笑話)라고 할 수 있다. 바꾸어 말하면, 우스운 이야기 로 인구에 회자되어 소화집에 실린 이야기들은 언제든지 전문 이야기꾼 의 레퍼토리로 재구성될 수 있었다는 말이다. 조선 후기 중인 출신의 문 인 조수삼(趙秀三, 1762~1849)이 전하는 이야기꾼 김옹의 사례에서 그런 상황을 추정할 수 있다.

김옹은 끝도 없이 많은 이야기를 알고 있어서 '설낭', 즉 '이야기 주머니' 라고 불렸다고 한다. 그는 이야기를 아주 잘해서 듣는 사람들이 다 포복 절도하지 않을 수 없었다고 한다. 이야기의 실마리를 잡아 살을 붙이고 양념을 치며 착착 자유자재로 끌어가는 재간이 귀신이 돕는 듯 뛰어났다 고 한다. 조수삼은 김옹에 대한 설명 끝에 이런 시를 지어 올렸다. "지혜 가 구슬처럼 둥글어 힐중(詰中)에 비할 만한데 / 어면순(禦眠楯) 그것은 골 계의 으뜸이라. / 산 꾀꼬리 들 따오기가 서로 송사를 하니 / 늙은 황새나 리 판결은 공정도 하다."

'골계의 으뜸'이라고 묘사된 『어면순』은 중종 11년에 송세림(宋世琳,

1479~?)이 편찬한 책이다. 책 제목을 풀이하면 '잠을 막아 주는 방패'라는 뜻인데 졸린 눈을 확 뜨이게 할 정도의 재미난 이야기를 모았다는 것이다. 항간에 떠도는 우스운 이야기를 뽑아 모은 소화집의 일종이다. 김옹에 대한 시를 쓰면서 어면순을 언급한 것은 그의 이야기가 어면순에 나오는 우스운 이야기와 관련이 있음을 보여주기 위함이었다.

전문 이야기꾼의 활동과 소화집의 관계는 두 방향에서 추정할 수 있다. 먼저 이야기꾼이 즉흥적으로 창작한 이야기가 소화집에 수록되는 경우이다. 소화는 에피소드 중심의 짤막한 서사물로서 사건의 반전이 핵심이 되는데, 민간에서 구전되는 우스운 이야기를 기록해 놓은 것으로 알려졌다. 이야기 구조의 절묘함이나 소재 선택의 치밀함 등으로 미루어 재능 있는 개인의 창작이 선행되었던 것으로 보인다. 이야기꾼의 말재주와 입심은 소화 또는 골계담을 만들어낼 수 있는 최적의 조건을 지니고 있었다고 할 수 있다.

둘째, 이야기꾼들은 이미 소화집에 수록된 소화를 기초로 재구성하여 자신만의 이야기를 만들어내는 경우이다. 각종 소화집에 수록된 이야기나 항간에 떠도는 이야기들은 모두 이야기꾼의 레퍼토리가 될 수 있었다. 조수삼이 김옹에 대해서 이야기의 실마리를 잡아서 살을 붙이고 양념을 친다고 묘사한 것을 보면 기왕에 알고 있던 이야기를 그대로 사용하지 않고 상황에 맞게 재구성했다는 사실을 말해준다.

최근 학계에 보고된 자료에 의하면, 구한말까지도 전문 이야기꾼이 활동을 했는데 악공까지 대동하고 다니면서 이야기를 공연했다. 각종 소화집의 이야기를 그들의 레퍼토리로 삼았다는 증언도 전한다. 전문 이야기꾼들 가운데는 광대 광문처럼 여러 가지 기예를 겸비한 가운데 익살과 신소리로 이름을 날린 광대도 있었고 김중진이나 민옹처럼 골계적인 이야기에 집중한 사람들도 있었다. 민옹 같은 경우는 첨사 벼슬까지 지낸 중간층 이상의 신분이었으니 전문 예능인은 아니었지만 골계와 궤변으로 이름을 날려 전문 이야기꾼의 모습을 보여주었다.

이야기꾼의 활동은 서사물을 연행하여 확산했다는 측면에서 소설사의 발달에 기여했고, 익살과 재담으로 웃음과 풍자를 전달하는 예능을 전문화하였다는 측면에서 공연예술사의 발달에 기여했다고 할 수 있다.

10) 산대나례(山臺儺禮)와 탈춤 〈산대도감극〉의 상관성

18세기 중반 유득공(柳得恭, 1749~?)은 조선후기 〈산대나례〉에서 연행된 공연종목을 산희(山戲)와 야희(野戲)로 구분하고 있다.

> 연극에는 산희(山戲)와 야희(野戲)의 양부(兩部)가 있는데 나례도감(儺禮都監)에 속한다. 산희는 결채를 하고 장막을 치고서 사자, 호랑이, 만석승을 만들어 춤을 추었고 야희는 당녀, 소매로 꾸며 춤을 추었다. 만석은 고려 중의 이름이다. 당녀는 고려 때 예성강가에 와서 살던 중국의 여자 광대이다. 소매 역시 옛날 미인의 이름이다.[157]

산희는 인형극, 즉 산대잡상놀이에, 야희는 탈춤 등 마당의 놀이에 해당된다고 할 수 있다. 원문에 의하면, 산희에 대해서는 "作獅虎曼碩僧舞"라 하였고 야희에 대해서는 "扮唐女小梅舞"라 하였다. 사자, 호랑이, 만석승은 인형이므로 '만든다[作]'고 표현하였다면, 당녀와 소매는 재인이 탈을 쓰고 배역을 맡기 때문에 '꾸민다[扮]'고 표현하였던 것이다. 나례도감은 산대나례를 거행하기 위하여 조직한 임시 기구이다. 의금부와 군기시가 주축이 되어 좌변 나례도감과 우변 나례도감을 구성하여 임금의 환궁 의식과 같은 의전 행사에서 길가 양쪽의 〈산대나례〉를 담당하였다.

---

157 柳得恭, 『京都雜誌』, 「聲伎」, "劇有山戲野戲兩部, 屬於儺禮都監, 山戲結彩下帳, 作獅虎曼碩僧舞, 野戲扮唐女小梅舞. 曼碩高麗僧名, 唐女高麗時禮成江上中國倡女有來居者, 小梅亦古美之名."

서울지역의 탈춤으로 알려진 〈본산대놀이〉의 명칭은 문헌에서 〈산대도감〉 또는 〈산대도감극〉으로 사용되었다. '산대도감'은 '나례도감'과 혼용되었다는 사실을 고려할 때 〈산대도감극〉은 조선전기 산대나례의 연속선상에 있다고 할 수 있다. 그러나 후자가 궁정 문화에 주도권이 있었다면 전자는 시정 문화에 주도권이 있었다는 차이가 있다. 물론 조선전기의 산대나례에서도 전국의 외방재인이 상경하여 각 지방의 토착적인 공연예술을 공연하였다. 조선후기에 이르면 산대나례에서 볼 수 없었던 시정 연극인 〈산대도감극〉이 발달하는데 이는 궁정과 외방, 시정이 서로 교섭한 결과물이었다고 할 수 있다.

병자호란 이후부터 청나라 사신을 환영하기 위한 의전 행사로서 잔존하고 있던 산대나례는 의금부와 군기시의 좌우 나례도감에서 팔도재인청으로 주요 업무를 이관하였던 것으로 보인다. 산희(山戱) 종목은 인력과 물자가 많이 필요한 까닭에 중앙관청의 지원을 받아 서울의 산대도감패가 주축이 되었을 것이다. 그밖에 산대 앞마당이나 거리에서 벌이는 야희(野戱) 종목은 산대도감패 외에 각 지방에서 상경한 놀이패들이 재주를 겨루게 되었을 것이다. 외방재인들도 조선 전기와 같은 활동의 제약에서 벗어나 능력에 따라 서울에서 흥행할 수 있는 기회가 열렸다. 경중우인들은 외방재인들과 차별화 전략으로 산대도감패를 자처하며 서울의 상업지역을 중심으로 더욱 활발한 흥행 활동을 벌이게 되었다고 할 수 있다.

18세기 말 강이천(姜彛天)의 서사시 「남성관희자(南城觀戱子)」에서 서울의 상업지역에서 흥행 활동을 벌인 〈산대도감극〉의 내용을 확인할 수 있다.[158] 이 작품에는 산희인 인형극과 야희인 탈춤이 순차적으로 묘사되어 있다. 산희는 현전하는 인형극인 〈꼭두각시놀음〉에서 볼 수 없는 색다른 캐릭터와 상황으로 전개된다. 야희는 현전하는 탈춤 〈산대놀이〉와 매

---

158 윤광봉, 「18세기 漢陽을 중심으로 한 산대놀이 양상」, 『문학 작품에 나타난 서울의 형상』, 한국고전문학연구회 편, 한샘출판사, 1994 참조.

우 흡사하다.

「남성관희자」에서 표현된 놀이판의 풍경이나 탈춤의 내용에서 주목할 만한 일군의 인물들이 포착된다. 놀이판 주변을 맴도는 '붉은 옷 입은 액정서 하인(紅衣掖庭隷)'과 탈춤의 주인공인 '무부(武夫)'이다. 무부는 현전하는 탈춤에서 자취를 찾을 수 있는 포도부장으로 노장스님이나 샌님이 차지한 여인을 가로채고 그들을 꾸짖어 혼내는 강력한 힘의 표상으로 설정되어 있다.

액정서 하인이나 포도부장은 조선후기 서울의 도시적 유흥을 주도한 왈자의 구성원이다. 액정서 하인의 본래 역할은 임금의 일상용품을 공급하거나 궐문을 관리하는 일이었으므로 예능인의 공연과는 밀접한 관계가 없다. 그러나 왈자 집단의 구성원으로서 그는 공연 현장을 비호하는 비공식적인 물리력의 상징으로 나타나 있다고 할 수 있다. 공연에 대한 간접적인 지원을 하였다거나 공연을 주도하였다고 할 수 있다. 포도부장은 조선후기 설치된 포도청 소속의 하급 무반으로 서울 시정의 치안을 맡아 하였다. 하급 무반이나 군병들은 공식적으로는 시정 공간의 금란(禁亂)과 질서 유지를 담당하였고 비공식적으로는 왈자 집단을 이루어 서울의 풍류와 오락을 장악하였던 것이다.

하급 군병은 대부분 천역(賤役)에 속하여 양민이나 천민의 군역(軍役)으로 충당하여 교대로 복무하였는데 이들 가운데 상당수가 자신의 권한을 남용하여 이권을 노리게 되면서 동네의 무뢰배들을 중심으로 패거리를 모아 연계하였다고 한다.[159] 또한 서울의 군영에 속한 하급 군교의 자리는 돈을 내고 이름만 걸어두는 폐해가 있었다고 하므로 별감이니 군교니 하는 직책만 지니고 실제 업무를 수행하지 않는 사람들이 상당수 있었으리라 여겨진다. 이들은 공식적인 업무를 담당하지 않는 하급군병으로

---

159 조성윤, 「조선후기 서울 주민의 신분 구조와 그 변화」, 연세대학교 사회학과 박사학위논문, 1992, 189~191면.

서 시정의 왈자 집단으로 세력을 떨쳤을 것이다.

액정서, 의금부, 형조와 같은 세력 있는 관청의 말단에 있던 군병들은 서로 대결을 벌이는 일이 잦았다고 하는데, 이들의 다툼은 서울 시정의 대민 관계에서 생기는 이권을 차지하려는 대결이었다고 할 수 있다. 가장 강력한 집단으로 인정받아 시정을 기반으로 살아가는 상인이나 예능인 등의 활동을 간섭하게 되었던 것이다. 그들은 암묵적인 거래 관계를 형성하여 시정의 오락 유흥을 장악할 수 있는 기반을 마련하였다고 할 수 있다.

서울의 시정문화에서 왈자 집단은 스스로 예능인들의 고객이 되는 경우가 있었고, 더 나아가 예능인과 고객을 연결하는 일종의 매니저가 되는 경우도 있었다. 〈산대도감극〉과 같이 장터나 마당 공간에서 익명의 다수 관객을 상대로 흥행하는 종목의 경우 공연 장소의 선정, 공연 활동의 보호, 공연장의 질서 유지 등 공연 오락의 수요 공급을 조절하는 역할을 수행하였다고 할 수 있다.

왈자 집단이 시정의 흥행 활동에 가세하는 상황은 민간의 오락적 수요가 팽배하여 공연오락이 많은 물질적 이윤을 보장해주었다는 사실을 말해준다. 그것은 서울의 인구 증가 및 도시 팽창 현상과 맞물려 있다. 조선후기 서울은 외방의 유민(流民)들이 유입되어 인구가 크게 증가하였는데, 새로운 도시민들은 서부의 성바깥 지역인 반석방(盤石坊), 용산방(龍山坊), 서강방(西江坊)에 집중적으로 모여 살았다고 한다.[160] 이들 지역은 용산, 마포, 서강 등 서울에서 가장 규모가 큰 포구가 자리 잡고 있으며 남대문 밖의 칠패 시장 등 상권과 연결되어 있던 곳이다.

새로운 도시민들은 이러한 상업 지역을 터전으로 삼아 생계 활동을 하는 동시에 시정의 놀이패가 벌이는 각종 공연예술에 대한 익명의 다수 관객이 되었다고 할 수 있다. 현전하는 탈춤이나 인형극에 칠패, 용산, 마포 등의 지명이 등장하고 있어 이 지역이 놀이패들의 흥행 활동에서 매우 중

---

160 앞의 논문, 45~47면.

요한 터전이었다는 사실을 알 수 있다.

서울 시정에서 활동한 놀이패로는 '사직골 딱딱이패'가 실명으로 남아 있고 나머지는 애오개, 송파, 노량진 등 지역에서 활동한 산대도감패로 통칭하고 있다. 산대도감패는 경중우인을 중심으로 구성된 서울지역의 놀이패를 말한다.[161] 산대나례가 거행될 때만 산대도감(나례도감)에 상송되는 외방재인과 달리 경중우인은 평상시 서울에 살며 의금부의 관리 아래 궁정의 오락 유흥에 복무하였다. 따라서 외방재인과 변별하여 '산대도감'이라는 부가 가치를 달고 활동할 충분한 권리와 이유가 있었다.

영조 1년(1725) 중국사신을 영접하는 행사를 담은 화첩 「봉사도(奉使圖)」에 산대나례의 장면이 나타난다. 화면 오른쪽에 바퀴를 달아 끌고 다닐 수 있게 한 예산대가 보인다. 기암괴석으로 만들어진 산에는 절간이며 누정과 같이 산에 있음직한 건물들이 세워져 있고 소나무가 장식되어 있다. 바위 사이에는 동굴처럼 몇 개의 빈 공간이 마련되어 있는데 한쪽에는 분홍저고리에 다홍치마를 입고 춤추는 여인이 있고 다른 쪽에는 삿갓을 쓰고 낚싯대를 들고 있는 남자가 있다. 이들보다 위쪽에는 원숭이가 나무에 매달려 있는 모습도 나타난다.

연산군의 삼신산 퍼포먼스에서 영충산과 진사산의 잡상들을 떠올려보면 산대 잡상은 어떠한 극적 장면을 연출해서 보여주었다는 사실을 알 수 있다. 관객이 산대 잡상의 의미를 파악하기 위해서는 표정과 동작으로 인물의 성격을 표현하고 인물간의 관계를 보여주어야 하기 때문이다. 산대 위의 잡상들은 전형성을 띠는 상황이나 세간에 잘 알려진 이야기의 한 장면을 재현하였다고 할 수 있다.

예산대의 잡상 가운데 낚시꾼은 위수(渭水)에 곧은 낚시를 드리고 세월을 낚았다는 강태공일 가능성이 크다. 강태공이 낚시하는 모습은 조선시

---

161 경중우인이 산대도감패라는 사실에 대해서는 전경욱, 『한국 가면극 그 역사와 원리』, 열화당, 1998, 148~155면 참조.

대 민화에도 자주 등장한다. 잘 알려진 이야기를 시각적으로 재현한다는 측면에서 산대 잡상 놀이는 민화의 원리와 상통한다. 실제로 산대의 잡상을 꾸미는 데 있어 당대에 널리 유통된 민화의 장면이 유용하게 쓰였을 것이다.

서울 시정의 산대도감패들은 의금부나 포도청, 용호영 등 소속 관청의 비호를 받는 특권을 누렸다. 의금부는 곧 이전 시기의 나례도감(산대도감)이었으며 포도청은 의금부의 역할을 이어 조선 후기 서울 시정의 연예 활동을 장악하였다. 경중우인들은 이들 관청의 관노이거나 하급 군병인 경우가 있었으므로 여러 경로로 친연 관계를 유지하였다. 이 과정에서 왈자인 포도부장이 〈산대도감극〉의 막강한 주인공으로 등장하게 되었던 것이다.[162]

「봉사도」에 묘사된 산대나례와 비슷한 시기에 이름을 날렸던 광대 광문의 기록인 「달문가」에 의하면, 좌우산대를 거행할 때 서울 장안의 왈자들이 그를 귀신 모시듯 떠받들었다고 한다. 박지원의 「광문자전」에서도 광문이 왈자들을 탄복시킨 기상으로 친구가 되었다는 일화가 나온다. 「봉사도」에 묘사된 산대나례가 거행되었던 1725년에 광문은 19살이었으니 그가 그림 속의 장면처럼 중국사신을 위한 산대나례에서 활약했을 수도 있다.

경중우인들은 궁정 등 상층사회를 위하여 복무하면서 얻은 특권을 활용하여 스스로 상업 활동에 나서기도 하였다. 산대도감패는 교통의 요지인 애오개를 비롯하여 마포, 서강, 용산, 노량진, 송파 등으로 이어지는 경강지역의 상업문화를 기반으로 성장하였다.[163] 경중우인의 일원으로 알려진 반인(泮人)들은 쇠고기를 판매하는 현방(懸房)을 직접 운영하였다는

---

162 사진실, 「조선시대 서울지역 연극의 공연상황」, 『한국연극사 연구』, 351~352면.
163 조동일, 『탈춤의 역사와 원리』, 홍성사, 1979, 85~87면; 사진실, 「조선시대 서울지역 연극의 공연상황」, 『한국연극사 연구』, 385~387면.

견해가 있다.[164] 쇠고기 도축업과 판매를 담당한 반인들이 동시에 산대도 감패의 일원이었다기보다는 반인 가운데 일부는 도축업에 종사하고 일부는 예능인으로 활동하였을 가능성이 있다. 다음의 기록은 반인과 산대도 감패의 밀착 관계를 보여준다.

지난달 20일경 반인의 무리가 마침 청나라 사신들을 위한 산붕놀이가 정지되는 때를 맞아, 각자 돈을 모아 산붕놀이의 도구를 빌려 이틀간 성묘(聖廟)의 뒤에 산붕을 설치하고 기이한 재주를 두루 펼치고 음란한 음악을 크게 베풀었다. 재(齋)를 올리는 유생들이 또한 달려가 모여들어 구경하였다. 아! 산붕놀이는 청나라 사신을 환영하여 제공하는 도구인지라 공자를 모시고 공부하는 곳 가까이서는 할 수 없는 것이다. 반인의 무리들이야 비록 어리석고 무식하여 이런 해괴한 일을 했다고 치더라도, 성균관의 재를 맡은 자들에 대해서는 마땅히 그때에 엄금했어야 한다.[165]

영조 12년 청나라 사신을 위하여 준비한 산붕놀이가 정지되자 반인의 무리들이 산붕놀이에 필요한 여러 가지 도구들을 빌려 놀이판을 벌였다는 내용이다. 산붕놀이는 산희와 야희를 포함한 〈산대도감극〉으로 보아 무방하다. 그런데 위의 기록만으로는 반인들이 직접 연행자였다는 말인지 별도의 산대도감패를 끌어들였다는 말인지 분명하지 않다. 스스로 연행자였다면 굳이 돈을 모아 주고 빌릴 까닭이 있겠는지 의문이 생길 수 있다. 공연 도구와 함께 놀이패를 불러들였다는 말이 없으므로 별도의 산대도감패를 상정하기도 쉽지 않다.

서명응(徐命膺, 1716~87)이 쓴 「안광수전(安光洙傳)」에 따르면 반인들은 성장하면 노름판을 돌아다니거나 협객 노릇을 하며, 상업에 종사하는

---

164 전경욱, 『한국가면극 그 역사와 원리』, 149~151면.

165 『승정원일기(承政院日記)』 45권, 영조 12년 2월 20일.

일이 많았다고 한다.[166] 성균관에서 사용할 쇠고기를 공급하던 반인들이 서울 시정에 쇠고기 판매상인 현방을 운영하였다는 사실과 결부시켜 보면, 반인들이 왈자 집단과도 유사한 성격을 지녔으리라 여겨진다. 왈자들은 시정의 유협(遊俠)을 자처하며 조선후기 서울지역의 오락 유흥 문화를 장악하였으며 도시의 상공인이 추구하는 새로운 민간 질서의 옹호자로 알려진 전형적인 시정인(市井人)이었다.[167]

반인들이 왈자 또는 유협의 성격을 지녔다고 본다면 그들과 산대도감패의 관계는 소비자와 생산자의 관계일 수 있다. 또한 반인들이 사업 수완을 발휘하여 산대도감패를 끌어들여 흥행을 도모하였을 가능성도 있다. 산붕놀이 현장에 몰려든 성균관 유생들은 반인의 무리가 도모한 공연 행사의 고객이 되는 셈이다.

1860년대 형성된 소설「게우사」에서 왈자 집단의 선유놀음에 동원된 산대도감패의 모습이 나타난다.[168] 소설 속 주인공 김무숙은 경강지역을 무대로 상업에 종사하였으며 서울 시정에서 이름난 왈자였다. "좌우편 도감(都監) 포슈 급피 불너 긔게 시화복 시탈 션유쩐 딕령ᄒ라 이천양식 닉여쥬고"에서 좌우편 도감은 나례도감인 의금부가 아니라 놀이패인 산대도감을 가리킨다. 1860년대에는 이미 국가적인 산대나례가 폐지되어 더 이상 나례도감이 설치되지 않았기 때문이다.

무숙이가 이천 냥씩 주어 산대놀음을 준비하라고 하였으니 돈을 받고 흥행하는 놀이패임을 알 수 있다. 경중우인은 본래 의금부의 관리를 받았지만 국가적인 산대나례를 거행할 때는 좌우 나례도감으로 나뉘어 활동하였다. 그 계통이 이어져 산대도감패에도 좌우편이 있었던 것 같다.

무숙이가 주선한 '슌두노름(산대놀이)'에는 산희가 포함되어 있었다.

---

166 강명관,「서울의 게토 반촌」,『조선의 뒷골목 풍경』, 푸른역사, 2003 참조.

167 박희병,「조선후기 民間의 游俠崇尙과 游俠傳의 성립」,『한국한문학연구』, 제9·10 합집, 한국한문학연구회, 1987, 321~327면.

168 김종철,「게우사(자료소개)」,『한국학보』65집, 일지사, 1991, 229~230면.

"유선(遊船) 둘을 무어닉되 광(廣)은 준득 습십발니요 장(長)은 오십발식 무어닉되 물 흔 점 드지 안케 민픞 갓치 줄 무으라"고 한 것은 배를 묶어 무대와 객석으로 쓸 놀잇배를 마련하는 내용이다. 배를 몇 개씩 묶어 만든 선상 무대의 모습은 조선 후기 기록화인 「평양감사향연도」 등에 잘 나타나 있다. "보긔판(補階板) 빗기 듸어 강승 육지 숨어 노코"라 하였으니 유선 위에 보계판을 대어 강 위의 육지처럼 평평하게 만들었다는 말이다.

그 뒤로 이어지는 "좌우슨 망석(曼碩)츔은 구름 속의 넘노난 듯"이라는 내용과 직접 연관 짓는다면 두 개의 유선 위에 좌우의 산대를 설치하고 '망석(曼碩)츔'을 공연하였다고 파악할 수 있다. '망석(曼碩)츔'은 유득공이 산희로 소개한 '만석승무(曼碩僧舞)'와 같다. 박지원의 「광문자전(廣文者傳)」에서 광문의 장기로 알려진 〈만석희(曼碩戲)〉와도 연관이 있다.[169] '망석(曼碩)츔'은 결국 산희, 곧 산대 잡상 놀이의 일종이라고 할 수 있다. "슨두노름 긔게 싀화복 싀탈"에서 '슨두노름 긔게'란 산희를 위한 도구라면 '싀화복 싀탈'은 야희인 탈춤을 위한 의상과 탈이라고 여겨진다.

산대도감패가 산희를 공연할 수 있었던 것은, 그들이 이전 시기 의금부(나례도감)에 속해 있던 경중우인의 계보를 이었기 때문이라고 여겨진다. 산대를 만들어 잡상을 놀리는 산희는 궁정 공연문화의 레퍼토리로 전승되었다. 기획이나 연출은 의금부 등 나례도감의 실무자들이 개입하였으나 실제로 산대를 만드는 일은 장인들이 맡아 하였고 공연은 경중우인이 맡아 하였을 것이다. 궁정 공연문화의 전통을 잇는 산희는 비용이 많이 들어 평상시 민간 놀이패의 공연종목이 될 수 없었다. 산대나례와 같은 국가적인 행사에서 재정적인 지원을 받아 산대를 만들 수 있었기 때문이다.

광화문 앞에 붙박이로 세우는 대산대(大山臺)의 전통이 폐지되고 예산대만으로 산대나례를 거행하게 된 것도 산대를 만드는 비용을 절감하기 위해서였다.[170] 예산대는 바퀴가 달려 있으므로 사용하고 나서 보관하였

---

169 사진실, 「조선시대 서울지역 연극의 공연상황」, 『한국연극사 연구』, 305~309면.

다가 다시 사용할 수 있었다. 예산대를 보관하였다가 수리하여 쓰는 일은 나례도감인 의금부와 경중우인의 몫이었다고 여겨진다. 특히 병자호란 이후 산대나례의 주요 업무가 재인청으로 이관되면서, 산대의 전통을 유지하는 데 경중우인의 역할이 커졌다고 추정할 수 있다. 경중우인이 주축이 된 산대도감패가 활동을 시작한 것도 비슷한 시기였으리라 여겨진다.

산대도감패는 산대를 만들어 보유하지는 못하였지만 실무 관청에서 관리하는 예산대를 사용할 수 있었다고 하겠다. 이때의 실무 관청이란 의금부나 포도청 및 용호영 등이었을 것이고 실무자들이란 하급 무관과 군병들로 서울 시정의 왈자 집단을 구성한 부류였을 것이다. 경중우인과 왈자 집단의 친연 관계를 다시 상기해보면 산대도감패가 민간에서 산대를 사용하였을 가능성이 있다. 왈자 무숙이의 선유놀음에서 좌우 산대를 세우고 산희를 공연한 사실이나 반인들이 산붕놀이를 위한 도구를 빌려 놀이판을 연 사실을 납득할 수 있다.

그러나 산대를 사용한 산희는 민간 놀이패가 지속적으로 흥행할 수 있는 공연종목이 될 수는 없었다. 다만 사대부가나 시정 부호들의 계기적인 지원을 받아 필요한 도구를 빌려 산희를 연출했던 것 같다. 사대부가에서 산대를 설치하고 철괴(鐵拐), 만석(曼碩)의 음란한 놀이를 하는 세태가 있었다고 한다.[171] 앞서 언급한 것처럼 반인이나 왈자 집단과 같은 유협들이 흥행사가 되어 산대도감패의 공연을 주선했을 가능성도 있다. 그러나 〈산대도감극〉의 두 종류인 산희와 야희 가운데 도구의 사용이 번거롭고 비용이 많이 드는 산희는 시장성이 떨어진다고 할 수 있다. 〈산대도감극〉에서 산희가 사라지고 야희인 탈춤으로만 전승된 까닭이 여기에 있다고 하겠다.

조선후기 서울을 중심으로 상업지역이 확대되면서 공연상품의 시장도

---

170 사진실, 「산대의 변천과 무대미학」, 『공연문화의 전통』, 태학사, 2002, 182~188면.
171 이덕무, 『국역 청장관전서』 6, 민족문화추진회, 1980, 원문 80면.

확장되었다. 상업지역을 중심으로 이루어지는 공연공간은 개방공간이다. 개방공간에서는 공연예술의 수요와 공급이 시장의 원리에 의하여 지배된다. 따라서 배우 집단은 더욱 많은 수요를 창출할 수 있는 공연종목을 개발하고 더 많은 보상을 확보할 수 있는 방식을 모색하게 된다.

산대도감패와 같은 놀이패들은 상인들과 연합하여 흥행을 도모하는 방식을 선택하는 경우가 많았다. 상인들은 상품을 살 고객을 불러 모으는 방편으로 놀이패의 공연을 이용하고 놀이패들은 상인들로부터 후원을 받을 뿐 아니라 장터에 모여든 다수 관객으로부터 수입을 얻을 수 있었다. 장터의 모습을 묘사한 다음 시에서 그러한 상황을 엿볼 수 있다.

> 문득 슬슬 걸어서 큰 길을 지나가는데,
> 와자지껄 하며 너니 나니 소리가 들리는 듯.
> 팔고 사는 일이 끝나 놀이 벌일 것을 청하니,
> 배우들의 복색이 놀랍고도 괴상하구나.
> 우리나라 줄 타는 곡예 천하에 다시없어
> 줄 타고 공중잽이 하는 것이 거미가 매달린 것 같네.[172]

상품의 매매가 끝나고 나서 놀이가 벌어졌다고 하였다. '놀이 벌일 것을 청했다'는 것으로 보아 재인들이 스스로 흥행을 시도한 것이 아니라 대가를 이미 지불했거나 지불하기로 약속한 주체가 따로 있었다고 할 수 있다. 그 주체는 상인일 수도 있고 공연을 기대하는 고객일 수도 있다. 전자의 경우라면, 상인이 볼거리 제공을 전제로 고객을 확보하여 어느 정도 물건을 팔고 나자 약속대로 놀이패에게 공연을 청한 것이라고 할 수 있

---

172 박제가, 『貞蕤集』, 詩集 3권.
忽若閒行過康莊, 如聞嘖嘖相汝爾.
賣買旣訖請設戲, 伶優之服駭且詭.
東國撞竿天下無, 步繩倒空絚如蟢.

다. 후자의 경우라면, 물건을 산 고객이 약속대로 공연을 하라고 청한 것이라고 할 수 있다. 상인들은 물건을 판 돈 가운데서 일부를 놀이패에게 지불하였을 것이다.

상업 활동의 유통 경로는 놀이패들의 흥행 경로였다고 할 수 있다. 특정한 상인 집단과 연합하는 경우가 아니라 할지라도 상품 매매가 이루어지는 포구나 도시, 그 사이를 연결하는 교통로, 역참(驛站) 등은 놀이패들의 흥행 활동을 위한 최적의 여건을 갖추었다고 여겨진다.

(세미를 수납하기 위해서) 창촌(倉村)을 열려고 할 때는 미리 방을 내걸어서 잡류들을 엄금해야 한다. 창촌에서 출입을 금해야 할 자들은 첫째, 우파(優婆: 우리말로 사당), 둘째, 창기(娼妓: 늙은 퇴기도 금한다), 셋째, 주파(酒婆: 소주 약주 따위를 앉아서 파는 여자), 넷째, 화랑(花郞: 무당의 남편을 우리말로 광대라고 한다), 다섯째, 악공(樂工: 가야금 타고 피리 부는 자와 가객들), 여섯째, 뇌자(儡子: 우리말로 초라니), 일곱째, 마조(馬弔: 투전), 여덟째, 도사(屠肆: 소 돼지를 잡는 자들)이다. 이 여덟 가지 잡된 무리들은 성색과 주육으로 온갖 유혹을 하여 창촌의 관리가 이에 빠지고 뱃사람들도 이에 빠지곤 한다. 씀씀이가 과람하고 탐욕이 더욱 깊어지면 함부로 부정하게 거두어 들여서 그 모자람을 메우려 할 것이니 이것들을 마땅히 엄금하여야 한다.[173]

조창(漕倉)이 있는 포구 등에는 온갖 놀이패와 장사치들이 모여드니 빠져들어서는 안 된다는 지침이다. 뇌자(儡子)는 특히 인형극과 가면극, 곡예 등의 재주를 겸비한 부류로 집단적인 공연을 통해 떠들썩한 분위기를 연출하기 때문에 장터의 상인들과 연합하여 공생할 수 있는 장점을 지니고 있었다. 산희와 야희를 겸비한 산대도감패도 뇌자의 부류에 속한다고

---

173 정약용, 『역주 牧民心書』 2, 창작과비평사, 1979, 258면.

할 수 있다. 이들 놀이패들은 전국적인 상품의 유통 경로를 타고 서울의 시정에서 외방의 도시까지 두루 흥행 활동을 벌였다고 하겠다. 다음의 몇 가지 근거들은 외방의 탈춤이 서울까지 진출하여 활동했다는 근거가 된다.

> (가) 동래야류 대사에 말뚝이의 할아버지가 무학관(舞鶴館) 마당에서 땅재 주를 하였다는 내용이 있다.
> (나) 동래야류 및 수영야류 대사에 서울 남대문 밖의 칠패가 나온다.
> (다) 봉산탈춤 할미과장에 용산 삼개 덜머리집이 등장한다.

(가)는 외방재인들이 서울에 상송되어 중국사신을 영접하는 좌우산대를 설행하였던 전통 때문에 들어 있는 내용이다. 중국사신이 오면 서울에 입성하기 전 모화관에서 묵고 그 앞마당에서 여러 가지 놀이를 베풀었다.

극중인물 말뚝이의 할아버지가 모화관에서 곡예를 한 시기는 임금의 환궁 의식으로서 산대나례가 폐지된 이후다. 임금을 위한 광화문 앞 산대나례에 참여했다면 중국사신을 위한 모화관 산대나례보다 훨씬 강력한 자부심을 지니게 되었을 것이다. 동래야류의 전승자들이 모화관에서 거행한 산대나례의 경험만을 언급하여 전승한 것은, 동래 지역의 외방재인들이 1636년에서 1784년 사이에 서울로 상송된 경험을 갖게 되었다는 것을 의미한다. 산대나례는 일시 폐지되었다가 1636년 병자호란 이후에 청나라 사신을 위한 의전인 산대나례만 다시 시행하게 되었고 1784년에는 이것마저도 폐지되기 때문이다.

「갑신완문(甲申完文)」이나 「경기도창재도청안(京畿道唱才都廳案)」에서 사신 접대를 위한 좌우산대만을 언급하고 있었던 사실도 같은 맥락에서 설명된다. 병자호란 이후 재개한 산대나례는 국가 주도의 나례도감이 아닌 팔도 재인청이 주관하게 되었기 때문이다. 궁정문화의 산물인 산희는 예전대로 유지하되 민간문화의 산물인 야희는 더욱 다채로운 공연종목을 선보이게 되었을 것이다.

(나), (다)는 외방의 탈춤 대사에 서울 시정의 이름이 나타난 경우이다. 물론 왕래의 경험과 무관하게 특정 지역의 지명이 언급될 수 있다. 그러나 칠패, 용산, 삼개[麻布]는 공통점이 있다. 1636년 이후 외방의 재인들이 놀이패 단위로 서울에 진출하면서 좌우산대를 거행했을 뿐만 아니라 상업적 유통 경로를 따라 외방의 놀이패들이 서울 시정에 진출하였다는 방증 자료가 될 수 있다.

조선전기의 상황은 외방재인이 서울에 머물면서 활동하는 것을 엄격히 규제하려고 하였지만 조선후기는 그러한 제도적 규제가 완화될 수밖에 없었다. 적어도 조선후기에 상업 지역으로 발달한 경강지역으로 진출하여 흥행하는 것은 비교적 쉬운 일이었다고 할 수 있다. 서울지역이 확대된 것은 상업 지역, 곧 시정이 확대되었다는 것을 의미한다. 조선후기 서울의 5부 가운데 서부 지역은 성안보다 성 밖의 인구가 급증하였는데, 그것은 전국적인 상품 유통의 중심지로 성장하고 있던 서울에 외방에서 새로운 인구가 끊임없이 흘러 들어와 신흥 촌락을 형성하였기 때문이라고 하였다.[174] 서부의 성 바깥에 바로 서울의 3대 시장의 하나인 칠패가 지리 잡고 있다.

한편, 서부의 성 바깥은, 서대문과 남대문까지 이어지는 반석방, 남대문을 나서면서 한강에 이르는 용산방과 서강방으로 이루어져 있다. 이들 지역은 용산, 마포, 서강 등 가장 규모가 큰 포구가 자리 잡은 곳이다. 칠패, 용산, 마포는 주로 외방에서 유입된 인구와 물자로 형성된 대규모 상권이었다. 용산, 마포 등 경강지역은 조선후기 이후 상업 중심지로 발달한 지역인데, 주로 영세한 소상인과 임노동자가 거주하였지만, 경강부민(京江富民), 경강부상(京江富商), 경강무뢰배(京江無賴輩)라고 불리는 부자들이 활동하였다고 하는데 경강상인들은 주로 해로를 이용한 유통업에

---

174 이하 서울지역의 인구 변화와 그 의미에 대해서는 조성윤, 「조선후기 서울 주민의 신분 구조와 그 변화」, 46~51면 참조.

종사하여 19세기에는 포구를 중심으로 하는 시장권을 장악하는 대상인으로 성장하였다고 한다.

외방의 도시탈춤에서 이러한 신흥 상업 지역의 이름이 거론되는 것은 놀이패들의 흥행 경로가 이들 사상(私商)들이 중심이 되어 활동하는 상품의 유통 경로와 같았다는 사실을 보여준다. 도시탈춤이 지니는 서울지역 관련 요소들은 이러한 활동 양상에 근거를 두고 있다고 할 수 있다. 물론 산대나례를 거행하기 위하여 서울로 상송되었을 때 각 지역의 공연종목들이 서로 교류한 결과이기도 하다.

서울지역의 탈춤인 〈산대도감극〉 역시 확장된 시정이라 할 수 있는 경강 지역과 관계가 깊다. 산대도감패의 활동무대로 알려진 서울의 여러 지역 가운데 애오개[阿峴]는 도성에서 경강 지역의 중심지인 서강으로 가는 육상 교통의 길목이었으며 노량진은 경강 지역의 나루이다. 이들 지역을 중심으로 활동한 산대도감패는 서울의 경강 지역 상권과 밀착 관계에 있었다고 할 수 있다.[175]

결국, 육로와 해상 교통로를 통하여 서로 유기적으로 연결되는 전국적인 상업 유통망을 타고 외방의 놀이패가 서울 시정으로 진출했을 뿐만 아니라 서울지역의 놀이패가 외방의 도시로 가서 흥행 활동을 벌였던 상황을 상정할 수 있다. 그러나 유통망의 중심에 위치한 서울 시정은 어느 상업 지역보다 많은 이익을 기대할 수 있는 지역이었다.

이러한 장점은 당시 서울의 도시적 발달에 따르는 여러 가지 공연상황의 변화와 맞물려 각 지역의 예능인이 시장을 찾아 모여드는 현상을 초래하였다고 할 수 있다. 이전 시기에 제도로써 억제되어 있던 외방과 서울, 궁정과 시정의 경계를 넘어서서 각종 예능인이 경강지역을 비롯한 서울 시정으로 몰리게 된 것이다. 그 결과 서울의 도시적 분위기에서 공연문화의 혁신이 이루어졌고 탈춤 등 민간극이 형성되었다고 할 수 있다. 외방

---

175 조동일, 『탈춤의 역사와 원리』, 85~87면.

각지의 놀이패들은 조선전기 서울의 궁정에서 만나 교류한 것이 아니라 조선후기 시정에서 만나 교류하였던 것이다. 현전하는 각 지역 탈춤의 유사성은 이러한 측면에서 설명할 수 있다.

11) 산대탈의 전승을 통해서 본 〈산대도감극〉의 변천

탈은 연희자의 얼굴에 씌워지면서 온전한 인격을 지닌 극중인물로 창조된다. 연희자의 얼굴에서 탈이 벗겨지면 말과 행동을 잃은 채 얼굴만 남게 되지만, 얼굴이 지닌 대표성을 생각할 때 절반의 인격은 유지한다고 할 수 있다. 따라서 탈은 단순히 극중인물로 전환하는 도구 이상의 의미를 지녀 특정한 성격과 상징성을 유지한 물질적 실체인 우상(偶像)으로 인식된다. 탈춤을 시작하면서 탈을 모셔놓고 고사를 올리는 등의 행위는 그러한 특성을 반영한 것이다. 탈춤패가 우두머리를 정점으로 조직을 구성하듯이 한 벌의 탈도 극중인물의 성격과 관계를 바탕으로 하는 위계질서와 조직이 있다고 할 수 있다. 따라서 한 벌의 탈을 구성하는 개체의 변이는 아주 신중하고 더디게 일어날 것이며 그 전승과 변이의 양상은 의미 있는 정보를 담게 될 것이다.

이 논의에서는 현전하는 산대탈의 전승과 변이에 주목하여 산대놀이 변천 과정의 단서를 찾고자 한다. 산대놀이의 변천 양상은 한국연극사 연구의 주요 쟁점 가운데 하나이다. 국가적 의전 행사인 산대나례(山臺儺禮)와 탈춤 산대놀이의 관계, 본산대놀이와 별산대놀이의 전승과 변이 양상, 서울지역 산대놀이와 지방의 도시탈춤 사이의 계통 관계 등이 지금도 학계의 논란이 되고 있다. 강이천(姜彝天, 1768~1801)의 서사시 「남성관희자(南城觀戱子)」가 소개되면서 18세기 서울지역 산대놀이의 공연 내용이 드러났고 1930년본 「산대도감극각본」과 견주어 산대놀이의 변천 양상에 대한 논의가 진전되었다. 그러나 「남성관희자」는 관극시(觀劇詩)이지 채록본이 아니므로 시의 묘사 내용에 전적으로 의존할 수 없는 한계를 지니고 있다. 시의 묘사 내용은 시인의 시선에 따라 취사선택될 수 있기 때문이다.

필자는 「남성관희자」에 나타난 포도부장과 말뚝이의 존재와 성격 변화에 주목하여 서울지역 산대놀이와 지방 도시탈춤의 연관성을 논의하였다.[176] 서울지역의 오락유흥문화를 장악한 중간층을 대표하는 포도부장은 서울지역 산대놀이의 주요 고객이자 후원자였고, 그러한 현실적 배경 아래 강력한 힘의 표상인 무부(武夫) 포도부장이 주인공으로 등장하였다고 보았다. 반면 시에 묘사된 하인 말뚝이의 존재감은 극히 미약하다고 지적하고, 현전하는 말뚝이는 농촌탈춤에서 발전한 도시탈춤의 단계에서 성장하였다고 하였다. 그러나 18세기 후반 서울지역의 산대놀이에서 말뚝이의 존재가 미약했다는 추정은 단지 「남성관희자」에 말뚝이에 대한 묘사가 나타나지 않는다는 사실에 의거하고 있기 때문에 더욱 객관적인 입증이 요구된다.

18세기 산대놀이의 대본이 남아 있지 않은 상태에서 특정한 극중인물의 비중이 어떠했는지 또는 특정한 극중사건이 있었는지 여부를 가릴 수 있는 결정적인 단서를 찾기는 어렵다. 그러나 현재 유물로 남아 있는 산대탈의 실상을 통하여 구전이나 문헌 기록을 보완할 수 있는 근거를 마련할 수 있다. 탈춤의 텍스트와 마찬가지로 탈이라는 도구 역시 적층적인 전승과 변이라는 공식을 통해 제작되어 왔을 것이다. 탈춤의 채록본이나 연희본은 통시적인 전승과 변이가 하나의 텍스트 안에 공존한다면 탈유물은 어느 한 시기 탈춤의 단면을 보여준다. 탈의 사용 연대를 비정할 수 없는 경우라도 두 벌 이상의 탈을 비교하여 선후 관계를 확인할 수 있는 장점이 있다. 특히 한 벌의 완결된 구성을 갖춘 탈이라면 극중인물의 존재와 극중사건의 구성에 대한 해답을 줄 수 있고 관극시나 채록본과 견주

---

176 사진실, 「조선시대 서울지역 연극의 공연상황」, 『한국연극사 연구』, 태학사, 1997, 358~362면.

어 산대놀이의 변천 과정에 대한 중요한 논거가 될 수 있다.

필자는 1998년 퇴계원산대놀이 복원팀과 함께 '퇴계원산대놀이 그 부활의 기록'이라는 다큐멘터리 제작의 자문을 위해 서울대박물관 소장 산대탈을 직접 확인할 수 있었다. 퇴계원 산대탈의 원형을 찾고자 했던 복원팀의 기대와 달리 당시 확인한 목제탈들은 모두 퇴계원산대놀이의 탈로 보기에는 무리가 있었다. 퇴계원산대놀이에 사용했다고 추정되는 기록이 있는 탈은 두 점 뿐이었는데, 함께 소장된 다른 탈과 비교할 때 얼굴형이나 이목구비의 표현 방식, 색채감 등이 크게 달라 한 벌로 보기 어려웠다. 복원팀도 이러한 사실을 인정하였으나 같은 목제탈이라는 사실과 귀가 표현되었다는 공통점 등을 들어 서울대 박물관 소장 산대탈을 모두 퇴계원산대탈의 원형으로 삼았다.[177]

퇴계원산대탈의 제작은 학술적인 고증과 상관없이 이루어진 '왜곡'이라고 말할 수 있다. 그러나 미래의 어느 시점에서 산대놀이의 역사를 바라볼 때 이 사건은 '왜곡'이 아닌 '전통의 창조'일 수 있다. 탈의 복원이 절실한 시점에서 연희 주체의 선택에 따라 한 벌의 탈이 재창조되었기 때문이다. 수백 년 이상 이어진 산대놀이의 전통에서도 이러한 인위적인 선택에 의한 급격한 변이가 발생했을 것이다. 탈 한 벌이 이미 갖추어진 경우 변이는 매우 더디게 일어나지만 특정한 계기를 통하여 새로운 한 벌이 만들어지는 경우 전면적인 재창조와 변이가 발생할 수 있다. 현전하는 탈유물 역시 처음 제작될 당시 급진적인 변이를 거쳤을 것이고 이미 체계를 갖춘 한 벌은 개체 변화에 매우 신중했으리라는 전제 아래 이 논의는 진행된다.

서울대학교 박물관에는 비교적 완결된 구성을 갖춘 산대탈이 두 벌 소장되어 있다. 1930년대 경성제국대학 교수였던 다카하시 도루[高橋亨]의 회고에 따르면 양주 출신 산대놀이패가 1929년 조선박람회 공연 이후 단

---

177 영상자료, KBS 수요기획 「퇴계원산대놀이 그 부활의 기록」, 1998.10.28.

체를 해산했는데 그 가면들이 경성제국대학 토속연구실에 보관되었다고 하였고, 그 우두머리인 조종순을 초청하여 산대도감극의 유래와 내용을 채록했다고 하였다.[178] 서울대 박물관 소장 산대탈은 1778년 「남성관희자」와 1930년 조종순이 구술한 「산대도감극각본」이 정착된 시점 사이에 사용되었기 때문에 산대놀이의 변천 양상을 재구하는 데 유효한 단서를 제공할 것이다.

본문의 논의에서는 2장에서 서울대 박물관의 실사 결과를 바탕으로 산대탈의 전승 현황 및 관련 저술에 나타난 산대탈의 소개와 인식 양상에 대해서 논의할 것이다. 3장에서는 목중탈, 완보탈, 말뚝이탈의 전승과 착종 양상을 다루고 4장에서는 1930년본 「산대도감극각본」과 비교하여 완보탈과 말뚝이탈의 착종 양상이 생겨난 원인과 의미를 탐색하여 산대놀이 변천 과정의 단서를 밝히고자 한다.

(1) 서울대 박물관 소장 산대탈의 전승 현황

서울대학교 박물관에는 1930년 이전 수집된 것으로 알려진 유물번호 〈252번〉 목제탈, 유물번호 〈1177번〉 바가지탈, 유물번호 〈1179번〉 바가지탈 등 세 종류의 산대탈이 소장되어 있다. 〈252번〉 목제탈은 궁중 산대놀이나 퇴계원산대놀이의 탈로 알려졌고 〈1177번〉 바가지탈은 1929년 조선박람회 공연을 끝내고 팔았다는 양주산대놀이의 탈로 알려졌다. 산대탈이 수집된 1930년 전후는 민속학이나 연극사 연구의 초창기였던 까닭에 박물관의 수집 과정에서 학술적 고증이 병행되기 어려웠을 것이다. 한꺼번에 수집되었다는 사실 만으로 출처가 다른 탈들을 같은 유물번호로 관리하다 보니 탈유물의 인식에 혼돈이 생기게 되었다. 이하의 논의에서는

---

178 다카하시 도뤼[高橋亨], 서연호 역, 「山臺雜劇에 대하여」, 『山臺탈놀이』, 열화당, 1987, 119면.

같은 번호로 소장되어 있다는 이유로 한 벌의 탈로 인식되었던 탈들에 대해 그 제작 방식이나 조형성 등을 고려한 면밀한 고증을 진행할 것이다. 특히 유물번호 〈1179번〉의 탈 세 점은 두 벌의 산대탈과 관련하여 혼선을 빚어온 사실이 확인되어 정확한 논의가 요구된다.

① 유물번호 〈252번〉 목각탈 및 목제탈

1927년 12월 5일 이성의(李聖儀)로부터 180원에 구입하였다고 하는데 유물대장에 기록된 23개의 탈이 모두 소장되어 있다. 모든 탈의 뒷면에는 이름이 표기되어 있는데, '상좌' 2, '여들음듬슴', '연닙', '눈끔적이', '목중' 5, '왜장녀', '이(아)사당' 2, '당녀', '노장', '원숭이', '쥐바리', '싀님', '보두부장', '신하라비', '미알할미', '八目僧', '墨僧三口' 등 모두 23개이다.

'八目僧', '墨僧三口'라고 표기된 탈에는 우측부터 세로로 '楊州郡退溪院里 山臺都監使用 景福宮造營當時'라는 기록이 함께 있어 퇴계원산대놀이의 유물로 알려지게 되었다. 작자 미상의 「기완별록(奇玩別錄)」에 의하면 1865년 경복궁 중건 사업을 축하하는 공연 행사에 산대놀이패가 등장한다.[179] 경복궁 중건을 위한 축하 행사에 퇴계원산대놀이가 공연되었다는 기록에 신빙성이 생긴 것이다. 그런데 두 개의 탈에 쓰인 이름은 '八目僧 パル モク チュン', '墨僧三口 ムク チュン セィ ニプ'와 같이 한자 표기와 일본어 발음이 병기되어 있는데 일본어 발음을 참고할 때 두 탈의 이름은 '팔목중'과 '묵중 세닙'이다. 탈의 제작자나 연희자가 직접 쓴 것이 아니라 누군가 탈을 넘기면서 알려준 이름과 사용 내력을 일본인 수집가가 뒷면에 적어놓은 것 같다. 경복궁 중건 당시 축하 행사에 퇴계원산대놀이가 공연되었다는 사실은 인정한다 할지라도, 두 점의 탈이 실제로 당시에 사

---

179 윤주필, 「경복궁 중건 때의 전통놀이 가사집『奇玩別錄』」, 『문헌과해석』 9호, 문헌과해석사, 1999; 사진실, 「산희와 야희의 전승과 변천」, 『공연문화의 전통』, 태학사, 2002, 376~379면.

용된 탈인지 아닌지는 판단을 유보해야 할 것이다.

두 개의 탈을 제외한 21개의 탈에는 한글로 이름이 표기되어 있는데, 탈보를 붙이면서 바느질로 이름이 가려진 경우가 많아, 탈보를 붙이기 전에 탈의 제작자나 사용자가 써넣은 이름이라는 사실을 알 수 있다. '아사당' 탈의 경우 얼굴에 칠한 하얀 물감이 검은 탈보에 묻어 있어 사용하던 탈을 보수하여 사용한 흔적도 나타난다. 산대놀이가 흥행되던 당시의 흔적과 함께 뒷면에 쓰인 이름은 연희자들 사이에 통용되던 것이라는 사실이 명확해진다.

'팔목중'과 '묵중 세닙'은 21점의 탈 가운데 목중탈과 겹치는데 제작 기법에서 큰 차이를 보인다. 21점의 탈에서 '목중'이라고 표기된 다섯 개의 탈 가운데 '팔목중', '묵중 세닙'과 색감이 유사한 두 점을 비교할 수 있다.

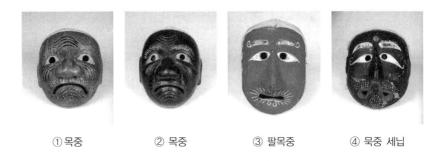

①목중   ②목중   ③팔목중   ④묵중 세닙

①과 ②는 얼굴 모양과 이목구비를 한꺼번에 조각하여 만들어 입체감이 두드러진다. 실물을 검토한 결과 ③과 ④는 나무로 얼굴의 틀을 만들어 소나무 껍질 등의 재료로 이목구비를 붙여 만들었다. 각각 목각탈과 목제탈로 구분하여 부를 수 있다.[180] 목각탈의 경우 불만에 가득한 표정을 익살스럽게 표현한 미감에서 전문 예술가의 예술적 감수성이 드러난다. ③과 ④는 ①과 ②에 비하여 투박하지만 한지를 얇게 말아 붙여 눈의 테두리를 표현하는 등 섬세한 기법을 사용하였다. 제작방식의 난이도를

---

180 이하에서는 〈252번〉 목각탈과 〈252번〉 목제탈로 구분하여 부르기로 한다.

고려할 때 직접적인 전승 관계인지는 확인할 수 없으나 ①과 ②의 목각탈이 ③과 ④의 목제탈보다 선행되었으리라 여겨진다.

서울대 박물관 소장 유물번호 〈252번〉은 ①과 ②를 포함한 21점이 목각탈 한 벌을 구성하고 그림 3)과 4)가 별개의 목제탈로 전해진 것이다. 21점의 목각탈은 김재철의 『조선연극사』에서 처음 언급되었다. 김재철은 본문의 제1편 제6장 '山臺劇假面의 構造'에서 당시 경성제국대학 민속학 참고실에 소장되어 있던 '목가면(木假面)' 가운데 15점의 형태, 크기, 색채 등에 대하여 설명하였다.[181] 같은 책의 삽도에는 본문에서 설명한 목각탈 가운데 12점이 실려 있다. 김재철은 목각탈을 연구하는 데 편의를 제공해준 아키바 다카시[秋葉隆]에게 감사를 표하였다. 경성제국대학에서 조선민속 강좌를 강의했던 아키바 다카시 역시 목각탈에 대한 설명을 남겼다.[182] 경성제국대학 진열관에 소장된 목제 가면이란 현재 서울대 박물관 소장 목각탈로, '중국 사신 환대를 위해 특별히 만들어져 희귀하게도 정성과 공이 들어 있다'고 하였는데 출처에 대한 구체적인 근거는 제시하지 않았다.

김재철의 『조선연극사』 이후 60년이 지나서 서울대 박물관 소장 목제탈이 다시 거론되기 시작하였다. 이두현의 『한국 가면극』에서는 14점의 목제탈을 참조 도판으로 싣고 있다.[183] 최상수의 『한국 가면의 연구』에서는 '양주 산대 가면극의 가면'이라 하여 23점의 목제탈을 소개하고 있는데[184] 서울대 박물관 소장 목각탈과 저자 소장의 탈을 구분 없이 소개하여 연구자들이 혼선을 빚을 우려가 있다. 전경욱의 『한국의 탈』에서는 전국 각지의 탈춤에 사용되는 탈의 현황을 수록하였는데, 예전 탈의 모습을 보여주면서 16점의 목제탈을 소개하였다.[185]

---

181 김재철, 『조선연극사』, 학예사, 1939, 103~111면.

182 아키바 다카시[秋葉隆], 서연호 역, 「山臺戲」, 『山臺탈놀이』, 117~118면.

183 이두현, 『韓國 假面劇』, 문화재관리국, 1969, 227~233면.

184 최상수, 『韓國 假面의 硏究』, 성문각, 1984, 69~87면.

185 전경욱, 『한국의 탈』, 태학사, 1996.

이상의 저술에 나타난 유물번호 〈252번〉 산대탈의 소개 현황을 정리하면 표 3)과 같다.[186]

표 3) 서울대 박물관 소장 유물번호 〈252번〉 목제탈의 소개 현황

252번 목제탈	김재철(1933) 본문	김재철(1933) 삽도	아키바 다카시 (1948) 번역(원문)	이두현(1969)	최상수(1984)	전경욱(1996)
"상직" 1~2	상좌	상좌	상좌(小僧) 1~2	상좌 1~2	上佐 1~2	상좌
"여들음듬슴"	여드름		옴중(面搔僧)	옴중	[옴]	옴중
"연닙"	연잎(蓮葉)	연닢	연잎(蓮葉)	연닢	[蓮잎]	연잎
"눈끔적이"	눈꿈제기	눈꿈제기	눈끔적이(睫目)	눈끔적이	[눈끔적이]	눈끔쩍이
"목중" 1~5	먹중	먹중	목중(僧) 1~6	목중	먹중 1~5, [먹중6]	먹중
		[完甫]				
"왜장녀"	왜장녀	[왜장녀]	왜장녀(醜女)	왜장녀	왜장녀	왜장녀
"이(아)사당"1~2	애사당		소무(小巫女) 1~2	소무	소무 1~2	애사당
"당여(녀)"	당녀	唐女	애사당(唐女倡女)	당녀	애사당	
		[소무당]				
"노장"	노장	노장	노장(老僧)		[노장]	노장
	[말뚝이]					
"원숭이"	원숭이	원숭이	원숭이(猿)	원숭이	원숭이	원숭이
"취바리"	취발이	취발이	취발이(醉漢)	취발이	취발이	취발이
"신님"	샌님	샌님	샌님(老兩班)	샌님	[샌님]	샌님
"보도부장"	捕盜部將	포도대장	포도부장(警官)	포도부장	捕盜部將	포도부장
"신하라비"	신할애비	신할애비	신할애비(老翁)		신할아비	신할아비
"미알할미"	미알할미	미알할미	미알할미(老嫗)		[미알할미]	미알할미
"묵중 세닙"					[완보]	먹중
"팔목중"				팔목중		완보

김재철의 『조선연극사』 본문에서는 현전하는 목각탈과 같은 열다섯 배역의 탈을 모두 소개하였다. '목중'을 '먹중'으로 고친 것 외에는 탈의 명칭 역시 목각탈의 뒷면에 쓰인 기록과 같다. 먹중(목중) 가면이 원래 여덟 개였다고 소개하였고 현재 상좌와 애사당의 탈이 각각 2점씩 전하므로 그가 조사한 목각탈은 모두 24점이었을 것이다. 현전하는 목각탈에 없는 말뚝이탈을 소개한 점에 유의할 필요가 있다. 같은 책의 삽도에서는 목각탈

---

186 탈의 뒷면에 쓰인 이름은 " ", 같은 벌이 아닌 탈은 [ ]로 표시하였음.

가운데 여드름, 왜장녀, 애사당의 탈이 빠졌고 다른 벌의 탈로 보이는 완보, 왜장녀, 소무당의 탈이 추가되었다.

아키바 다카시의 논문 「산대희(山臺戲)」에서는 김재철이 파악한 것보다 목중 탈이 두 개 적은 22점의 탈을 소개하였다. 애사당을 '小巫女'로 인식한 사실 외에는 현전하는 탈의 이름과 특성을 살린 한자어 이름을 소개하였다. 박물관 실사에서 '소무당'이란 이름을 검게 덧칠하고 '아사당'으로 바꿔 놓은 사실을 발견하였는데 두 배역에 대한 인식이 넘나드는 관계에 있었다는 사실을 알 수 있다. 애사당으로 표기된 탈은 두 점이나 있기 때문에 아키바 다카시가 '唐女 倡女'라고 명명한 탈을 '애사당'으로 번역한 것은 잘못이다.

이두현의 『한국 가면극』에서는 1964년 양주 구읍에서 사용하고 있던 산대탈을 중심으로 논의하면서 서울대 박물관 소장 목각탈을 참고 도판으로 소개하였기 때문에 〈252번〉 목각탈 가운데 노장, 신할아비, 미얄할미 등 주요 배역이 누락되어 있다. 〈252번〉 목제탈인 '팔목중'을 목각탈과 한 벌로 인식한 점에 유의할 필요가 있다. 최상수의 『한국 가면의 연구』에 소개된 산대탈 가운데 [옴], [연(蓮)잎], [눈끔적이], [노장], [샌님], [미얄할미], [완보]는 서울대 박물관 소장품과 매우 흡사하지만 다른 벌의 탈이다. 설명에 따르면 1933년에 제작된 저자 개인 소장의 탈이라고 하는데, 박물관 소장품을 모사한 탈이라고 여겨진다. 전경욱의 『한국의 탈』에서는 서울대 박물관 소장 목제탈의 전체 개수를 16점으로 소개하고 있는데 두 점 이상씩 전승된 상좌, 애사당, 목중의 탈 및 당녀 탈이 누락되었다. '먹중 세닙'과 '팔목중'을 목각탈과 같은 벌로 보았고 '팔목중'을 완보라고 소개한 점에 유의할 필요가 있다.

유물번호 〈252번〉 목제탈의 전승과 소개 현황에서 부각되는 문제점은 당녀, 애사당, 소무의 착종 양상과 완보탈에 대한 인식이다. '묵중 세닙'과 '팔목중'은 각각 최상수와 전경욱에 의해서 완보로 인식되었다. 당녀는 이두현(1969)까지 제 이름으로 불리다가 최상수(1984)에 와서 애사당으로 불렸으며 아키바 다카시(1948)의 논문을 번역한 서연호(1987)도 '당녀(唐女) 창녀(倡女)'를 애사당으로 인식하였다. 전경욱(1996)에 오면 당녀 탈은 목각탈의 구성에서 누락된다. 애사당은 아키바 다카시가 '小巫女'로 소개한 이후 이두현, 최상수까지 소무로 인식하였고, 전경욱에 와서야 애사당의 이름을 찾았다. 앞서 언급하였듯이, 탈의 뒷면에 '소무당'이라고 썼던 것을 '아사당'으로 바꿔놓은 사실을 보면, 〈252번〉 목각탈을 제작하거나 사용했던 사람들의 인식에서 이미 혼란이 생기기 시작했다는 사실을 알 수 있다.

② 유물번호 〈1177번〉〈1179번〉 바가지탈

바가지탈 21점인 〈1177번〉과 바가지탈 3점인 〈1179번〉은 유물대장에 수집 연도와 기증자 또는 판매자에 대한 정보가 없다. 〈1177〉번의 경우 1929년 조선박람회 때 사용된 탈이라고 알려져 있다. 다카하시 도루[高橋亨]의 회고에 따르면 양주 출신 산대놀이패가 1929년 경복궁 조선박람회 공연 이후 가면과 의상을 팔아버리면서 놀이패를 해산했는데 그 가면들이 경성제국대학 토속연구실에 보관되었다고 하였다.[187] 이두현도 서울대 박물관 소장 바가지탈이 조선박람회를 계기로 수장되었으며 19세기 후반 신복흥(申福興)이란 인물이 제작하여 놀던 것이라고 소개하였다.[188]

실사 결과 〈1177번〉 바가지탈 21점은 조형성이나 제작 방식 등 한 벌의 탈로 확인되었다. 탈 7점의 뒷면에 '둘직중', '청딕', '집듀통(?)', '이사당', '당여', '치중', '호남자' 등 이름이 쓰여 있는데 탈의 모양으로 보아 '둘직중'은 상좌, '청딕'는 연잎, '집듀통(?)'은 눈꿈적이, '호남자'는 포도부장에 해당한다. '치중'은 '당여'라고 쓰인 탈과 유사하게 생긴 여인의 탈이다. 전경욱의 『한국의 탈』에 소개된 연잎은[189] 실사 결과 뒷면에 '집듀통(?)'이

---

187 다카하시 도루[高橋亨], 앞의 논문, 119면.

188 이두현, 앞의 책, 208면.

라고 쓰인 탈로 눈을 꿈적이는 장치가 있는 것으로 보아 눈꿈적이라는 사실을 확인할 수 있었다. 지금까지 알려진 바로는 1929년 수집된 양주산대놀이탈의 눈끔적이탈에 눈을 끔적일 수 있는 장치가 없다고 하였고 연희자들은 양주별산대놀이가 서울의 본산대놀이를 배워올 때부터 이름만 가져오고 가면의 장치는 없었던 것으로 추정하고 있으나[190] 사실과 다르므로 바로잡아야 한다.

〈1179번〉 바가지탈 3점은 모두 별개의 벌에서 흘러들어온 탈이었다. 그 가운데는 〈1177번〉의 목중탈과 색감이나 조형성이 같은 탈이 있어 수집과 정리 과정에서 혼선이 있었음을 알 수 있다. 다른 두 점은 탈의 뒷면에 각각 '여드럼'과 '말둑이'라고 쓰여 있다. '여드럼'(⑤)은 옴중으로 〈1177번〉 바가지탈의 옴중(⑥)과 색감이 유사하지만 얼굴형이나 조형성이 다르다.

'말둑이'는 이맛살이 깊고 볼살이 튀어나왔으며 아랫입술을 올려 윗입술을 덮는 등 불만스러운 인상이 특징적이다(⑦). 역시 조형성의 측면에서 볼 때 〈1177번〉과 한 벌의 탈이 아니다. 탈보에 '桃花洞'이라는 글자로 문양을 그려 넣은 점 또한 눈에 띈다(⑧).

⑤ 여드럼(1179번)　　⑥ 옴중(1177번)　　⑦ 도화동 '말둑이'　　⑧ "桃花洞" 탈보

189 전경욱, 앞의 책, 221면.

190 전경욱, 「양주별산대의 지속과 변화」, 강진옥 외, 『양주의 구비문학』 1(연구편), 박이정, 2007, 274~275면.

김재철은 조선박람회 이후 가면과 의상을 팔아버리고 해산한 놀이패에 대하여 언급하였으나 가면의 양상에 대해서는 논의하지 않았다.[191] 『조선 연극사』 삽도에 바가지탈로 보이는 완보, 왜장녀, 소무당의 탈이 실려 있지만 〈1177번〉이나 〈1179번〉과는 달라 같은 벌의 탈로 볼 수 없다. 이두현의 『한국 가면극』에서는 〈1177번〉 13점과 〈1179번〉 2점을 삽도로 소개하였다.[192] 전경욱의 『한국의 탈』에서는 1929년에 수집된 양주별산대놀이의 탈로서 〈1177번〉 13점과 〈1179번〉 1점을 소개하였다. 탈의 개수를 23점으로 소개하였는데 현재 박물관의 유물대장에는 〈1177번〉이 21점, 〈1179번〉이 3점으로 기록되어 있다. 이상의 저술에 나타난 유물번호 〈1177번〉과 〈1179번〉 산대탈의 소개 현황을 정리하면 표 4), 5)와 같다.

표 4) 유물번호 〈1177번〉 바가지탈의 소개 현황

1177번 바가지탈	이두현 (1969)	전경욱 (1996)
"둘죄중"상좌		상좌
옴중		옴중
"청디"연잎	연닢	
"집듀통?"눈꿈적이	눈끔적이	연잎
목중 1~5	목중1~2 완보	먹중 완보
왜장녀	왜장녀	왜장녀
"의사당"	애사당	애사당
"당여"1~2	소무1~2	소매
"치중"		
노장	노장	노장
원숭이	원숭이	원숭이
취발이	취발이	취발이
샌님		샌님
"호남자"	포도부장	포도부장
신할아비		신할아비
미알할미(훼손)		

표 5) 유물번호 〈1179번〉 바가지탈의 소개 현황

1179번 바가지탈	이두현 (1969)	전경욱 (1996)
"여드럼"	옴중	
"말둑이"	말뚝이	말뚝이
목중		

---

191 김재철, 앞의 책, 84면.
192 이두현, 앞의 책, 230~237면.

유물번호 〈1177번〉과 〈1179번〉의 전승과 소개 현황 역시 당녀탈과 완보탈의 인식 문제가 중요하게 부각된다. 〈1177번〉의 당녀 탈은 이두현(1969)에서 소무로 전경욱(1996)에서 소매로 인식되었다. 앞서 살펴본 〈252번〉 목각탈에서 애사당이 소무(당)로 인식되었던 사실과 견주어 보면 산대탈의 당녀, 애사당, 소무가 착종되는 양상은 산대탈 전반에 나타난다고 할 수 있다.

서울대 박물관 소장 바가지탈 가운데 목중탈은 〈1177번〉의 5점과 〈1179번〉의 1점을 합쳐서 6점이다. 목각탈과 달리 탈 뒷면에 이름이 남아 있지 않은데 이두현(1969)과 전경욱(1996)은 각각 하나를 지정하여 완보로 소개하고 있다. 그만큼 완보탈의 정체성에 대한 논란이 잠재되어 있다고 할 수 있다. 두 연구자 모두 〈1179번〉 도화동 '말둑이'를 〈1177번〉 바가지탈과 한 벌로 인식한 점은 일치한다.

서울대 박물관을 실사한 내용과 산대탈을 소개한 저술을 비교하여 논의한 결과 한 벌의 구분과 전체 개수 등에 대한 정확한 정보가 소홀히 다루어졌다는 사실이 드러났다. 소장된 탈 한 벌에서 분실된 탈은 없는지, 한 벌의 배역 구성은 어떻게 이루어졌는지 등의 문제는 탈유물의 전승 양상과 탈춤 텍스트를 접목하여 논의하는 데 중요한 근거가 된다. 산대탈의 한 벌을 구분하는 데 있어 문제가 되는 탈은 '묵중 세닙', '팔목중', '말둑이'였다. 3점의 탈은 연구자나 연희자의 시각에 따라 각기 다른 한 벌의 탈에 소속되기도 하는 혼란이 있었다.

이하의 논의에서는 목중탈, 완보탈, 말뚝이탈의 전승 양상을 일람표로 구성하여 그 조형적 특징과 착종 양상을 밝히고자 한다.

③ 목중/완보/말뚝이탈의 전승과 착종 양상

탈춤이 흥행되던 당시에 놀이패가 부르던 탈의 이름은 수집가나 박물관에서 탈을 소장하는 과정에서 다르게 전달될 수 있고, 연구자의 시각에 따라 다르게 인식될 수 있다. 이러한 차이를 탈의 전승 과정에서 나타난 변이라고 받아들인다면 탈춤의 변천 양상의 중요한 논거가 된다. 탈은 박물관에 소장되는 순간 유물이 되었지만, 한때 그것을 사용했던 탈춤은 지속적인 전승과 변이를 거듭하면서 동시대의 연희자나 연구자의 인식에 반영될 것이기 때문이다.

김재철은 산대극에 사용한 목각탈을 소개하면서 먹중가면은 여덟 개이고 모두 비슷한데 그 가운데 완보가면도 있다고 하였다.[193] 서울대 박물관 소장 〈252번〉 목각탈 가운데 목중탈 5점의 얼굴은 매우 비슷해서 세밀하게 들여다보지 않으면 구별하기 어렵다. 〈1177번〉과 〈1179번〉의 목중탈 6점도 비슷한 상황이다. 그럼에도 불구하고 그 가운데서 완보탈을 변별해왔던 기준은 어떻게 생겨났을까?

한 벌의 구성을 갖춘 〈252번〉 목각탈이나 〈1177번〉 바가지탈에는 말뚝이탈이 없다. 우연하게도 두 벌의 탈에서 말뚝이탈만 분실된 것은 아니라고 본다면 애초부터 말뚝이탈은 없었다고 할 수 있다. 최근에 소개된 일본 와세다대학 연극박물관 소장 산대탈에도 말뚝이탈은 없다. 1930년대 제작된 송파산대놀이탈로 알려진 탈 가운데 얼굴 전체가 검고 이마에 나뭇가지 문양이 새겨진 탈을 말뚝이탈로 설명하였으나 일본 학자인 나리사와 마사로는 도령으로 추정하기도 하였으니, 사실상 어떤 배역이라는 결정적인 증거가 없는 것이다.[194] 1930년 전후에 수집된 세 벌의 탈에 말뚝이탈이 없다는 사실로 미루어 말뚝이탈은 여타의 배역보다 늦게 만들어졌다는 사실을 알 수 있다. 그 결과 송파산대놀이에서 보듯이 말뚝이 배역에 목중탈을 사용하게 된 것이다.[195]

그런데 문제는 도화동 '말둑이'의 존재이다. 목중탈을 겸용하던 말뚝이 배역에 전용 탈이 생긴 것이다. 1930년본 「산대도감극각본」에서 보듯 막

---

193 김재철, 앞의 책, 105면.

194 국립문화재연구소, 『일본 와세다대학 쓰보우치박사기념 연극박물관 소장 한국문화재』, 국립문화재연구소, 2008, 60~61면.

195 전경욱, 앞의 논문, 245면.

강한 주인공으로 등장하는 말뚝이 배역은 언제쯤 독자적인 탈을 마련하게 되었을까? 말뚝이탈의 외형은 무엇을 기준으로 만들어졌을까? 도화동 '말둑이'는 원래부터 양반의 하인 말뚝이로 탄생하였을까, 아니면 목중탈 하나를 지목하여 이름만 바꾼 것일까? 의문을 풀기 위하여 먼저 목중탈, 완보탈, 말뚝이탈로 알려졌거나 재창조된 탈의 비교 일람표를 구성하면 표 6)과 같다.

표 6) 목중탈, 완보탈, 말뚝이탈 비교

	목중					완보	말뚝이
〈252번〉 목각탈 서울대 박물관							
〈252번〉 목제탈 서울대 박물관							
〈1177번〉 바가지탈 서울대 박물관							
〈1179번〉 바가지탈 서울대 박물관							
김재철 조선연극사 (1933)							
구파발산대 최상수 한국가면의 연구 (1984)							

양주별산대 전경욱 한국의 탈 (1996)							
퇴계원산대 (1998)							

〈252번〉 목각탈에는 5점의 목중탈이 있다. 탈의 뒷면에는 모두 똑같이 '목중'이라고 쓰여 있으며 '완보'로 지목된 탈은 없다. 현전 양주산대놀이에서는 '팔먹중'의 무리에 '가먹' 3인, '원먹' 1인, '완보', '옴중', '첫 상좌', '둘째 상좌'를 포함시킨다. 탈의 외형이 크게 다른 상좌탈 2점과 옴중을 제외하면 5점의 목중탈이 전승되었다는 말이다. 그렇다면 〈252번〉 목각탈의 경우 목중탈이 분실된 것이 아니라 애초부터 5점이었을 가능성이 있다.

목중탈은 모두 눈매가 처지고 입 꼬리가 내려간 외모이며 난처한 듯 불만스러운 듯 애매한 표정이 공통적인데, 이러한 외형은 일반적으로 알려진 완보탈의 이미지와 같다. 김재철은 '먹중가면'이 여덟 개이며 그중에 완보도 포함된다고 하였는데, 현전하는 5점 외에 3점이 더 있었다 할지라도 목중탈의 조형성으로 보아 완보탈과의 변별성은 거의 없었다고 여겨진다. 5점의 목중들은 이맛살, 볼 주름, 턱 주름 등의 모양과 개수 등에 변화를 주어 서로 다른 인물임을 나타내고 있지만 얼굴색 외에 크게 두드러지는 개성은 나타나지 않는다. 〈252번〉 목각탈은 목중에서 완보의 역할과 성격이 분화되기 이전의 탈유물일 수 있다.

〈252번〉 목제탈은 같은 목중이면서도 외형이 크게 달라졌다. '팔목중'의 입은 오므라졌고 '묵중 세닙'은 입 꼬리가 처지는 정도를 넘어 아랫입술이 윗입술을 덮고 있다.[196] 얼굴색을 고려할 때 '묵중 세닙'은 〈252번〉 목각탈 중 검은색 목중탈이 과장되어 전승된 흔적이 엿보인다. 대동소이하던 목중탈의 외형이 차별되기 시작한 사실을 확인할 수 있다. '팔목중'은 전경욱의 『한국의 탈』에서 완보로 소개되었으나 근거가 없다.

한편, '팔목중'과 '묵중 세닙'이라는 이름은 '먹중'과 '목중'의 착종과 관련하여 논의의 여지가 있다. 현전 산대놀이의 연희자들은 노장과 상좌를 제외한 중들의 이름으로 '먹중'과 '목중' 가운데 하나를 선택하여 부르는데, 두 탈의 경우 '묵중[먹중]'[197]과 '목중'을 구분해서 부르기 때문이다. '팔목중'은 여덟 명의 '목중' 가운데 하나를 의미하는 것이라면 '묵중'은 그 가운데서 얼굴이 검은 중을 특정하여 부르는 이름이라고 여겨진다. 「산대도감극각본」에서도 '중'이나 '목중'이라는 이름이 쓰이는 가운데 제3과정에 나오는 옴의 상대역과 제6과정 애사당놀이에서 완보와 북놀이를 하는 상대역을 '묵승(墨僧)'으로 구분하여 표기하고 있다.[198]

〈252번〉 목각탈의 제작 및 사용 단계에서는 얼굴색이 검은 중을 구분하여 부르지 않았지만, '묵중 세닙'이나 '묵승(墨僧)'의 예에서 드러나듯 얼굴이 검은 중을 '먹중'이라는 이름으로 특정하여 부르게 되었다고 할 수 있다. 이러한 현상을 통하여, 한 무리의 동질적인 집단으로 인식되던 목중들의 개성이 부각되는 방향으로 산대놀이의 변천이 진행된 양상을 추정할 수 있다.[199] 현전 산대놀이에는 검은 얼굴의 목중탈이 없으므로 '먹중'이라는 이름으로 구축된 캐릭터는 사라지게 되었다고 여겨진다. 이름만 남은 '먹중'은 발음의 유사성 때문에 '목중'이라는 이름과 혼란을 야기하게 된 것이다.

---

196 아랫입술이 윗입술을 덮는 모양을 만들면서 입 부분이 세 개로 나뉘어져 '세닙(세입)'이라는 별칭이 붙었다고 여겨진다.

197 '묵중'과 '먹중'의 차이는 '먹'의 한자인 '墨'의 음이 비슷한데서 온 착종이다.

198 애사당놀이에서는 '墨僧'이라는 표기가 한번 나오고 뒤로는 '중'으로 쓰였지만 상황 전개상 '묵승'으로 불린 인물이 완보의 상대역을 하는 사실을 확인할 수 있다.

199 박진태, 「이철괴를 통해 본 산대놀이의 역사」, 『우리말글』 29, 우리말글학회, 2003, 30면.

〈1177번〉과 〈1179번〉 바가지탈에는 같은 벌에 속한 6점의 목중탈이 전한다. 이 가운데 두 점이 각각 이두현의『한국 가면극』(1969)과 전경욱의『한국의 탈』(1996)에서 완보로 지목되었다. 다른 탈들과 변별되는 특성이면서 두 탈의 공통점은 입 꼬리가 아래로 쳐져 있다는 점과 미간에 마름모꼴의 문양이 있다는 점이다. 최상수가 소개한 구파발산대의 목각탈에서도 완보탈은 입 꼬리가 쳐진 것을 특징으로 한다. 검은 얼굴의 완보는 '묵중 세닙'을 모사한 탈로 보이며 붉은 얼굴의 완보는 〈1177번〉 바가지탈의 외형을 모사한 탈로 보인다. 양주별산대의 완보 역시 쳐진 입 꼬리와 굵은 볼 주름을 특징으로 한다. 퇴계원산대의 완보는 〈252번〉 목제탈인 '팔목중'을 모사한 것으로 전경욱이『한국의 탈』에서 소개한 내용을 수용한 것이다.

연구자들이 판단한 완보탈의 기준은 김재철의『조선연극사』삽도에 소개된 완보탈의 영향을 받았다고 할 수 있다. 김재철이 소개한 완보탈은 입 꼬리가 쳐진 모습이 〈252번〉 목각탈이나 〈252번〉 목제탈 중 '묵중 세닙'의 모습을 전승하고 있지만 얼굴형이 역삼각형이 되어 날카로운 인상을 주고 이맛살이 더욱 깊어졌다. 〈252번〉 목각탈에서는 볼 주름을 음각으로 새겼으나 바가지탈의 경우 그러한 방식이 불가능하기 때문에 노끈 따위를 붙여 표현하다보니 볼 주름이 부각되는 효과가 나타났다. 김재철은 당대 연희자의 증언을 근거로 완보탈을 소개했을 것이므로 결국 완보탈의 이미지는 산대놀이의 변천 과정에서 자연스럽게 수렴되어온 것이라할 수 있다.

〈1179번〉 바가지탈인 도화동 '말둑이'는 〈252번〉 목각탈이나 〈1177번〉 바가지탈 어디에도 속하지 않은 별개의 탈이다. 〈252번〉 목각탈이나 〈1177번〉 바가지탈의 경우 말뚝이 배역에 목중탈을 겸용하다 보니 말뚝이탈이 없었던 것인데 그러한 사실에 유의하지 않은 연구자들은 도화동 '말둑이'를 〈252번〉 목각탈이나 〈1177번〉 바가지탈과 한 벌로 소개하였다. 김재철이 설명한 산대놀이 '木假面'은 〈252번〉 목각탈인데 말뚝이탈의 경우는 바가지탈인 도화동 '말둑이'를 소개하였다. 다음은 김재철이 묘사한 말뚝이탈의 외형이다.

12. 말뚝이 假面

赤面
이마에는 이마살들이 굵게 있고 白, 綠色의 점을 꼭꼭 찍었다.
눈썹은 풀숙 솟았고 黑, 綠色을 칠하였으며
눈은 白色, 二寸二分
코 兩側에는 살이 突出
舌인 듯한 것이 밑에서부터 위로 올라와 입의 大部分을 덮었다.
假面의 長 七寸五分, 廣 六寸五分[200]

모든 묘사 내용이 도화동 '말둑이'와 부합하지만 "舌인 듯한 것이 밑에서부터 위로 올라와 입의 大部分을 덮었다"는 내용이 결정적이다.[201] 아랫입술이 위로 올라왔다거나 입 꼬리가 처졌다고 할 수 있는 탈이 여럿 있지만 혀처럼 보이는 것이 밑에서 올라왔다고 묘사할 수 있는 탈은 도화동 '말둑이' 뿐이기 때문이다.

완보탈과 마찬가지로, 김재철 이후 대부분의 연구자와 연희자들이 말뚝이탈의 외모적 근거를 도화동 '말둑이'에 두었다. 1937년에 제작되었다고 하는 구파발 산대의 말뚝이탈부터 현재 사용 중인 양주산대놀이의 말뚝이탈, 1998년 복원된 퇴계원산대의 말뚝이탈이 모두 도화동 '말둑이'를 본떠 만들었다.

---

200 김재철, 앞의 책, 108~109면.
201 탈의 크기도 거의 들어맞는다. 『한국의 탈』에서 말뚝이탈의 크기를 세로 22.3cm, 가로 18cm라고 하였는데 김재철이 보고한 길이 7촌5푼과 너비 6촌5푼을 환산하면 각각 22.725cm와 19.695cm가 된다.

김재철은 「산대도감극각본」의 채록 과정에 참여했으므로 논문을 쓰면서 경성제국대학에 소장된 '목가면'과 각본을 비교해 보았을 것이고, 말뚝이 배역의 탈이 누락되었다고 생각하여 비슷한 시기에 수집된 바가지탈인 도화동 '말둑이'를 보탰을 것이다. 산대놀이에 사용된 말뚝이탈이면 통용되는 공통점이 있다는 판단이 앞서다보니, 출처가 다른 말뚝이탈을 가져다 쓰게 된 것이다. 한 벌의 탈이 지닌 완결성에 대한 고려 없이 수직적인 탈의 전승만 염두에 둔 것이라 할 수 있다.

그런데 김재철이 소개한 도화동 '말둑이'와 '완보'는 외형이 매우 비슷하다. 완보탈은 흑백사진 밖에 전하지 않아 색채를 확인할 수 없지만 앞서 인용한 말뚝이 가면의 묘사 내용과 비교해도 조형적인 특징이 일치한다. 김재철의 『조선연극사』에서는 말뚝이 가면을 묘사한 본문에는 완보가 나오지 않고 완보 가면을 소개한 삽도에는 말뚝이 가면을 싣지 않았다. 이맛살이 굵게 패이고 눈이 양쪽으로 쳐졌으며 아랫입술을 내밀어 윗입술을 덮어 불만 가득한 표정을 짓고 있는 탈에 대하여 누군가는 완보라 부르고 누군가는 말뚝이라 불렀던 것은 아닐까 여겨진다. 하나의 탈로 두 배역을 연출했거나 하나의 탈을 모본으로 새 탈을 만들어 냈기에 착종이 생겨났을 가능성이 있다.

〈252번〉 목각탈의 단계에서는 모든 목중탈이 입 꼬리가 쳐진 '완보의 이미지'를 지니고 있었으며 그들을 변별할 요건은 얼굴색 정도였다고 할 수 있다. 〈252번〉 목제탈에서는 목중탈의 모습이 다양화되면서 얼굴색뿐만 아니라 입이나 눈의 모양이 차별되는 모습이 나타났다. 검은 얼굴의 목중이 '먹중[墨僧]'으로 구분되어 '마음도 검은 공격자' 역할로 분화되었다고 할 수 있다. 쳐진 입 꼬리가 과장되게 표현된 '묵중 세닙'과 입을 오므린 모습의 '팔목중'은 판이한 성격을 나타낸다. 〈1177번〉 바가지탈에서는 목중탈의 얼굴색이 같아지는 대신 입과 눈, 볼 주름의 모양이 훨씬 다양해졌고 이마의 점이나 마름모꼴 무늬 등으로 차별을 두기도 하였다.

목중탈의 변별화 양상은 목중 배역의 변별과 개성적인 재창조를 반영한 것이다. 불만에 차서 입 꼬리가 쳐진 외형은 원래 목중탈 모두에 공통되었지만 완보 배역의 분화와 함께 완보탈 만의 이미지로 굳어지게 되었다고 할 수 있다. 이러한 과정에서 지방의 도시탈춤에서 형성된 말뚝이 배역이 서울지역의 산대놀이에 수용되었고 연희자들이 목중탈 가운데 하나, 특히 완보탈을 겸용하여 말뚝이 배역을 소화하게 되었다고 여겨진다.

여러 개의 목중탈 가운데 어떤 탈을 사용할 것인가는 탈춤의 텍스트에 나타나는 배역의 성격은 물론 그 배역을 맡을 연희자의 역량이 반영되었을 것이다. 이하의 논의에서는 1930년본 「산대도감극각본」의 구조와 극중인물을 중심으로 말뚝이 배역을 위한 완보탈의 겸용 가능성을 재확인하고 완보와 말뚝이의 관계 및 변천 양상에 대하여 논의할 것이다.

④ 완보의 역할 전이와 말뚝이의 재창조

1930년본 「산대도감극각본」에서 완보는 제5과정(팔목과정) 염불놀이부터 등장하기 시작한다. 염불놀이의 사건은 모든 배역들이 춤을 추며 등장하였다가 억지 염불을 하고 가사 〈매화가〉를 부르다 다시 춤을 추며 퇴장하는 것으로 구성되었다. 완보는 가장 늦게 등장하고 퇴장하면서 염불놀이의 사건을 이끌어가는 주도적인 역할을 한다. 옴중 이하 중들이 노래를 부르고 춤을 추며 먼저 무대에 나가지만 이들의 행방을 찾는 완보의 재담을 신호로 극적 갈등이 시작된다. 완보의 역할을 구명하기 위하여 염불놀이의 등퇴장과 대결 구조를 도식화하면 표 7)과 같다.

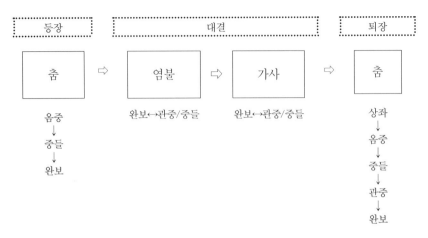

표 7) 염불놀이의 등퇴장과 대결 구조

염불놀이에서 춤은 속세에서 누릴 수 있는 최고의 신명을 상징한다. 신명에 극에 달한 목중들에게 완보는 중의 신분에 맞는 염불을 할 것을 종용하고 목중들은 함께 염불을 시작한다. 이들과 거리를 두고 있던 관중[관을 쓴 중]은 염불을 재담으로 풀어 완보의 주의를 끌고 본격적인 재담 대결이 시작된다. 염불놀이에는 관중과 옴중을 비롯하여 여러 목중들이 등장하지만 완보를 중심축으로 하는 일대일 대응 방식의 대결형 재담으로 구성된다.

대결형 재담은 두 명의 재담을 주고받으면서 말재주를 겨루는 형식의 재담을 말한다.[202] 일반적으로 대결형 재담은 상대편을 향한 질문으로 시작되어 말재주를 부린 답변이 이어지고 그것을 되묻거나 풀이하는 방식으로 이어지게 된다. 따라서 대결형 재담에는 질문을 통해 상대방의 재담을 끌어내고 곁말을 풀어 관객에게 풀이해주는 역할이 구분되기 마련이다. 완보는 관중 이하 목중들에게 질문을 던져 재담을 끌어내고 풀이하여 관중에게 전달하는 역할을 하고 있다. 그런 까닭에 완보는 목중 가운데

---

202 사진실, 「배우의 전통과 재담의 전승」, 『공연문화의 전통』, 509면.

한 명이면서도 중들이 속세에 내려와 신명을 푸는 사건의 당사자에서 비껴난 목격자 또는 조언자의 역할을 견지한다.

염불놀이에 이어지는 침놀이에서 역시 완보는 재담을 주도하는 역할을 한다. 침놀이의 사건은 산두(山頭, 산대놀이)를 구경 나왔다가 자식 손자가 체하여 죽게 된 난처한 상황이므로 속세에 내려와 신명을 즐기는 목중들의 성격과 연속성이 없다. 완보, 상좌, 옴중, 목중 등의 탈을 겸용할 뿐 다른 극중인물과 사건을 구성하고 있는 것이다.

(중이 上佐, 옴, 목중 三人을 새면 압헤 세운다)

「중」 四顧無親한데, 나와서, 이런 옹색한 꼴을 當하니 엇더케 하나! 或 이 사람이나 여기 왓슬가 (完甫 압헤 가서) 아나 야이.

「完甫」 어이쑤, 아와이 (일어슨다) 자네 이새 드문드문하이그려.

「중」 두문두문, 옌장할, 건둥건둥하이그려.

「完甫」 足痛이나 아니 낫느냐.

「중」 아이고, 그런 孝子야.

「完甫」 소재라는 게 오줌 안친 재?

「중」 그것은 소재지! 孝子란 말이다. 얘, 그러나 저러나 안된 일이 잇서서, 너를 차잣다. 자식, 손자 어린 것들이 여기서 山頭를 논다닛가 山頭 求景을 왓드니, 무얼 먹고 관격이 되야서, 다 죽게 되얏슨즉, 이걸 엇지 하면 조흐냐?

「完甫」 내 医師가 아니고 나 亦 너와 맛찬가지가 아니냐.

「중」 너는 나보다 知識이 잇고 아닛가 이 일을 페야지 엇더케 한단 말이냐.

「完甫」 야, 그것 봐 한즉 머 飮食 먹고, 관격된 것 갓지 안코, 내 마음에는 神明에 滯한 것 갓다, 닐더러 안할 말이다마는 너 집에 혹시 神明의 부치로 부리가 잇느냐.

「중」 올컷다, 우리 집에 그런 일이 잇다, 무당의 부리 말이냐, 우리 집에 한 三代채 曾祖母, 祖母, 母, 모두 무당이다.[203]

난처한 상황에 처한 주인공은 '이 사람이나 여기 왔을가' 하며 사건 해결의 조언자로서 완보를 찾는다. 완보는 보자마자 농을 걸었을 뿐만 아니라 다 죽게 된 자손을 걱정하는 주인공과 문답식 재담을 통하여 집안의 비밀을 들추기까지 한다. 신명에 체한 것 같다는 완보의 말에 주인공은 다급한 김에 3대째 무당이었던 집안의 내력을 밝히게 되는 것이다. 침놀이에서 새롭게 드러나는 완보의 역할은 우회적인 조롱과 공격이다.

침놀이에 이어 애사당놀이가 시작되면 중들이 한 패거리의 오입쟁이 한량들처럼 늘어서서 애사당을 청한다. 침놀이에서 자식 손자들을 데리고 산대 구경을 나온 주인공과 달리, 애사당놀이의 주인공들은 속세에 내려와 신명을 풀었던 목중들의 연속이라고 보아도 무방하다. 애사당놀이에서도 완보는 극적 갈등을 일으키는 당사자가 아닌 사건의 목격자이며 조언자, 또는 해결사의 면모를 보인다.

> 「墨僧」 요년, 요 요망 방정스런 년아, 남의 크나큰 놀음에 나왜서, 게집아 희년이 무엇을 콩콩 꽹꽹 하느냐? (애사당은 가서 안고, 목중이 벅구를 쎄서 들고 친다. 完甫가 북 위에 가서, 슬그머니 북을 잡어다니자, 중은 헛손질 한다)
>
> 「完甫」 앗다, 그놈은 남을 타박을 치더니, 밥을 굶엇는지 헛손질을 잘하고 섯다.
>
> 「중」 남 滋味있게 노는 데 이거 무슨 짓이냐
>
> 「完甫」 너는 왜, 남 잘 치는데 타박을 왜 주라드냐?
>
> 「중」 애, 그럿치 안타. 좀 잘 들어라, 우리 좀 잘 놀아보자
>
> 「完甫」 그래라 (북을 戴한다)
>
> 「중」 그것을 엇더케 치란 말이냐
>
> 「完甫」 이놈아, 물구나무 서서 못 치느냐.

---

203 서울대학교 도서관 일석문고 소장, 조종순 구술, 『산대도감극각본』, 1930, 10면.

「중」 그럿치 안타 잘 들어라 (完甫가 頭上에 북을 높히 든다) 이놈아 놉하
　　서 엇더케 치느냐
「完甫」 이놈아, 새닥다리 놋코, 못 치느냐.
「중」 애, 너머 놉흐니 조곰 조곰 조곰 조곰 조곰 조곰 (完甫가 차츰 차츰
　　네려 든다) 고만 (完甫가 북을 짱에 놋는다) 네에게 짱에 노라드냐?
「完甫」 이놈아, 조곰 조곰 하다가 짱에 닷기에 낫지.[204]

　묵승이 왜장녀와 애사당이 춤을 추는 장면에 끼어들어 타박을 주며 애
사당의 벅구[법고]를 뺏어 치자 완보가 다시 빼앗아 목중과 실랑이를 벌이
게 된다. 남의 놀음판을 망친 묵승을 골려주기 시작하면서 완보는 사건의
당사자가 된 것이다. 벅구를 머리에 이거나 높이 들었다가 조금씩 내려
땅바닥에 내려놓는 등 묵승이 벅구를 칠 수 없게 행동하면서 골려주는 장
면을 연출한다. 완보와 묵승의 대결은 시종일관 완보의 압승으로 이어지
는데, 그 과정에서 막강한 재담꾼이며 익살꾼의 실력을 발휘한다.

　이상에서 살펴본 바와 같이 완보는 사건의 당사자는 아니지만 목격자
이며 조언자로서, 당사자들과 대결형 재담 또는 문답식 재담을 통하여 극
중 상황을 관객에게 전달한다. 그의 재담은 우회적인 조롱과 공격의 양상
을 띠며 상대방 스스로 비밀을 폭로하게 하는 재간을 발휘한다. 그는 부
정한 인물을 응징하는 해결사로서 사건에 개입하기도 하는데 싸움의 방
식 역시 재담과 익살을 통한 대결이었다.

　이러한 완보의 성격과 역할은 산대놀이의 변천 과정에서 샌님과정의
의 막사령놀이가 생성될 때 말뚝이의 성격과 역할로 전이되었다고 여겨
진다. 지방의 도시탈춤인 봉산탈춤이나 동래야류 등에서는 말뚝이가 직
접 양반을 공격하는 주체로 나서지만 산대놀이에서는 의막사령인 쇠뚝이
가 공격 주체이고 하인 말뚝이는 사건의 진행자이며 전달자로서 재담을

---

204 앞의 책, 16~17면.

풀어주고 우회적으로 조롱하며 공격을 부추기는 역할을 한다.

「쇠뚝이」 애, 依幕 치엿다 애 봐 하닛가, 그 젊은 靑年도 잇는 듯하니, 담
　　　배도 먹을 듯하니, 房 하나 가지고 쓸 수 업스닛가, 안팟 사랑 잇
　　　는 집을 치엿다 밧갓 사랑은 쏭그랏케 말장(도야지 우리갓치)
　　　박고, 안은 쏭그라케 담 쌋고 門은 하눌 냇다

「말뚝이」 그럼 돼지우리라고나.

「쇠뚝이」 영낙 업지. (쇠뚝이는 압스고 말뚝이는 後에 섯다) 고이 고이 고
　　　이 고이

「말뚝이」(鞭을 들고) 두우 두우 두우 (一豚 쏫는 모양)
　　　…(중략)…

「말뚝이」 애, 샌님씌는 人事를 듸려도 썹구녕 갓고 아니 듸려도 우수광스
　　　러우나, 서방님씌 問安을 단단이 듸려야지, 만일 잘못 듸리면,
　　　죽고 남지 못하리라

「쇠뚝이」 서방님, 쇠뚝이 問安 들어가우. 잘 바더야지 잘못 바드면, 생 肉
　　　失하리라, 서방님, 소인-

「말뚝이」 애 샌님과 서방님씌서는 人事를 듸려도 썹구녕 갓고, 아니 듸려
　　　도 우수광스러우니 해낭 관머리쎄 슨 宗家집 道令님씌 人事를
　　　듸려야지 人事를 잘못 듸리면, 네가 죽고 남지 못하리라.

「쇠뚝이」 道令님 쇠뚝이 問安 들어가우. 도령님 도령님 소인!

「도련님」 조히 잇드냐?

「쇠뚝이」 하, 이런 놈윗 일 보게 兩班의 색기라 달으다. 상놈 갓흐면, 네미
　　　나 잘 붓텃느냐? 그럴 텐데 고런 어린 호래들 녀석이, 어듸 잇
　　　서? 늙은 사람의게 의젓이 조이 잇드냐 그래네!

「말뚝이」 애, 그리하기에 우리나라 호박은 커도 심심하고 大國胡椒는 적
　　　어도 맵단 말을 못 들엇느냐?

「쇠뚝이」 말뚝아, 샌님씌 問安 좀 다시 듸려다우. 쇠뚝이가 술 한 잔 안

먹은 날은 샌님, 서방님, 도령님 세宅으로 단이면서, 안박에 비
질을 말갓게 하고요, 술이나 한 잔 먹고, 두 잔 먹고, 석 잔 먹어
서, 한 半醉 쯤 되면 세宅으로 단이면서 조개라는 조개 작은 조
개 큰 조게 묵은 조개, 햇조개, 여부 업시 잘 싸먹는 令海 靈德
소라 고둥어, 애들놈 問安 듸리오! 이러케 하여다오.
「샌님」 어으아, 나무종 쇠쏙이 잡어듸려라 쿵205

　쇠뚝이가 의막을 정리했다고 하면서 그 형상을 재담으로 묘사하자 말
뚝이는 '돼지우리'라는 말로 명쾌하게 풀어준다. 탈을 쓰고 하는 대사인
만큼 알아듣기 어려운 부분이 있으므로 재담을 풀어주는 장치는 매우 유
효하다. 잠깐 동안 돼지를 우리에 들이는 흉내를 내며 어울리던 말뚝이는
쇠뚝이에게 샌님 형제에 대한 문안 인사를 종용한다. 이때 말뚝이의 대사
는 거의 욕설이지만 샌님에 대한 직접 발언이 아닌 쇠뚝이를 부추기는 말
이다. 말뚝이의 부추김을 받은 쇠뚝이의 공격은 점점 강해지고 결국은 샌
님, 서방님, 도령님 세 댁을 두루 다니면서 집안의 여인들을 겁탈할 수도
있다는 위협으로 치닫는다.
　양반집 부녀자를 겁탈한다는 말을 서슴지 않는 공격적인 언사와 노골
적인 묘사는 산대놀이보다 봉산탈춤이 더욱 심하고 동래야류가 그보다
더 심하다. 동래야류의 경우 판소리 사설을 방불하게 하는 상세한 묘사로
말뚝이와 양반의 아내가 사통하는 장면을 표현하고 있다.206 하회별신굿
놀이와 같은 농촌탈춤에 등장하는 양반의 하인에서 성장한 말뚝이는 동
래야류, 봉산탈춤과 같은 도시탈춤에서 완성되었으며 놀이패들의 흥행
경로를 따라 다른 지방 도시와 서울지역에 전파된 것으로 보인다.207

<hr />

205 앞의 책, 35~36면.
206 송석하, 「東萊野遊彙詞-말둑이 才談의 場-」, 『朝鮮民俗』 2호, 朝鮮民俗學會, 1934, 57
~64면.
207 사진실, 「조선시대 서울지역 연극의 공연상황」, 『한국연극사 연구』, 359~362, 386

현전 산대놀이에서 쇠뚝이 배역에 취발이탈을 사용하는 사실로 미루어 보면 하나의 탈을 겸용하는 배역들은 인물의 성격이나 역할에 공통점이 있다고 할 수 있다. 겸용할 탈을 선택하는 일 역시 기존의 배역이 지닌 성격을 고려하여 쇠뚝이 배역에는 취발이탈을 사용하는 대신 말뚝이 배역에는 완보탈을 사용했을 것으로 여겨진다. 취발이는 풍류랑 또는 호색한이며 성격이 급하고 저돌적이라는 점에서 쇠뚝이의 성격과 비슷하다. 서울지역 산대놀이에서 재창조된 말뚝이는 양반을 직접 공격하지 않고 우회적으로 부추기는 등 완보와 유사한 성격을 지니고 있다.

지방의 도시탈춤에서 샌님에게 공격적인 풍자를 감행하는 말뚝이는 서울지역 산대도감극의 주체들에게 매우 흥미로운 인물이었을 것이다. 서울지역의 산대놀이에 말뚝이 배역을 수용할 때는 이미 형성된 탈춤 텍스트 및 공연 환경에 맞추어 조율하는 과정이 필요했다고 여겨진다. 하인이면서 주인인 샌님을 직접 공격하는 지방 도시탈춤의 말뚝이를 그대로 수용할 수 없었던 연희자들은 '말뚝이'의 이름과 짝을 이루는 의막사령 '쇠뚝이'를 창조하여 샌님의 하인으로서 감당하기 어려운 역할을 넘기게 되었다. 그 대신 상대 배역에게 우회적인 조롱과 풍자를 감행하며 극적 사건을 이끌어가는 완보 배역을 반영하여 말뚝이 배역을 만들었다고 여겨진다. 완보의 성격과 역할이 전이되어 새로운 모습의 말뚝이가 재창조되었던 것이다.

⑤ '중놀이'에서 '양반놀이'의 중심 이동

19세기 말 형성된 소설 「게우사」에 의하면 왈자 김무숙이 선유놀음 때 산대도감패를 초청하면서 좌우편의 도감포수에게 새로운 의상과 탈을 준비하라고 이천 냥씩을 내어주었다.[208] 김무숙은 하급 무반이면서 경강 지

~387면.

208 김종철, 「게우사(자료소개)」, 『한국학보』 65집, 일지사, 1991, 229~230면.

역을 무대로 상업에 종사하였고 18세기 서울의 오락 유흥문화를 장악했다고 알려진 왈자의 부류였다. 왈자들은 당대 예술의 수요자이며 후원자일 뿐 아니라 중개인으로서 서울지역 산대놀이의 흥행에 관여하였고 새로운 대본을 창출하는 데 영향을 끼쳤다. 노장과 샌님을 물리쳐 강력한 힘의 표상으로 나타나는 포도부장 배역은 왈자 집단의 현실적인 힘을 반영하여 생성되었다고 할 수 있다.[209] 무숙이의 선유놀음에 나타나듯, 수요자이며 후원자의 기호와 요구를 수용하여 새로운 한 벌의 탈이 제작되고 새로운 배역의 탈이 생성되거나 기존의 탈에 비약적인 변화가 생길 수 있다. 겸용하던 탈을 배역에 맞게 새로 제작하는 계기도 이러한 상황에서 마련되었다고 여겨진다.

새로운 탈을 만들어 추가한다는 사실은 탈 한 벌의 완결적 구성을 깨뜨릴 만큼 막강한 이유가 개입되었다는 사실을 말해준다. 막강한 이유란 새로운 인물 창조를 원하는 수요자 측의 요구와 그것에 상응할 만한 생산자 측의 동의라고 할 수 있다. 탈춤을 애호하는 관객 집단의 요구와 후원으로 새로운 극중인물에 대한 전망이 논의되고 극중인물의 성격과 역할, 탈의 조형성에 대한 모색을 거쳐 새로운 탈이 제작된다고 할 수 있다. 새로운 탈의 편입과 더불어 극중인물의 관계와 극중공간의 질서가 재구성되는 변화가 생겨나게 된다.

도화동 '말뚝이'는 완보탈을 겸용하다가 어떤 계기를 맞아 탈을 새로 제작하면서 말뚝이 배역에 맞추어 만들어진 탈이라고 할 수 있다. 함께 쓰던 말뚝이 배역의 지배력이 커지면서 탈의 정체성이 말뚝이로 기울어졌고 결국 이름이 '말뚝이'로 바뀐 완보탈일 수도 있다. 후자의 경우라면 탈을 말뚝이 배역에 넘긴 완보 배역은 또 다른 목중탈을 사용하게 되었을 것이다. 후대의 연구자들이 제각각 완보탈을 지목하듯이, 목중탈 가운데 완보의 이미지를 충족시킬 탈은 복수로 존재했을 것이기 때문이다.

---

209 사진실, 「조선시대 서울지역 연극의 공연상황」, 『한국연극사 연구』, 351~352면.

마포구 도화동은 조선시대부터 '도화내동(桃花內洞)'으로 불렸고[210] 서울 경강지역의 유통 중심지였던 마포나루가 있던 곳이다. 탈춤이나 인형극 대사에 자주 나오는 용산, 삼개[마포], 칠패 등은 조선후기 서울의 신흥 상업지역으로 산대놀이패를 포함하여 각 지역의 놀이패들이 몰려들던 흥행의 중심지였다고 할 수 있다.[211] 도화동 '말둑이'는 마포나루를 중심으로 활동했던 전문적인 산대놀이패의 탈일 수 있다.

한편, 도화동 '말둑이'는 전문 놀이패의 탈춤을 본떠 시작한 도화동 거주민들의 산대놀이에 사용된 탈일 수도 있다. 탈보에 쓰인 글자가 한자 표기라는 사실을 비롯하여 전문 놀이패의 정체성을 드러내는 이름이 아니라 마을 이름을 사용했다는 사실에서 그러한 추정이 가능하다. 마포는 서울지역 산대놀이패의 근거지로 알려진 애오개와 접해 있고 마포나루에서 강을 건너면 역시 산대놀이의 근거지로 알려진 노량진이 있다. 애오개 산대패 같은 전문 놀이패는 남대문 밖 칠패 시장은 물론 경강 지역의 주요 상권인 마포나루에서 흥행하였을 것이므로 도화동의 주민들이 그들의 산대놀이를 배워 단오나 추석 같은 명절 행사로 활용했을 가능성이 있다. 그 과정에서 애오개산대패의 탈에는 없었던 말둑이탈이 생겨날 수 있는 것이다. 도화동 '말둑이'의 존재는 서울지역의 산대놀이 단계에서 이미 샌님과정의 의막사령놀이가 성립되었다는 사실을 알려주는 중요한 단서가 된다.

독자적인 말둑이탈이 마련되면서 말둑이 배역은 샌님과정을 넘어 산대놀이 전체의 주인공으로 부상하게 되었다고 여겨진다. 1957년본 양주산대놀이 연희본에 이르면 말둑이는 샌님과정을 넘어서 염불놀이와 침놀이, 애사당북놀이에 등장하게 된다. 염불놀이에서는 완보와 대결 양상을 벌이는 관중의 역할을 대신하고 있으며 애사당북놀이에서 역시 완보와 대

---

210 서울 마포구 도화동 주민센터 웹 검색, 2010.10.3.
211 사진실, 「조선시대 서울지역 연극의 공연상황」, 『한국연극사 연구』, 383∼387면.

결하는 묵승(墨僧)의 역할을 대신한다. 침놀이에서는 아들 손자를 데리고 나온 가장 역할을 맡았다.

실제로는 극중인물인 말뚝이 배역이 아닌 말뚝이탈을 쓴 연희자가 여러 놀이에 참여한 것이다. 침놀이에서는 샌님의 하인이라는 신분이 유지될 수 있으므로 말뚝이탈과 말뚝이 배역이 일치할 수 있다. 그러나 염불놀이나 애사당북놀이에서는 목중의 하나로 말뚝이탈을 사용할 뿐 샌님의 하인 말뚝이와는 무관하다. 그러나 연희자나 관객에게 말뚝이탈의 정체성이 크게 각인된 나머지 말뚝이탈을 말뚝이 배역과 동일시하게 되었다고 할 수 있다. 연희자에 따라서는 염불놀이에 말뚝이가 등장하는 사실은 잘못이라 여기고 바로잡아야 한다고 주장하기도 한다.212

염불놀이와 애사당북놀이에 말뚝이 배역이 등장하는 것은 분명 잘못이다. 그러나 말뚝이탈을 쓴 연희자가 등장하여 목중 배역을 연기하는 것은 잘못이 아니다. 오히려 목중탈을 겸용하여 말뚝이 배역을 소화하던 전통을 반영한 것이다. 독자적인 말뚝이탈이 마련되기 전까지는 목중탈이 곧 말뚝이탈이었기 때문이다. 말뚝이탈이 새로 만들어졌지만 하나의 탈로 목중 배역과 말뚝이 배역을 모두 소화했던 연희자의 관습은 유지되면서 배역의 혼선이 빚어졌다고 할 수 있다. 염불놀이에 등장하는 목중이 여덟 명이 아닌 아홉 명이 된 것이다. 산대놀이에 말뚝이 배역이 처음 생겨날 때는 목중탈(완보탈)을 겸용하였는데, 독자적인 말뚝이탈이 생겨난 이후 목중 배역에 말뚝이탈을 겸용하는 상황의 역전이 생겨났다.

염불놀이에서 완보와 대결하는 배역에 말뚝이탈을 사용하게 되면서 본래 그 배역을 맡았던 관중은 완보와 합쳐져 하나의 인물이 되었다. 1930년본 「산대도감극각본」에서는 팔목과정 염불놀이에 완보와 관중이 별개

---

212 현행 양주산대놀이의 연희자들은 염불놀이에 말뚝이가 등장하는 상황에 대하여 서로 다른 해석을 내놓고 있다. 목중 배역을 위하여 말뚝이탈을 겸용한 것인데 말뚝이 배역이 등장한 것으로 오해하는 경우가 있기 때문이다; 전경욱, 앞의 논문, 243~244면.

의 인물로 등장하는 데 비하여 1957년본 양주산대놀이 연희본에서는 염불놀이의 등장인물 소개 부분에서 완보를 '관(冠) 쓴 중'으로 설명하고 있다. 1964년 양주 구읍에서 사용하던 양주산대놀이의 가면을 보면 완보가 높다란 관을 쓴 모습이며 '冠 쓴 중 또는 팔먹승이라고도 한다'는 설명이 붙어 있다.[213]

완보와 관중이 서로 대립 구도를 형성한 것이나 하나의 인물로 합쳐질 수 있었던 근거는 둘 다 우두머리의 속성을 지녔기 때문이다. 관중은 목중탈에 관을 씌워 변별하였는데 관은 무리들보다 높은 신분을 상징한다. 완보는 탈춤 텍스트에 드러나는 역할로 미루어 무리들을 주도하는 우두머리의 성격을 지닌다고 파악할 수 있다.[214] 1930년본 「산대도감극각본」의 경우 한 무리에 두 명의 우두머리가 있을 수 없으므로 싸워야 하는 대결 구조를 형성했다면, 1957년본 양주산대놀이 연희본의 경우 두 배역이 지닌 공통점으로 인해 하나의 인물이 되었던 것이다.

대결 구도에 있었던 완보와 관중은 한 인물이 되었고 완보탈을 겸용하던 말뚝이는 완보와 대결 구도를 이루게 되었다. 물론 완보와 대결하는 말뚝이는 말뚝이 배역이 아닌 말뚝이탈을 사용한 목중이다. 그러나 연희자와 수용자가 염불놀이의 말뚝이탈을 목중이 아닌 말뚝이 배역으로 인식하게 된 상황을 통하여 말뚝이의 지배적인 영향력을 확인할 수 있다. 말뚝이의 영향력이 강화되면서 염불놀이의 구조에 혼선이 생겨난 것이다. 당대 관객층의 소망을 담은 말뚝이 배역의 인기와 성장에 힘입은 변화라고 할 수 있다.

야류와 오광대 등 지방의 도시탈춤에는 산대놀이나 해서탈춤에 비하여 양반과장이 확대되어 있고 말뚝이의 비중이 크게 나타나는 반면, 중가면

---

213 이두현, 『한국의 가면극』, 일지사, 1979, 133면.

214 라마교 사원의 주지승을 가리키는 고대어인 '환보(Qanbo)'에서 '완보'가 유래되었다는 주장에 따르면 완보는 절의 주지를 가리킨다; 전경욱, 『한국의 가면극』, 열화당, 2007, 217면.

이 전혀 없거나 있더라도 현격하게 적다는 사실은[215] 탈춤의 변천 과정과 관련하여 매우 시사적이다. 토착문화에 기반을 둔 지방의 도시탈춤은 '양반놀이' 중심으로 성장해 왔고 외래문화의 영향을 받은 서울지역의 탈춤은 '중놀이' 중심으로 성장해왔다고 할 수 있다. 조선전기에는 산대나례(山臺儺禮)와 같은 국가 행사를 통하여, 조선후기에는 상업적인 흥행 활동을 통하여 각 지역 탈춤의 충돌과 교류가 진행되었다고 할 수 있다. 이 과정에서 각 지역 탈춤의 유사성이 강화되었고 어느 단계에서는 서울지역 산대놀이의 영향력이 우위에 있었을 것이다. 이후 지방 도시탈춤의 영향력이 강화되면서 서울지역 산대놀이의 중심이 '중놀이'에서 '양반놀이'로 이동하게 된 것이다.

이러한 변화를 통하여 근대 이행기 이후 탈춤의 역사가 지방 도시탈춤의 영향력이 커지는 방향으로 진행되었다는 사실을 확인할 수 있다. 지방의 도시탈춤은 서울지역의 탈춤에 종속되지 않고 능동적으로 창조와 전파를 주도하였다. 종교적인 금욕에 대한 개인적인 관점을 넘어 정치적인 계급투쟁에 대한 사회적인 관점이 확산되어온 문화사의 양상을 반영한 것이다.

* * *

탈춤의 전통은 탈춤 텍스트와 함께 탈 유물을 남겼다. 채록본이나 연희본은 통시적인 전승과 변이가 하나의 텍스트 안에 공존한다면 탈유물은 어느 한 시기 탈춤의 단면을 보여준다. 탈의 사용 연대를 비정할 수 없는 경우라도 두 벌 이상의 탈을 비교하여 선후 관계를 확인할 수 있는 장점이 있다. 특히 한 벌의 완결된 구성을 갖춘 탈이라면 극중인물의 존재와

---

215 전경욱, 「본산대놀이 계통 가면극의 지역적 소통」, 『한국민속학』 37, 한국민속학회, 2003, 304면.

극중사건의 구성에 대한 해답을 줄 수 있고 관극시나 채록본과 견주어 산대놀이의 변천 과정에 대한 중요한 논거로 사용할 수 있다.

김재철의 『조선연극사』에서 서울대학교 박물관 소장 산대탈이 거론된 이후 여러 저술을 통하여 그 전승 현황에 대한 소개가 이루어졌다. 대부분의 저술들은 탈 한 벌의 완결성에 대하여 의식하지 않았고 출처가 다른 탈들을 한 벌로 모으거나 당대 사용자의 기록과 다른 현재적 관점의 명칭을 부여하기도 하였다. 성급한 판단에 따른 단순한 오류가 아니라면, 탈의 명칭과 정체성에 대한 혼란은 시간이 멈춰버린 탈 유물과, 지속적인 전승과 변이를 거듭하는 탈춤 텍스트의 차이를 반영한 것으로 그 자체가 산대놀이의 변천 과정에 대한 단서가 될 수 있다.

산대탈의 전승 현황에서 두드러지는 문제는 〈당녀-애사당-소무〉 및 〈완보-말뚝이〉의 착종이었다. 전자의 경우는 탈의 실물과 이름을 대조하는 작업만으로 유득공(柳得恭)이 말한 야희(野戱)의 '唐女'를 왜장녀로 파악하는 태도가 성급한 오류였음이 밝혀졌다. 왜장녀와 당녀의 탈은 한 벌의 탈에 속하면서 외형과 이미지가 확연히 구분되기 때문이다. 「남성관희자」에 묘사된 '당의(唐衣)' 입은 여인은 당녀이며, 탈의 모습과 시의 내용을 견주어 볼 때 고혹적인 여인을 형상화하였다는 사실을 알 수 있다.

〈완보-말뚝이〉의 착종에 관한 문제는 탈춤 텍스트의 전승 과정과 연관이 있다고 보아 목중탈, 완보탈, 말뚝탈의 전승과 착종 양상을 구체적으로 논의하였다. 서울대 박물관 소장 유물번호 〈252번〉 목각탈에서는 모든 목중탈이 입 꼬리가 쳐진 '완보의 이미지'를 지니고 있었다. 〈252번〉 목제탈과 〈1177번〉 바가지탈의 단계에 이르면 여러 가지 방식으로 목중들의 외모가 구분되기 시작한다. 목중탈의 변별화 양상은 목중 배역의 변별과 개성적인 재창조를 반영한 것이다. 불만에 차서 입 꼬리가 쳐진 외형은 원래 목중탈 모두에 공통되었지만 완보 배역의 분화와 함께 완보탈만의 이미지로 굳어지게 되었다고 할 수 있다. 이러한 과정에서 지방의 도시탈춤에서 형성된 말뚝이 배역이 서울지역의 산대놀이에 수용되었고 연희자들이 목중탈 가운데 하나를 겸용하여 말뚝이 배역을 소화하게 되었다고 여겨진다. 여러 개의 목중탈 가운데 어떤 탈을 사용할 것인가는 탈의 기본 성격은 물론 그 탈을 쓰고 놀던 연희자의 역량이 반영되었을 것이다.

완보 배역은 주요 인물들과 상대하며 극을 이끌어가는 재담꾼의 역할이므로 완보탈을 썼던 연희자는 탁월한 입심과 재담에 능한 실력자였을 것이다. 지방 도시탈춤의 말뚝이는 물론 산대놀이에서 재창조된 말뚝이 역시 극을 이끌어가는 재담꾼으로서 뛰어난 연기력이 요구되는 바, 완보 배역을 하던 연희자가 선택되었을 것이고 자연스럽게 완보탈이 말뚝이 배역에 사용되지 않았을까 추정된다. 그 과정에서 완보의 성격과 역할이 전이되어 새로운 모습의 말뚝이가 재창조되었다고 할 수 있다.

유물번호 〈1179번〉 도화동 '말뚝이'는 겸용하던 완보탈 대신 새로 제작되었을 말뚝이탈이다. 서울시 마포구 도화동은 마포나루를 중심으로 하는 주요 상권이며 애오개나 노량진과도 가까워 도화동 '말뚝이'는 전문 놀이패의 탈이거나 그들의 탈춤을 모방해 놀았던 거주민 중심 놀이패의 탈일 수 있다. 도화동 '말뚝이'는 서울지역의 산대놀이에서 이미 샌님과정의 의막사령놀이가 성립되었다는 사실을 보여주는 단서가 된다.

독자적인 말뚝이탈이 마련되면서 말뚝이 배역은 샌님과정을 넘어 산대놀이 전체의 주인공으로 부상하게 되었다고 여겨진다. 1957년본 양주산대놀이 연희본에 이르면 말뚝이는 샌님과정을 넘어서 염불놀이와 침놀이, 애사당북놀이에 등장하게 된다. 염불놀이에서 완보와 대결하는 배역에 말뚝이탈을 사용하게 되면서 본래 그 배역을 맡았던 관중이 완보와 합쳐져 하나의 인물이 되었다. 지방의 도시탈춤에서 들여온 말뚝이의 인기와 성장에 힘입어 서울지역 산대놀이의 중심이 '중놀이'에서 '양반놀이'로 옮겨지게 되었던 것이다.

이러한 변화를 통하여 근대 이행기 이후 탈춤의 역사가 지방 도시탈춤의 영향력이 커지는 방향으로 진행되었다는 사실을 확인할 수 있다. 지방의 도시탈춤은 서울지역의 탈춤에 종속되지 않고 능동적으로 창조와 전파를 주도하였다. 종교적인 금욕에 대한 개인적인 관점을 넘어 정치적인 계급투쟁에 대한 사회적인 관점이 확산되어온 문화사의 양상을 반영한 것이다.

12) 왕실 연희 축제의 부활과 공연예술의 근대적 대응

1865년은 경복궁 영건 사업이 시작된 해이다. 광화문을 포함한 경복궁은 조선 태조 때 창건되었는데 임진왜란 때 불타버린 것을 1865년부터 2년 동안 중건했다. 영건 사업을 주도한 흥선대원군 이하응은 경복궁 중건을 통하여 왕권과 왕실의 존엄성을 다시 세우고자 했다. 무너지기 시작하는 봉건체제를 끌어안기 위한 몸부림과도 같았다고 할 수 있다.

조정에서는 경복궁 중건의 재정을 확보하기 위해서 당시 통용되던 상평통보의 백배 가치를 지향하는 당백전을 발행하고 강제적인 기부금인 원납전을 거둬들이는 등 무리한 정책을 단행했다. 원납전을 내지 못하는 많은 백성들은 부역꾼으로 동원되어 영건 사업에 동참했다. 조정에서는 경복궁 영건 사업의 정당성을 만방에 알리고 자발적인 부역을 고무하기 위해서 전국의 놀이패를 불러다 수시로 공연 행사를 벌이곤 했다.

경복궁 중건의 진행 절차를 보면 1865년 4월 12일 고종 임금이 경복궁 옛터에 거둥하는 친림 행사를 거행하고 다음날인 13일 공사를 시작했다. 임금의 친림 행사는 25일에도 거행되었는데 이때 임금의 거둥을 축하하는 대규모의 의전 행사가 함께 베풀어졌다. 경복궁 중건의 토목공사만큼이나 경복궁 옛터 광화문 앞에서 거행된 친림 축하 행사는 왕권과 왕실의 존엄성과 영속성을 만방에 과시하는 획기적인 사건이었다. 중세 봉건사회가 저물어가는 시점에서 이루어진 마지막 중세 축제였다고 할 수 있다.

이 행사의 관람기인 「기완별록(奇玩別錄)」에 따르면[216] 조정의 대신들을 비롯해서 도성의 백성들, 부역에 참여한 역군들이 모두 모인 가운데

임금을 위한 송축의 의례가 행해졌고 이어서 각지에서 모인 재인광대들의 놀이 한마당이 펼쳐졌다.[217]

1865년 서울의 거리 축제는 팔도의 재인청과 교방이 중심이 되었으며 서울 시정의 왈자 집단이 개입하였다고 생각된다. 예능인들에 대한 국가의 통제력이 약화된 상태에서, 국가적인 공연 행사를 위해서는 서울 시정의 유흥 오락을 장악한 왈자들의 존재가 필요하였다고 할 수 있다. 왈자 집단에는 의금부나 포도청 및 용호영 출신의 하급 무관들이 많이 속해 있었다.

의금부는 이전 시기 나례도감의 주축이 된 관청으로 경중우인을 관리하고 외방재인의 상송을 맡았기에 재인들과의 관계가 각별할 수 있었다. 포도청은 조선 후기 서울 시정의 치안과 질서를 맡은 말단 기구로서 서울 상업지역의 질서 유지 차원에서 기생이나 재인광대들의 예능 활동에 개입하였다고 여겨진다. 군악대가 유명한 용호영 역시 재인이나 기녀들과 교류할 기회가 많았다. 왈자들의 대부분은 기부(妓夫)를 자처하였으며 스스로 예능과 풍류를 갖춘 경우도 많았다. 그들은 공식적인 관리나 비공식적인 비호의 차원에서 예능인들의 존재 방식이나 흥행 활동에 큰 영향력을 행사할 수 있었다.

한편, 경복궁 중건 사업을 주도한 대원군이 서울 시정의 왈자 집단과 인맥을 형성하고 있었던 사실도 크게 작용하였다고 여겨진다. 대원군은 오위도총부(五衛都摠府)의 도총관을 지내기도 하였기 때문에 서울의 하급 무관으로 구성된 왈자 집단과 친연 관계를 맺을 수 있었다. 집권하기 이전 세도정치의 압박을 피하기 위하여 시정의 왈자들과 어울려 다닌 사실도 잘 알려져 있다. 국가적인 의전 및 공연 행사인 환궁 행사가 폐지된

---

216 윤주필, 「경복궁 중건 때의 전통놀이 가사집 『奇玩別錄』」, 『문헌과해석』 9호, 문헌과해석사, 1999.

217 이하 『기완별록』에 나타난 공연 양상은 사진실, 「산희와 야희의 전승과 변천」, 『공연문화의 전통』 참조.

지 100년 남짓 지난 시점이고 공연문화의 주도권이 궁정에서 시정으로 옮겨간 상황이었기 때문에 서울의 유흥오락문화를 주도한 시정 왈자들의 역할이 매우 컸다고 할 수 있다.

그래서였던지 이날 축제는 대전별감과 의금부 나장, 포도청의 기찰포교 등 왈자들의 모습을 꾸민 가장놀음이 맨 앞에 공연되었다. 이어서 벌어진 공연은 노장과 취발이, 왜장녀가 등장하는 탈춤이었다. 묘사된 내용에 따르면 현전하는 탈춤 〈산대놀이〉와 같으며 서울 및 근교 지역 놀이패의 공연이라고 할 수 있다. 이전 시기 〈산대나례〉의 야희(野戲)에 해당하는 공연종목이다.

서울대학교 박물관에 소장된 〈산대놀이〉 탈 가운데 경복궁 영건 당시에 산대도감에 사용되었다는 탈이 두 점 전한다.[218] 문제의 탈은 먹중탈과 완보탈로 알려져 있는데, 탈의 뒷면에 각각 '墨僧三口'와 '八目僧'이라는 이름과 '景福宮 造營 當時 / 山臺都監 使用 / 楊州郡 退溪院里'라는 기록이 세 줄로 쓰여 있다. 「기완별록」에 묘사된 〈산대놀이〉의 탈이었을 가능성이 크다.

뒤에 이어진 놀이는 여러 지역에서 올라온 무동패의 〈무동놀이〉였다. 무동놀이는 지금 남사당놀이의 하나로 전승되고 있는데 아이들이 어른들의 어깨에 올라 여러 가지 춤과 기예를 보여주는 놀이이다. 한 명의 어른 위에 두 세 명의 아이가 탑을 쌓기도 하고 한 어른이 양팔로 두 아이를 잡고 도는 등 감탄할 만한 재주가 돋보이는 공연종목이다.

다음 이어진 놀이는 〈사냥놀이〉이다. 등장인물은 오랑캐 여자 복식의 작은 아이, 아이를 어깨에 올린 키 큰 사람, 포수, 몰이꾼, 사냥개역, 호랑

---

218 서울대박물관에 소장된 나무탈을 모두 퇴계원산대놀이의 탈로 보는 시각이 있으나 이는 재고되어야 한다. 필자가 서울대박물관의 수장고에서 확인한 나무탈들은 각각 세 가지 제작방식에 따라 다르게 제작되었다. 경복궁 조영 당시 사용했다고 명시된 두 점의 탈은 나무를 파내어 바가지 형식으로 만들고 그 위에 이목구비를 붙여 만든 방식으로 제작된 반면, 나머지 두 종류는 목각으로 얼굴형과 이목구비를 완전히 조각한 방식과 천연 바가지 위에 이목구비를 만들어 붙이는 등의 방식을 사용하였으며 탈이 주는 조형미가 완전히 다르다.

이역, 여러 군인 등이다. 포수와 몰이꾼이 사냥개를 앞세우고 사냥감을 찾다가 갑자기 나타난 호랑이에게 놀라 소리를 지르며 달아나다가 마당에 나가떨어지는 내용이다. 몰이꾼이 호들갑을 떠는 사이 포수가 총으로 호랑이를 잡고 죽은 호랑이를 군인들이 떠메다가 도청에 바치는 것으로 끝난다. 〈사냥놀이〉는 동해안 별신굿 가운데 범굿과 아주 비슷하다.

다음에 묘사된 것은 〈금강산놀이〉인데 지난 시기 궁정의 의전 행사에서 중요한 종목이었던 산대잡상놀이, 즉 산희(山戱)였다. 틀 위에 가산(假山)을 만들어 붉은 난간으로 둘러싸고 산속에는 절, 홍살문의 잡상을 설치했다. 인물잡상으로는 소설 「구운몽(九雲夢)」의 주인공인 성진(性眞)과 팔선녀(八仙女)가 다리에서 만나 서로 수작을 벌이는 장면을 연출하였다. 지난 시기 산대잡상의 전통을 이었지만 인물잡상의 소재로 당대 조선의 소설 속 주인공이 등장하였다.

이날의 거리 축제에는 〈금강산놀이〉 말고도 여러 개의 예산대와 헌가산대가 거리를 순행했다. 서왕모(西王母)의 요지연(瑤池宴) 이야기를 꾸민 〈신선놀이〉, 중국 진나라 때 상산(商山)에 숨어 바둑을 두며 살았다는 네 명의 노인 이야기를 형상화한 〈상산사호(商山四皓)놀이〉 등이 있었다. 뒤를 이어 야희(野戱) 또는 가장행렬로 추정되는 〈서유기놀이〉, 〈팔선녀놀이〉, 선동(仙童)이 학을 타고 노는 〈선동놀이〉가 공연되었다.

마지막 순서는 민화 「백자도(百子圖)」를 놀이로 표현한 〈백자도놀이〉였다. 각자 장난감을 가지고 놀이를 하는 수많은 아이들을 행렬에 참여시켜 자손만대로 지켜나가야 하는 국권의 중요성을 부각시켰다고 할 수 있다. 공연 순서가 끝난 뒤에는 임금을 향하여 만세를 외치는 산호(山呼) 의식이 거행되었다. 구경나온 백성들이 만세를 따라 부르며 임금과 왕실의 안녕과 번영을 축원하였던 것이다.

1865년 4월 광화문 앞에서는 경복궁 중건의 정당성을 만방에 알리고 중세적인 왕실의 위엄과 영속성을 보여주고자 했던 마지막 중세 축제가 거행되었다. 「기완별록」의 표현에 따르면 한바탕 꿈을 꾼 듯 생각되는 화려하고 장엄한 장관이었다. 이러한 장관을 연출하는 〈산대나례〉는 조선전기 궁정의 주요 의전 행사였다. 임금의 만수무강과 왕실의 영속성을 주지시키기 위하여 '신성한 산'을 표현한 거대한 산대와 신선들의 불사약이 상징하는 장생불사의 이미지를 활용하였다.

홍선대원군은 중세적 왕권 회복을 목표로 경복궁 중건 사업을 일으키면서 〈산대나례〉를 포함한 중세적인 궁정 의전 행사를 복원하였다. 병자호란 이후 중국 사신을 위한 〈산대나례〉만 남겨두었다가 정조 말에는 공식적으로 폐지되었기 때문이다. 중세 공연문화의 전통을 대표하는 궁정 주도의 대규모 축제는 지속되지 못했지만 19세기 말 서울의 궁정, 시정, 외방에서 배출한 다양한 전통연희가 집결하여 교섭하는 마당을 열었다고 할 수 있다.

궁정에서는 중세적 공연문화의 전통을 정치적으로 복원하려 하였지만 시정에서는 공연상품에 대한 수요가 증가하면서 익명의 다수가 소액의 관람료를 지불하는 근대적인 공연상품 유통이 생겨나기 시작했다. 공연상품을 유통하는 최선의 방식은, 관객이 공연에 대한 입장료를 선지불하는 보상 방식을 통하여 이루어진다. 그러기 위해서는 관객 및 관객이 아닌 사람을 구분해주는 극장이 필수적이다. 여기서 극장은 고정적인 건축물을 의미하지는 않는다. 임시로 가설된 시설이라도 유료 관객을 구분하여 관람하게 할 수 있는 설비만 마련된다면 선지불 후공연의 유통 방식이 가능하기 때문이다.

조선전기 궁정의 공연문화는 궁궐 안에 다목적형 의례 공간이나 후원을 두어 의식을 거행하고 공연 오락 행사를 베풀었다. 상층 문화에서는 전국의 명승지는 물론 자신의 저택에 누정(樓亭)을 두어 풍류 문화를 이끌어 갔다. 산대나 채붕과 같은 거대한 규모의 가설무대는 당대 최고의 장인들이 참여하는 세련된 무대의 전통이라 할 수 있다. 그러나 상층에서 발달시킨 극장문화는 특정한 소수에 집중된 폐쇄적인 공연공간이었다.

시정에서 익명의 다수 관객을 상대로 흥행을 도모하는 상업적인 극장은 19세기 말에 형성된 것으로 보인다. 이 시기 신문 기사에 자주 등장하는 아현이나 용산 등지의 무동연희장은 서울 경강지역의 상업문화를 기반으로 설립된 극장이라고 할 수 있다.[219]

    (1) [開雜遊戱] 西江 開雜輩가 阿峴等地에서 舞童 演戱場을 設하엿ᄂᆞᆫ듸 觀光ᄒᆞᄂᆞᆫ 人이 雲集ᄒᆞ얏거늘 警務廳에서 巡檢을 派送ᄒᆞ야 禁戢ᄒᆞᆫ즉 傍觀ᄒᆞ든 兵丁이 破興됨을 憤痛히 녁이어 該巡檢을 無數亂打ᄒᆞ야 幾至死境ᄒᆞᆫ지라 本廳에서 其開雜輩 幾許名을 捉致ᄒᆞ고 該演戱 諸具를 收入ᄒᆞ야 燒火ᄒᆞ엿다더라.[220]

    (2) [광고] 昨朝에 舞童을 始戱코져 ᄒᆞ얏더니 終日下雨ᄒᆞ야 演戱치 못ᄒᆞ고 陽曆 三月 四日로 退定ᄒᆞ야 每日 遊戱ᄒᆞᆯ터이오니 諸君子ᄂᆞᆫ 逐日 龍山으로 來玩ᄒᆞ시옵 — 舞童演戱場 告白[221]

    (1)은 『황성신문』 1899년 4월 3일 기사이다. 서강의 한잡배들이 아현 등지에 무동 연희장을 가설하고 공연하였다고 한다. 서강의 한잡배들이란 한강의 상업지역을 중심으로 활동한 왈자 집단의 연속선상에 있다고 여겨진다. 그들이 무동 연희장을 세운 아현은 산대도감패의 한 부류인 〈애오개산대〉로 잘 알려진 곳이다. 여기서 '무동'은 궁정의 외연(外宴)에 참여한 '무동(舞童)'이 아니다. 『뎨국신문』 1902년 12월 16일 기사에 의하면 "망칙 긔괴흔 츔도 만흔 즁 무동을 셰층으로 타는 거시 ᄯᅩ흔 쟝관이라 ᄒᆞ더라"고 하였는데, 무동놀이가 현전하는 남사당놀이의 한 종목인 '무동타기'였음을 알 수 있다.

---

219 사진실, 「조선시대 서울지역 연극의 공연상황」, 『한국연극사 연구』, 388~390면.

220 『皇城新聞』 1899년 4월 3일. 이하 신문 기사는 단국대 공연예술연구소 편, 『근대한국공연예술사 자료집』 1, 단국대학교출판부, 1984 참조.

221 『皇城新聞』 1900년 3월 3일.

(2)는 『황성신문』 1900년 3월 3일 기사인데, 이번에는 용산에 연희장을 개설하였다고 하였다. 용산 역시 경강 상업지역의 하나로 산대도감패 등 민간 놀이패의 흥행 경로에 해당하는 지역이었다. 상업지역의 장터와 같은 개방공간에서 이루어지던 놀이패의 공연이 인기를 얻으면서 노천 가설극장을 지어 일정한 기간 동안 상설 공연을 하게 되었던 것이다.

용산의 무동 연희장에서는 비가 오는 바람에 하루 뒤로 공연을 연기했다고 하니 지붕이 없는 노천극장이었다는 사실을 알 수 있다. 그러나 유료 관객을 구분할 정도의 시설은 갖추었다고 보는 것이 옳다. 동대문 전차고 안에서 개장하였다는 광무대[222]는 고정적인 건축물을 활용하여 극장으로 사용하였다는 점에서 근대적인 극장의 개념에 더욱 가까워졌다고 하겠다.

〈산대도감극〉의 공연을 내세운 연희장도 있었다.

새문밧 링동 근쳐 사름들이 산두도감 연희장을 숨이려고 약간 제구시지 만들엇스되 관부에 허가를 엇지 못ᄒᆞ야 쥬션즁이라더니 직작일에 그 동리 사름들이 룡산 광듸 줄 타ᄂᆞᆫ 구경을 갓더니 구경군은 희소ᄒᆞ고 맛츰 한셩판윤 리치연씨가 룡산으로 나왓ᄂᆞᆫ지라 산듸도감 허가ᄒᆞ여 주기를 쳥구ᄒᆞᆫ즉 리판윤의 말이 룡산으로 나와 놀터이면 허가ᄒᆞ여 주마 하ᄂᆞᆫ고로 하로만 링동서 놀고 그 후에부터 룡산셔 놀기로 쥰허가 되여 방쟝 긔구를 쥰비ᄒᆞᆫ다더라[223]

위의 기사는 『뎨국신문』 1900년 4월 9일의 기사로 용산에 '산두도감'[산대도감] 연희장을 마련하였다는 내용이다. 새문 밖에 비하여 용산은 쉽게 허가가 나서 연희장을 세울 수 있었다. 무동 연희장으로 알려진 용산 등은 노천 가설극장이 성업하는 지역으로 인정받았던 것 같다. 당시에도 이

---

222 박황, 『창극사연구』, 백록출판사, 1976, 20~21면.
223 『뎨국신문』 1900년 4월 9일.

미 "광딕 줄 타는 구경"이 흥행 중이었다.

1900년대 〈산대도감극〉의 공연 내용에 관하여 알려주는 몇 개의 자료가 있다.

(1) [戱舞臺打令] …… 吾們은 山寺에 納涼ㅎ다가 山臺都監의 演戲를 偶覽ㅎ이 一套 滑稽를 酒後에 叫奇ㅎ노라 靑山綠水景 죠흔데 一酒東方 潔道場이라 抹杖遮日雪布張에 令旗朱杖沙燭籠이라 一班文武好風神은 東西列席坐客이오 靈山會像大風流는 梨園弟子六各이라 綠陰芳草勝花時에 一代奇怪別人物이 燦爛錦繡新衣裳과 玲瓏彩色眞面目으로 瀟湘班竹十二節로 逾出逾奇 차례 춤에 雪膚花容小巫堂과 松納長衫老長僧이라 峨冠博帶生員이오 拳鬚突鬚不僧이라 이 탈 나와 一場이오 져탈 나와 一場이라 善戲謔兮 善舞法에 萬人耳目瞠然일싀 善謔善舞 凡歲人고 改頭換面 輪回로다 此 탈 彼 탈 돌려 쓰니 異楦同人 奇事로다 禮義之邦 鄕人儺는 驅除疫鬼 盛俗이오 魌頭氏는 辟邪ㅎ고 處容舞는 呈瑞인딕 山臺演戲 節倒로다 旅進旅退 구경ㅎ쇼224

(2) [狐鼯呼舞](諷林當選) 近日 西部坊曲에 山頭都監牌가 突出ㅎ얏□대 其演劇이 可觀可憎이러라

▲牌長 朴僉知는 一入不出ㅎ고 山頭都監이 具甲冑張虎威ㅎ며 這演場內에 儼立ㅎ얏는데 無數혼 土俑芻狗之徒가 假粧人面ㅎ고 幷蹲其前ㅎ야 추추雀舌로 獻媚納巧ㅎ며 哀呼伏乞曰 渠等의 依賴保縷는 但信山頭將軍이오 且渠等이 曾有細功於將軍이오니 將軍은 活我活我ㅎ시면 將軍의 勳勞威德은 大書發表ㅎ야 戮力圖報호리다……其可憐悲鳴은 尤甚於華容道 關公馬下에 漢城曹瞞의 奸狀窮態라 故로 人皆拍掌唾笑而散ㅎ니 入場券 枚數는 號曰 百萬이나 只不過 幾百箇魚頭鬼面而已러라

選者曰 演劇場에는 無靑龍刀乎아225

224 『황성신문』 1900년 8월 9일.

(1)은 『황성신문』 1900년 8월 9일자에 [희무대타령(戲舞臺打令)]이란 제목으로 실린 〈산대도감극〉의 관극평이다. 탈춤의 대사와 관객의 감상 내용이 섞여 있어 놀이 장면을 파악하기가 쉽지 않다. "吾們은 山寺에 納涼ᄒ다가 山臺都監의 演戲를 偶覽홈이 一套 滑稽를 酒後에 叫奇ᄒ노라"로 시작하는 부분은 목중이 절간에 있다가 놀이판에 나온 내력을 늘어놓는 부분이라고 여겨진다. "瀟湘班竹十二節로 逾出逾奇 차례 춤"이라는 부분은 〈산대도감극〉 각본에서 "瀟湘班竹 열 두 마디 후리쳐 덤석 타"라고 노래 부르면서 먹중과 옴중이 등장하는 장면과 같다.[226] "雪膚花容"의 소무, "松納長衫"의 노장, "峨冠博帶"의 생원이 등장하였다. "拳鬚突鬢不僧"은 절간의 불목하니로 알려진 취발이라고 여겨진다.

(2)는 『대한민보』 1910년 6월 2일 [호추호무(狐鰍呼舞)]라는 제목으로 실린 세평이다. "朴僉知"는 산대도감패의 패장이라 하였으니 놀이패의 우두머리면서 〈꼭두각시놀음〉에 나오는 박첨지를 가리키는 중의적 표현으로 사용한 명칭인 듯하다. 〈산대도감극〉의 등장인물은 "具甲冑張虎威ᄒ며 這演場內에 儼立"한 "山臺都監(山頭將軍)", "추추雀舌로 獻媚納巧ᄒ며 哀呼伏乞"하는 "土偶芻狗之徒" 등이다. 갑옷과 투구를 갖추고 등장하는 산두장군이나 그에게 아첨을 떨며 애걸하는 하찮은 무리들은 현전 탈춤 〈산대놀이〉에서 확인할 수 없는 등장인물들이다. 한편, 관객이 별로 없었다는 사실을 말하기 위하여 "기괴망측한 가면 기백개가 있을 뿐(幾百箇魚頭鬼面而已)"이라고 하였는데, 수사적인 과장을 감안하더라고 상당히 많은 가면이 사용되었다고 할 수 있다. 1910년만 하더라도 새로운 극장문화에 대한 〈산대도감극〉의 대응이 활발하였다고 할 수 있다.

개방공간인 장터의 놀이판은 가설물을 설치하거나 기존 건축물을 활용하여 관객과 비관객을 구분하는 폐쇄성을 추구하게 되었다. 이전 시기 폐

---

225 『대한민보』 1910년 6월 2일.

226 조종순 구술, 「산대도감극각본」; 조동일, 『탈춤의 역사와 원리』, 292면.

쇄공간에서는 관객이 신분적인 특권에 의하여 변별되었다면 이제는 입장료의 유무에 따라 변별되기 시작하였다고 할 수 있다. 극장의 개념이 도입되기 전까지 이들 놀이패들은 공연의 보상조차도 기약할 수 없는 유랑연예 활동을 하거나 소수 관객의 초청을 받아 머무르며 공연하였다. 노천가설극장이 생겨나면서 이들은 신문에 광고를 내어 선전을 하고 고정된 장소에서 일정한 기간 동안 공연하기 시작하였다. 특정한 소수가 아닌 익명의 다수 관객이 흥행의 대상으로 부각되었을 뿐 아니라 관객을 찾아다니던 방식에서 관객을 불러들이는 방식으로 전환되었다고 할 수 있다.

이러한 변화는 공연예술의 상품 가치에 대한 자신감을 나타낸다. 예능의 수준이 향상되었을 뿐 아니라 공연 상품에 대한 일반인의 수요가 늘어난 결과였다고 할 수 있다. 이러한 노천 가설극장은 상업적인 상설극장의 시초가 되었다. 누구나 정해진 소액의 관람료를 내면 극장에 들어와 정당한 관객이 될 수 있었던 것이다. 어떤 이유로도 관객을 제한하지 않았던 장터 놀이판의 전통을 잇는 한편, 근대극장이 지닌 흥행의 논리를 추구하였다고 할 수 있다.

협률사는 궁정극장인 희대(戲臺)에서 출발하였고 민간 흥행 활동에 힘입어 상업극장으로 전신하였다. 조선후기 서울의 오락 유흥 문화를 장악했던 왈자 등 중간층이 연이어 극장을 설립하면서 20세기 초 극장문화의 주역으로 발전하였다.[227] 「게우사」 등에 나타났던 전통적인 공연종목이 이 시기 극장 무대의 흥행종목으로 올라왔고 궁중 정재(呈才) 등 궁정 공연예술도 극장 무대에 진출하였다. 산희와 야희의 여러 종목 가운데 탈춤으로만 축소된 〈산대도감극〉도 초창기 근대 극장의 무대에 올랐다. 판소리, 산타령, 줄타기, 무동놀이 등 노천가설극장에서 흥행할 수 있었던 대부분의 전통연희가 옥내극장의 무대에 올랐다.

서울의 중인 가객이며 마지막 궁중 광대였던 박춘재(朴春載, 1881~

---

227 김종철, 『판소리사 연구』, 역사와비평사, 1996, 135~138면.

1948)는 극장문화가 형성되면서 당대의 대중스타로서 활동하게 된다.[228] 그는 가곡, 시조, 가사, 잡가 등에서 대표적인 가객으로, 재담소리와 재담극의 일인자로 알려졌으며, 전통적인 배우로서 대중 연예인으로 전환된 최초의 인물이라고 할 수 있다.

박춘재의 재담은 한편으로 만담계로 전승되었다면 다른 한편으로는 근대 희극의 형성 과정에 수용되었다고 할 수 있다. 재담은 만담으로 전승된 축을 따라 TV 코미디물의 토대가 되었다고 할 수 있으며 근대 희극으로 전승된 축을 따라 연극사의 전통을 이루었다고 할 수 있다.

1900년대 협률사를 비롯한 상업극장에서는 악(樂), 희(戱), 극(劇)의 공연예술 갈래인 정재, 탈춤, 판소리가 모두 무대에 올랐다. 이 가운데 상업적인 근대극장의 무대에서 성공한 주류 연극은 판소리였다. 판소리는 연극 개량의 대상으로 지목되어 당대의 신연극인 창극(唱劇)으로 발전하였던 것이다. 반면 탈춤은 옥내극장의 무대에 적응하지 못하고 다시 노천 가설극장을 전전하게 되었다.[229] 정재 역시 판소리나 창극에 밀려 더 이상 연극을 지향하지 않게 되었다.

20세기 초 연극은 연기에 있어서 춤보다는 사실적인 행위를, 대본에 있어서는 시(詩)보다는 소설(小說)의 방식을 선택하였다. 암시나 상징의 수법보다는 직접적인 묘사와 설명을 원하였던 것이다. 또한 갈등과 화해가 교차하는 놀이 형식보다 인생을 재현하는 사실적인 연극 형식을 채택하였다. 한 장면으로 극대화된 대결 구조보다는 순차적으로 진행되는 서사적인 줄거리를 선호하였던 것이다. 이러한 양상은 근대극을 지향하는 시대적인 요청이었다고 할 수 있다.

---

228 사진실, 「배우의 전통과 재담의 전승」, 『공연문화의 전통』, 529~532면.

229 『대한매일신보』 1906년 8월 28일, 『황성신문』 1910년 5월 28일, 『대한민보』 1910년 6월 2일.

〈부록〉 『나례청등록(儺禮廳謄錄)』 번역과 주석1

『나례청등록(儺禮廳謄錄)』은 조선시대 왕실의 연희 축제로 자리 잡은 산대나례(山臺儺禮)의 준비 과정에 오고간 공문서의 내용을 담은 문서이다. 서울대학교 규장각에 소장된 1책 27장의 문서로서, 인조 4년(1626)에 작성되었다. 산대나례는 고려의 전통을 이어 조선 건국 이후 왕실의 위엄을 만방에 과시하는 연희 축제이며 거리 축제로 자리 잡았다. 세조 연간에서 명종 연간까지 번화하게 치러졌는데, 이 자료가 발간된 인조 당시는 행사의 의미와 규모가 대폭 축소된 상황이었다. 국가적인 공식 행사를 치르면서 등록(謄錄)이나 의궤(儀軌)를 남기는 관습이 유지되었을 것이므로 나례와 관련된 등록이 다수 존재하였겠지만 현재로서는 이 자료가 유일하다.

나례는 연희 및 연극의 역사적 전개 과정을 밝힐 때 중요하게 다루어진다. 나례가 제의이기도 했고 놀이이기도 했다는 것은 두루 알고 있는 사실이다. 나례는 두 왕조에 걸쳐 왕실과 민간의 공연문화를 소통시키고 통합하는 국가적인 연희 축제였다. 나례의 번성과 쇠퇴의 과정은 공연예술의 변화와 발전 양상을 살필 수 있는 주요 단서가 된다. 나례를 둘러싼 제도와 관습의 변화, 연행자와 관객 집단의 관계 등을 통하여 당대의 공연예술의 문화사적 기반을 확인할 수 있고 공연예술 양식의 생성과 변천을 감지할 수 있다.

본 자료는 제의와 오락의 여러 가지 양태로 전승된 나례 가운데 중국사신을 영접하는 산대나례에 관한 기록으로, 의금부가 주축이 된 좌변나례청에서 발행하였다. 조선전기 임금의 환궁의식에 포함된 산대나례에 비하여 상당히

---

1 「나례청등록」은 『문헌과해석』에 4회로 나눠 번역하여 소개한 바 있다. 사진실, 「공연예술의 기록, 나례청등록 1」, 『문헌과해석』 1997년 창간호, 태학사, 1997; 사진실, 「나례청등록 2」, 『문헌과해석』 1998년 여름호, 태학사, 1998; 사진실, 「나례청등록 3」, 『문헌과해석』 1998년 가을호, 태학사, 1998; 사진실, 「나례청등록 4」, 『문헌과해석』 1998년 겨울호, 태학사, 1998.

소략한 규모였다고 할 수 있지만 산대를 조설하고 연희 종목을 무대에 올리기 위하여 필요한 인력과 물력을 징발하는 문제를 비롯하여 준비 과정에 발생한 여러 가지 논의와 고충 등이 서술되었고 행사에 동원된 장인과 재인의 명단이 실려 있다.

행사의 일정 및 좌변나례청의 조직

천계 6년 6월   일 나례청등록[2]   병인년[3]

황태자 탄생을 반포하는 조서(詔書)를 받들어 가지고 오다

정사(正使) 한림원(翰林院) 편수(編修) 강왈광(姜曰廣) 남주(南州) 출신

부사(副使) 공과급사중(工科給事中) 왕몽윤(王夢尹) 진정부(眞定府) 출신

병인년 5월 23일 정사 국경 도착

같은 달 25일 부사 국경 도착

6월 13일 서울 도착, 하마연(下馬宴)

6월 14일 익일연(翌日宴)

6월 15일 숭정전 청연(請宴)

6월 16일 공자 사당 참배

6월 17일 한강 유람

6월 18일 남별궁 청연(請宴), 환궁 후 세자 청연(請宴)

6월 19일 잠두령(蠶頭嶺) 유람

6월 20일 상마연(上馬宴)

6월 21일 출발

판사겸 이조판서   김 류[4]

---

2 나례도감은 좌변 나례도감과 우변 나례도감으로 나뉜다. 『중종실록』83권 22~23장 등의 기록에 의하면, 나례는 의금부와 군기시가 나누어 주관한다고 하였고, 군기시가 우변 을 맡는 것을 알 수 있다. 그런데 본『나례청등록』에는 도감을 지칭하는 표현이 '貴都監', '弊都監'으로 구분되어 있는 한편, '右邊儺禮都監'의 명칭은 나오지만 '左邊'이라는 표현이 전 혀 나오지 않는다. 이러한 사실로 미루어 이 등록이 좌변 나례도감의 기록이라는 것을 확인 할 수 있다.

3 1626년.

4 좌변 나례도감의 일은 의금부에서 주관하므로 이하에 열거된 인물들은 의금부의 주요 직책에 있던 사람들이다. 이조판서 김류와 연평부원군 이귀는 각각 의금부 판사직을 겸임 하고 있었던 것이다. 그러나 판사는 명목상 나례도감의 최고 책임자일 뿐 실무적인 일에 직

판사겸 연평부원군 이　귀

지사 호조판서　　김신국 대리

지사 행사직　　　정경세

동지사 병조참판　조희일

　　　　　도사　김회종

　　　　　도사　권　억

　　　　　　　　　　　　서리　　이천년

　　　　　　　　　　　　　　　전　경

　　　　　　　　　　　　　　　강유망

　　　　　　　　　　　　고직　　장천운

　　　　　　　　　　　　사령　　김애남

　　　　　　　　　　　　　　　박즛동

　　　　　　　　　　　　　　　박충민

天啓六年六月　　日　　儺禮廳謄錄　丙寅年

皇太子誕生頒詔

欽次 正使 翰林院 編修 姜曰廣 本南州

　　　副使 工科給事中 王夢尹 本眞定府

　　　　　丙寅五月二十三日 正使 下陸

　　　　　　　同月 二十五日 副使 下陸

　　　　　　　六月十三日 入京 下馬宴

　　　　　　　六月十四日 翌日宴

　　　　　　　六月十五日 崇政殿 請宴

접 관여하지는 않은 것 같다. 『인조실록』 13권 5장에 의하면, 김류는 인조 4년 중국 사신이
왔을 때 遠接使로서 국경 부근에 가 있었다. 실무적인 일은 당하관 중심으로 이루어진 사실
이 많은 기록으로 남아 있다; 사진실, 「조선시대 서울지역 연극의 공연상황 연구」, 서울대
박사학위논문, 1997 참조.

六月十六日　謁聖

六月十七日　漢江　遊觀

六月十八日　南別宮請宴　還宮後　世子請宴[5]

六月十九日　蠶頭嶺　遊觀

六月二十日　上馬宴

六月二十一日　發行

判事兼吏曹判書　金　鎏

判事延平府院君　李　貴

知事戶曹判書　　金藎國代

知事行司直　　　鄭經世

同知事兵曹參判　趙希逸

　　　　都事　金會宗

　　　　都事　權　澹

　　　　　　　　　　書吏　李天年

　　　　　　　　　　　　　全　敬

　　　　　　　　　　　　　姜裕望[6]

　　　　　　　　　　庫直　張天雲

　　　　　　　　　　使令　金愛男

　　　　　　　　　　　　　朴㳋同

　　　　　　　　　　　　　朴忠民

---

5 이상 1장 뒷면.

6 이상 2장 앞면.

인력 및 물품 징발에 대한 절목

병인년 2월 30일 의금부

계목(啓目)7: 예조(禮曹) 편정(牒呈)8에 있는 조단자(曺單子)의 내용은 이번 중국사신이 올 때 지난해의 예에 따라 다만 나례의 윤거, 잡상만을 배설할 것을 좌우나례청에 분부하여 시행하오되 영조문(迎詔門) 등 여러 곳에 결채(結彩)하고 가로(街路)에 향분(香盆) 등을 놓는 것은 전례에 따라 마련하여 거행함이 어떠한지 啓하였고 계한 바대로 시행하라 하신 첩정이옵다고 하였기에 나례청의 윤거, 잡상 등 물품을 한결같이 지난 해 책봉 사신 때의 예에 따라 충분히 참작해서 대략 마련하오니 후록(後錄)대로 시행함이 어떻겠습니까? 천계 6년 2월 30일 우부승지 신 김수현 담당.

계한 대로 윤허하였다.

丙寅二月三十日府

啓目節 禮曹牒呈內 曺單子內 今此天使出來時 依上年例 只儺禮輪車雜像排設事 左右儺禮廳良中 知委施行爲白乎矣 迎詔門等各處結彩 街路頂香盆等 依前例磨鍊擧行何如 啓 依所啓施行爲良如敎 牒呈是白置有亦 儺禮廳輪車雜像等物乙 一依上年冊封天使例 十分參商從略磨鍊爲白去乎 依後錄施行何如 天啓六年二月三十日 右副承旨 臣 金壽賢 次知

啓依允

後錄

감조낭청(監造郎廳) 두 명의 관원은 본사(本司) 사상직으로 제수할 것

一 監造郎廳二員乙良 除本司仕上直事

---

7 임금에게 조목별로 자세히 보고하던 일.
8 각 衙門과 使臣이 한 등 이상 높은 아문에게 보내던 문서.

나례잡상을 만드는 청사는 혜민서에 배설할 것

一 儺禮雜像造作廳乙良 惠民署排設事

나례잡상에 쓰이는 잡물은 호조가 계량하여 지급할 것

一 儺禮雜像所用雜物乙良 令戶曹入量上下事

서리 셋, 고지기 하나, 사령 셋의 음식 값으로 들어갈 가포(價布)는 호조와 병조가 보낼 것

一 書吏三 庫直一 使令三 料食價布乙良 戶曹兵曹上下事

조번과 나장에게 일 시키는 데 들 가포(價布)는 지난 해의 예에 따라 병조가 수송할 것

一 助番羅將役使價布 依上年例 令兵曹輸送事

역군은 전례에 따라 경기, 충청도의 수군 60명을 병조가 정하여 보낼 것

一 役軍乙良 依前 京畿忠淸等道水軍六十名 令兵曹定送事

소간, 용두기리목, 유목, 고목, 청수목, 횡결목, 진장목, 생갈 등의 물품은 경기감사가 지정하여 보낼 것

一 嘯竿 龍頭歧里木 杻木 柧木 靑水木 橫結木 眞長木 生葛 等物 令京畿監司卜定上送事

의금부의 등록에 붙은 각 항의 장인은 물론이고 상사아문의 조예, 나장, 훈련도감의 포살수는 오부가 일일이 잡아들여 사역할 것

一府屬謄錄付各項匠人乙良勿論 上司衙門助隷羅將 訓練都監砲殺手 令五部一一捉付役使事

악공은 장악원이 정하여 보낼 것

一 工人乙良 令掌樂院定送事[9]

재인의 복색 및 들어가는 잡물은 호조가 제공할 것

一 才人衣笠及容入雜物乙良 令戶曹進排事

음향기구 등 물품은 경기의 사찰에서 가져다 쓰고 돌려줄 것

一 響器等物乙良 令京畿寺利取用後還下事

수직군사 6명은 병조가 정하여 보낼 것

一 守直軍士六名 令兵曹定送事

잡상을 들여놓을 가가(假家)는 선공감이 만들 것

一 雜像入置假家乙良 令繕工監造作事

도장 일습은 예조가 제공할 것

一 印信一顆乙良 令禮曹進排事

필요한 종이는 장흥고가 제공할 것

一 該用紙地乙良 令長興庫進排事

붓과 먹은 공조가 제공할 것

一 筆墨乙良 令工曹進排事

필요한 준비물 외 기타 용품은 전례대로 평시서 및 무녀에게서 가져다

---

9 이상 3장 앞면.

쓰고 돌려 줄 것

一 該用進排之物外 其他所用之物乙良 依前例 平市署及巫女處 取用還下事

해당 관청에서, 성실히 거행하지 않는 色吏 및 일을 회피하는 장인은 바로 잡아들여 태형에 처할 것

一 各該司不謹舉行色吏及役使謀避匠人乙良 直囚答罰事

의금부에 속한 정재인은 각도 관찰사에게 공문을 보내어 잡아 추착할 것

一 府屬呈才人乙良 各道觀察使處 行移 推捉事

미진한 조항은 마땅한 대로 계달하여 시행할 것

一 未盡條件乙良 隨宜 啓達施行事[10]

나례청 설치 장소에 관한 논란

도승지가 계하였다. "임진란 후 임시로 나례청을 사역원에 설치하였는데, 본원(사역원)이 계를 올림에 따라 혜민서로 옮겨 지금에 이르렀습니다.[11] 혜민서는 가장 낮은 관아로서 뜰이 좁아 헌가(軒架)를 내고들일 때 처마와 서까래를 뜯어내고 담장을 허물게 되니 각 사가 모양을 이룰 수 없습니다. 일이 끝난 후 근근이 수선하였는데 또다시 설치하게 되었습니다. 원래 정하여 주관하게 했던 곳이 타당하지 않은 듯하니 마땅한 빈 곳

---

10 이상 3장 뒷면.
11 임시로 설치되는 도감은 특정한 관청 조직이 겸하여 업무를 처리하게 된다. 이 구절 때문에 나례도감의 일을 주관한 관청이 혜민서였다고 파악해선 안 된다. 나례는 전통적으로 의금부가 주관하였기 때문이다. 사역원이나 혜민서는 준비 작업을 벌일 장소로 채택된 것일 뿐이다.

에 옮겨 설치하거나 혹시 아직 겪어 보지 않은 각 사에 차례로 돌려가며
정하는 것이 실로 합당할 것입니다. 또한 창덕궁에 의금부의 당직(當直)
이 지금 비어 있는데, 원래 (나례와) 관계있는 의금부의 처소를 놓아두고
오래도록 다른 관아를 차지하고 있는 것은 부당한 듯합니다. 청컨대 의금
부로 하여금 편리한 장소를 택해 (나례청을) 옮겨 설치하도록 하여 낡은
관아가 겪는 억울한 고통을 모면하게 하여 주십시오. 신은 본서의 제조로
서 낡고 해진 형상을 보고 황공하옵게도 계를 올립니다."

임금이 계한 대로 하라고 대답하였다.

一都承旨啓曰 壬辰亂後 權設儺禮廳於司譯院 而因本院之啓 移于惠民署 仍
盾到今 本署以最殘之司 庭除狹隘 軒架出入之際 截去簷椽 毁撤垣墻 不成各司
體樣 事過之後 僅僅修葺 又爲仍設 有若元定該管之所似未妥當 或移設於可當
空處 或輪定於未經各司 實合事宜 且昌德宮有禁府當直 而今方空閑 似不當捨
其元係禁府處所而久占他司 請令禁府擇便移設 俾免殘司便苦之患 臣待罪本署
提調目見凋弊之狀 惶恐敢啓

答曰依啓

나례도감이 계하였다. "임진 이전의 일은 신등이 비록 알 수 없으나 임
진 이후의 등록을 얻어 살펴보니 다만 병진년(1616) 공빈부묘(恭嬪祔廟)
때 한번 사역원에 설행되었습니다. 그러나 그 나머지 전후로는 사신을 맞
이할 때나 폐조가 해마다 나례를 할 때 모두 혜민서에 설치하였으니 대개
부득이한 데서 나온 일입니다. 비록 다른 곳에서 설행하고자 하지만, 뜰
이 좁다느니 중요한 업무가 있다느니 혹은 상사아문(上司衙門)에 관련되
어 있다느니 각각 어렵고 편한 사정이 한둘이 아니었습니다. 창덕궁 당직
에 옮겨 설치하려 하니 담장과 집을 훼손하여 모습이 갖추어지지 않으며
수리하여 고치는 일은 갑절이나 될 것입니다. 사역원에 옮겨 설치하려 하
니 지난해에 병조를 새로 지어 앞길이 막혔으므로 인가(人家)를 헐어내지

않으면 헌가와 잡상을 들여오고 내갈 수가 없습니다. 사신의 행차가 멀지 않았으니 사세가 더욱 민망합니다. 백번 다시 생각해 보지만 혜민서에 그대로 설치하는 것이 가장 편리하므로 황송하옵게도 계를 올립니다."

임금이 대답하기를, "알았다. 당직에 설치하는 것이 좋겠다." 하였다.

회계하기를, "전교에 따라 창덕궁 당직에 설치하려고 낭청을 보내어 살펴보게 하니 빈집 다섯 간이 협착할 뿐 아니라 쉽게 접근하기 어려운 형세입니다. 또한 지붕에는 기와조각이 없어 비바람을 가릴 수 없으니 결코 옮겨 설치할 수 없습니다. 달리 합당한 곳이 없을진댄, 오직 옛 병조자리가 지금 비어 있어 형세가 매우 적당하니 이곳에 옮겨 설치하자는 뜻으로 감히 계를 올립니다."

임금이 알았다고 대답하였다.

儺禮都監啓曰 壬辰以前之事 則臣等雖不能知 而取考壬辰以後謄錄 則只於丙辰年恭嬪祔廟時 一番設行司譯院 而其餘前後詔使及廢廟逐年儺禮時 皆設於惠民署 盖出於不得已也 雖欲設行於他處 或是庭除狹隘 或有繁重該務 或係上司衙門 種種難便之狀 不一而足 欲移設於昌德宮當直 則墻屋頹[12]毁 不成形樣 修葺之功 想必陪之 欲移設于司譯院 則上年新建兵曹 遮障前路 若不撤毁人家 無以出入軒架雜像 詔使之行不遠 事勢誠爲悶迫 百爾思之 莫如仍設于惠民署之爲便 故惶恐敢啓

答曰 知道 設於當直 可矣

回啓曰 昌德宮當直 依傳敎移設次 遣郞廳看審 則非但空宇五間甚爲狹窄 勢難容接 而上無片瓦 不蔽風雨 決難移設 他無可合之處 唯古兵曹時方空置 勢甚便當 移設於此處之意 敢啓

答曰知道[13]

---

12 이상 4장 앞면.
13 이하 4장 뒷면 계속.

一 감결 : 흰 무명은 헌가[14]에 서른 네 필, 소간[15]에 두 필, 휘휘사지(揮揮斜知)[16]에 세 필 열 자, 상색재인[17]이 찰 창부죽(唱夫竹)[18] 감이[19]에 열두 필을 사용한 후 돌려줄 것. 아청색[20] 무명 일곱 필, 홍색 무명 일곱 필, 반흑색 명주 두 필 여덟 자, 홍색 명주 일곱 필, 황색 명주 여섯 필, 초록색 명주 한 필, 단비 가죽 네 령[21], 다홍치마(열 폭짜리 길이 일곱 자) 하나, 휘휘사지(揮揮斜知)옷 두 필단, 날개[22]옷 서른아홉, 감투를 갖춘 전후 흉배 서른아홉, 헌가산 위의 인물[23]이 입을 유문단[24], 홍색흑단, 청단, 남단,

---

14 國樂에서 '軒架'는 여러 악기가 어우러진 樂隊를 가리킨다고 한다. 그러나 『나례청등록』 및 조선왕조실록의 몇몇 기사에 의하면, 악공과 악기의 집합인 악대의 의미로 볼 수 없는 경우가 나타난다. "軒架를 내고들일 때 처마와 서까래를 뜯어내고 담장을 허물게" 된다고 한 내용이 있어, 헌가가 거대한 구조물이라는 암시를 주었다. 헌가가 악대라면 들고 나갈 때 악기별로 움직이면 되기 때문에 처마나 담장을 허물지 않아도 될 것이기 때문이다. 또한 『광해군일기』 166권, 13년 6월 25일 기사에서 나례에 사용될 헌가와 잡상을 만들기 위한 일꾼으로 수군 60명씩을 보내라는 좌우 나례청의 공문에 대하여, 병조가 변경의 문제가 날로 위급해지고 있는 상황을 들어 수군을 뽑아 올리는 것이 난처하다는 상소를 올렸다는 내용을 확인할 수 있다. 한편, 『광해군일기』 144권, 11년 9월 13일 기사에는 "義禁府啓曰 軒架呈戲專以戲子爲之 而上色才人則無一名來到 國家莫重大禮不成模樣……"라는 내용이 있다. 여기서 '軒架呈戲'를 일단 '헌가와 정희(놀이를 보이는 것)'라고 해석하더라도, 둘 다 전적으로 희자, 곧 재인의 몫이라고 하였으므로 악공이 연주하는 악대인 '헌가'의 성격과 맞지 않는다. 따라서 헌가는 악대가 아니라 재인의 놀이와 관련이 있는 어떤 구조물이라는 사실이 명백해진다. 그렇다면 '軒架呈戲'는 '헌가에서 놀이를 보이는 것'으로 해석하는 것이 옳다.

15 솟대. 재인들이 솟대 끝에 올라가 각종 재주를 피운다.

16 미상

17 나례의 공연 행사에서 주요 역할을 담당하는 우두머리 재인을 가리킨다. 상대어로 '雜色才人'이 있다. 앞의 (주)에서 인용한 『광해군일기』 144권, 11년 9월 13일 기사에 상색재인이 당도하지 않아 국가의 대례가 모양을 이룰 수 없다고 하였다.

18 정확히는 알 수 없으나, 상색재인을 표상하는 긴 대나무 막대일 것으로 추정된다.

19 어떤 물건을 감는 데 쓰이는 천이나 새끼 따위의 재료를 가리키는 '감이'의 借名 표기.

20 검푸른 색.

21 털이 있는 가죽을 세는 단위.

22 이엉을 뜻하는 '날개'의 借名 표기.

23 앞에서 인용한 『광해군일기』 144권, 11년 9월 13일 기사에 나타난 '軒架呈戲'라는 표현과 '軒架山上人物所着……' 부분을 견주어 '헌가'와 '산상인물'을 대등하게 연결하여 해석할 수 없다는 결론을 내렸다. '헌가와 산상인물이 입을……'이라고 해석하면, 헌가가 옷을 입는 주체가 되기 때문이다. 앞에서 '軒架呈戲'를 '헌가에서 놀이를 보이는 것'으로 해석하는

황단, 황색 비단 각 일곱 자, 번홍 다섯 자, 금선 다섯 자, 모단[25] 반골[26] 넉 자, 흰 명주 다듬은 것 다섯 자, 이상. 호조 제용감.[27]

一 甘結 白木 軒架三十四疋 嘯竿二疋 揮揮斜知三疋十尺 上色才人帶次唱夫 竹甘伊十二疋 用後還下 鴉靑木七疋 紅木七疋 半黑紬二疋八尺 紅紬七疋 黃紬 六疋 草綠紬一疋 獤皮四令 多紅赤亇連十幅長七尺一 揮揮斜知衣二匹段 飛介 衣三十九 前後胸膓[28]具甘土三十九 軒架山上人物所着 有文段 紅色黑段 靑段 藍段 黃段 黃紗 各七尺 鱻紅五尺 金縇五尺 冒段半骨[29]四尺 白綿紬擣鍊五尺 已上 戶曹 濟用監

一 구리철사 다섯 냥, 첩금 서른 장, 첩은 서른 장, 돼지털로 만든 큰 붓 네 자루, 새끼양털로 만든 큰 붓 다섯 자루, 그림붓 다섯 자루, 진묵 세 개, 납철 일곱 냥, 작은 화경[30] 일흔 여덟 개, 붉은 상모[31] 대가리 둘, 큰 놋쇠 방울 여섯, 상모 간다개[32] 전후 소동[33] 둘, 마엽[34] 다섯 근, 도분[35]

것이 옳다고 하였는데, 이때 헌가는 이동식 무대라고 볼 수 있다. 한편, '軒架山'은 산 모양으로 만든 헌가라고 할 수 있다. 여러 가지 무대 또는 설치물에 '~山'의 표현을 쓴 예는 많다. 헌가산 위의 인물은 사람(재인)이거나 인형일 수 있다.

24 무늬가 있는 천. '文'을 '紋'의 의미로 해석.

25 중국에서 나는 비단의 일종. 冒緞.

26 종이나 피륙 따위의 반폭.

27 태조 때 설치하여 각종 옷감, 인삼 따위를 진헌하고 하사하는 일을 맡아보던 관아. 옷감의 염색도 맡아보았다.

28 '褙'의 오기로 보인다.

29 이상 4장 뒷면.

30 햇빛으로 불을 일으킬 수 있는 두꺼운 돋보기 유리.

31 깃발이나 창의 끝에 다는, 털로 만든 붉은 술을 가리키기도 하고 戰笠 꼭지에다 참대와 구슬을 장식하고 그 끝에 백로의 털이나 긴 백지 오리로 장식한 것을 가리킨다.

32 말의 가슴 밑에 드리우는 장식. 여기서는 상모에 딸린 간대개이므로 말과는 상관없이 상모를 장식하는 용도로 쓰인다고 하겠다.

33 미상.

34 미상.

35 진흙으로 만든 그릇.

중소 각 여섯, 물동이 다섯, 동이[36] 다섯, 소라[37] 다섯, 방구리[38] 다섯, 작은 소라 다섯, 봉로[39] 마흔 일곱 근, 저울 하나, 놋쇠 다섯 근, 솥뚜껑 하나, 큰 솥 둘, 도끼 하나, 옥화로 넷, 이상. 호조.

一 銅鐵絲五兩 貼金三十張 貼銀三十張 猪毛大筆四柄 羔毛大筆五柄 畵筆五柄 眞墨參丁 鑞鐵七兩 小火鏡七十八介 紅象毛大加里二 鍮大鈴六 象毛看多介二 前後所同二 馬葉五斤 陶盆中小各六 水瓮五 東海五 所羅五 方文里五 小所羅五 烽爐四七斤 稱子一 鍮鐵五斤 鼎蓋一 大鼎二 釜子一 玉火爐四 已上 戶曹

一 동달이[40] 여덟 개, 긴 화죽[41] 네 개, 척족죽[42] 둘, 쌍족죽 세 개, 앞에 진배할 척족죽 하나, 긴 화죽 넷, 잡화죽[43] 다섯, 해장죽[44] 쉰 개, 누각 기둥 하나, 성조목[45] 다섯 조[46] 가운데 세 조, 송판 스무 잎[47], 송진 두 근, 송연[48] 다섯 되, 소간 지기판[49] 두 잎[길이 다섯 자, 나비 한 자 다섯 마디, 두께 세 마디 다섯 푼], 설주대삭[50] 서른여섯 거리[51], 외겹 밧줄 아홉 거리,

---

36 '東海'는 '동이'의 借名 표기.
37 '所羅'는 '소라'의 借名 표기. 소라는 대야의 일종이다.
38 작은 그릇. '方文里'는 '방그리'의 차명 표기.
39 횃불을 붙이는 불을 담아 놓는 화로.
40 옛날 군복의 일종. '東道里'는 '동달이'의 차명 표기.
41 줄기 겉에 얼룩점이 있는 대나무. 花斑竹.
42 대나무의 일종인 것 같으나, '외다리'라는 수식어가 용도를 의미하는지 대나무의 모양을 의미하는지 알 수 없다.
43 화죽의 일종.
44 남부지방의 산과 들에 절로 나는 대나무의 일종.
45 미상.
46 가지. 나무를 세는 단위명사.
47 자리, 널빤지, 벽돌, 미역 따위를 세는 名數詞. '立'은 '잎'의 차명 표기이다.
48 소나무를 태운 그을음 덩어리를 가리킨다. 검은색 안료로 사용한 것 같다.
49 솟대를 땅에 고정시키기 위한 널빤지를 말한다.
50 '물을 대는 큰 밧줄', 곧 오늘날의 물 호스 따위를 가리킨다.
51 줄과 같은 물건의 길이를 재는 단위.

세 겹 매듭 밧줄 쉰 두 거리, 시우쇠 서른 근, 숙마52 다섯 근, 푸른 숙마
네 근, 정채53 다섯 말, 아교 다섯 근, 주옥 다섯 말 다섯 되, 탄 열 섬에
넉 섬 추가, 피나무 한 조 가운데 두 자, 뇌록54 다섯 되, 말총 체 둘, 정철
사 다섯 냥, 속새55 석 냥, 대나무 체 둘, 이상. 선공감.56

一 東道里八介 長花竹四介 隻足竹二 雙足竹三介 前排用下隻足竹一 長花竹
四 雜花竹五 海長竹五十介 樓柱一 成造木五條內三條 松板二十立 松脂二斤
松烟五升 嘯竿地基板二立 長五尺 廣一尺五寸 厚三寸五分 洩注大索三十六巨
里 條所九巨里 結索三甲所五十二巨里 正鐵三十斤 熟麻五斤 青熟麻四斤 丁彩
五斗 阿膠五斤 朱玉五斗五升 炭十石加四石 椴木一條內二尺 磊綠五升 馬尾篩
二 正鐵絲五兩 木賊三兩 竹篩二 已上 繕工監

一 청화57 네 근, 주홍 열 넉 냥, 하엽58 일곱 냥, 황단59 일곱 냥 다섯
돈, 진분60 두 근 석 냥, 삼록61 서 근 석 냥, 춘황62 다섯 냥 다섯 돈, 연지
다섯 장, 홍화63 두 근, 지초64 다섯 되, 괴화 다섯 되, 단목65 다섯 근, 백

---

52 누인 삼껍질.
53 물감인 것 같으나 미상.
54 산화된 銅鑛床 지대에서 나는 녹색을 띤 광물. 채색의 원료로 쓴다.
55 줄기가 우툴두툴하여 대패처럼 사용한다.
56 태조 원년에 창설하여, 토목과 수선에 관한 일을 맡아보던 관아. 호조판서가 제조를
겸하였다.
57 쪽으로 만든 검푸른 물감. 青黛.
58 연잎의 빛깔이 나는 물감.
59 은과 유황 등을 녹여 만든 약제.
60 순백색의 안료.
61 백록색의 도료.
62 미상.
63 紅藍花. *
64 고목에서 나는 버섯의 일종.
65 蘇方木. *

반[66] 다섯 냥, 오미자 다섯 되, 동록 한 근 여덟 냥, 백세저포[67] 수건 다섯 자, 설면자[68] 열 냥 다섯 돈, 채색을 받칠 저포[69] 석 자, 무명 실 두 근 다섯 냥, 황회색 무명 다섯 단, 각대회[70] 서 말, 생모시 다섯 근, 명주실 홍, 황, 초록, 아청, 남색 각 두 냥, 꽃 만드는 데 쓸 오색 명주 실 각 다섯 돈, 일반 실 다섯 냥, 삼실 넉 냥, 이상. 제용감.

一 靑花四斤 朱紅四十兩 荷葉七兩 黃丹七兩五錢 眞粉二斤三兩 三彔三斤三兩 杶黃[71]五兩五錢 臙脂五張 紅花二斤 芝草五升 槐花五升 丹木五斤 白磻五兩 五味子五升 銅彔一斤八兩 白細苧布手巾五尺 雪綿子十兩五錢 彩色所瀝苧布三尺 綿絲二斤五兩 黃灰木五丹 殼大灰三斗 生苧五斤 眞絲 紅黃草綠鴉靑藍 各二兩 作花所用五色眞絲 各五戔 常絲五兩 麻絲四兩 已上 濟用監

一 초둔[72] 다섯 잎, 공석[73] 열 잎, 망석 두 잎. 장흥고.[74]
一 草芚五立 空石十立 網石二立 廣興倉

一 포 다섯 필, 휴지 백 근 가운데 예순 근. 사섬시[75] 받음.
一 布子十五疋 休紙一百斤內六十斤 捧司贍寺

---

66 明礬을 구워 만든 덩어리. 매염료로 사용한다.

67 희고 고운 모시.

68 풀솜. 질이 좋은 면을 말한다.

69 염료나 물감을 만들 때 받쳐 찌꺼기를 걸러낼 천을 이른다.

70 미상.

71 조원경은 '槐黃'으로 판독하여 '홰나무 열매로 만든 황'이라고 주석하였다. 「仁祖時代의 儺禮謄錄」, 『鄕土서울』, 제4호, 1958, 175면.

72 짚, 띠, 부들 따위의 풀로 거적처럼 엮어 만든 물건.

73 빈 가마니.

74 태조 원년에 설치하여 궁중에서 필요한 자리, 油紙, 紙物 따위를 맡아보던 관아.

75 국가의 楮貨나 貢布에 관한 일을 맡아보던 관아.

一 초주지[76] 열두 권 열여섯 장 가운데 열 권 봉상, 염색용 콩 두 말, 초둔 다섯 개, 공석 열 잎, 이상. 풍저창.[77]

一 草注紙十二卷十六張內十卷 捧上 太染次太二斗 草芚五番 空石十立 已上 豊儲倉

一 쇠 힘줄 두 근 여덟 냥, 부레풀 서른 장, 연일석[78] 둘, 순위석[79] 둘, 큰 북 하나, 연습용 북 하나, 무명석[80] 넉 냥, 도권[81] 하나, 이상. 군기시.[82]

一 牛筋二斤八兩 魚膠三十張 延日石二 筍威石二 大鼓一 習鼓一 無名石四兩 陶勸一 已上 軍器寺

一 황밀[83] 일곱 근, 들기름 여덟 되, 이상. 의영고.[84]

一 黃蜜七斤 法油八升 已上 義盈庫

一 우구유둔[85] 여섯 장짜리[86] 열일곱 부 가운데 세 부 진배, 삼기리[87]에 쓸 여섯 장짜리 유둔 한 부, 대낙폭지[88], 큰 고리짝 다섯 개, 버들고리 다섯 개, 이상. 장흥고.

---

76 글을 쓸 때 초를 잡는 두루마리.
77 태조 원년에 창설하여 궁중의 쌀, 콩, 草席, 종이 따위를 맡아보던 관아.
78 경상북도 연일에서 나는 숫돌.
79 미상.
80 흑갈색의 윤이 나는 좁쌀만한 작은 덩이. 바위에 붙어 있는 광물이다.
81 미상.
82 병기, 화약 따위를 제조하는 일을 맡아보던 관아.
83 누런 빛깔의 꿀.
84 궁중의 기름, 꿀, 후추 따위를 맡아보던 관아.
85 비올 때 사용하기 위하여 이어 붙인 두꺼운 유지.
86 여섯 장을 이어 붙였다는 뜻.
87 미상.
88 종이의 종류인 것 같으나 미상.

一 雨具油苫六張付十七浮內十三浮　進排　三岐里次六張付油苫一浮　代落幅紙　大柳筒五部　柳篋五部　已上　長興庫

一 아교 분말 일곱 말 두 되, 다시 너 말, 서 말 추가, 염색용 콩 두 말. 예빈시.[89]

一 膠末七斗二升　又四斗　加三斗　太染太二斗　禮賓寺

一 곡초[90] 다섯 동 다시 석 동. 사복시.[91]

一 穀草五同　又三同　司僕寺

一 자작판[92] 두 잎. 교서관.[93]

一 自作板二立　校書館

一 돼지털 열두 냥. 사축시.

一 猪毛十二兩　司畜寺

一 내섬시[94] 말구유 두 개, 돈령부[95] 아랫계 말구유 둘 진배.

一 內贍寺馬槽二部　敦寧府下契馬槽二　進排

一 내자시 말구유 두 개, 옛 병조계 말구유 둘 진배.

---

89 빈객의 宴享과 宗宰에 대한 일을 맡아보던 관아.

90 곡식을 훑어버린 이삭. 말 따위의 짐승에게 먹일 사료가 된다.

91 궁중의 가마와 말 따위에 대하여 맡아보던 관아.

92 자작나무를 켠 널빤지.

93 인쇄, 도장 등에 관한 일을 맡아보던 관아.

94 여러 궁가의 供上 및 왜인이나 여진인에게 주는 음식물과 옷감 따위의 일을 맡아보던 관아.

95 조선시대, 왕실 친척들의 친목을 도모하기 위하여 설치한 관아.

一 內資寺⁹⁶馬槽二部 古兵曹契馬槽二 進排

一 꽃 만들 때 쓸 표주박 다섯 개, 황태 넉 되, 백미 다섯 되. 사도시.⁹⁷
一 作花時所用瓢표子五介 黃太四升 白米五升 司導寺

一 청설모 가죽 네 령, 너구리 가죽 네 령, 여우 가죽 네 령, 담보⁹⁸ 가
죽 네 령, 황구 가죽 다섯 령, 붉은 양탄자 두 장, 무늬 양탄자 두 장, 중
경⁹⁹ 열 둘, 소경 하나, 자물쇠 일곱 개, 상보아 둘, 죽상사발¹⁰⁰ 셋, 죽백
강¹⁰¹ 둘, 사기 숟가락 다섯, 대나무 체 하나, 버들고리 다섯 개, 큰 고리짝
다섯 개, 평말¹⁰² 하나, 평되¹⁰³ 하나, 놋쇠 동이 셋, 놋쇠 노구솥 셋, 도끼
하나, 작은 가래¹⁰⁴ 하나, 괭이 하나, 서근 저울 하나, 이상. 평시서.

一 靑鼠皮四令 山獺皮四令 狐皮四令 黃獷皮四令 淡甫皮四令 黃狗皮五令
紅氈¹⁰⁵二部 彩氈二部 中鏡十二 小鏡一 鎖金七部 常甫兒二 竹常沙鉢三 竹白
釭二 沙貼匙五 竹篩一 柳篋五部 大柳筍五部 平斗一 平升一 鍮東海三 鍮爐口
三 斧子一 小加羅乃一 鍒伊一 三斤稱子一 已上 平市署

一 초둔 다섯 잎, 공석 열 잎, 멍석 둘, 이상. 군자감.¹⁰⁶

---

96 조선시대, 대궐에서 쓰는 여러 가지 식품과 직조 및 내연에 관한 일을 맡아보던 관아.
97 궁중의 미곡과 장, 겨자 따위를 맡아보던 관아.
98 영남지방의 탈춤에 나오기도 하는데, 구체적으로 무엇을 가리키는지는 알 수 없다.
99 중간 크기의 거울.
100 사발의 종류인 것 같으나 미상.
101 등잔의 종류인 것 같으나 미상.
102 곡식을 될 때 평미레로 밀어 되는 말.
103 곡식을 될 때 평미레로 밀어 되는 되.
104 가래의 차명 표기는 '加羅'와 '加乃' 따위가 함께 쓰인다. '加羅乃'는 이 둘이 합쳐져
나타난 것 같다.
105 붉은 양탄자.
106 조선시대, 軍需의 저장과 출납을 맡아보던 관아.

一 草苫五立 空石十立 網石二 已上 軍資監

一 무녀 장고 둘, 초록 저고리 둘, 치마 둘. 동활인서.[107]

一 巫女長鼓二 草綠赤古里二 赤亇二 東活人署

一 큰 톱 하나, 걸 톱 하나, 줄 하나. 관곽전.

一 大鉅一 틀鉅一 差一 棺槨前

一 나례청이 기송한 것 : 폐도감[108]의 문서에 있는 장인 김억환, 박갯지, 김천기, 이천의, 이두리송 등을 귀도감[109]의 일을 마치는 순간에 곧바로 소환하는 일로 계를 올리고 승전을 받들었거니와, 폐도감이 (장인을) 부릴 바는 진장외목[110], 생갈[111], 청수목에 불과한데 부득이 일을 아는 장인으로 하여금 들어갈 물품을 마련하게[112] 하고 각 관에 분정하여 수납한 후에야 비로소 부릴 일이니, 마련하는 하나하나의 일이 한시가 급함. 거장 박갯지, 목수 김천기만 마련할[113] 터로, 수시간 내로 기송하여 함께 나라의 일을 구제하는 것이 합당할 것 같음. 예장도감 낭청에게 이문[114].

一 廳爲起送事 弊都監案付匠人 金億還 朴朼知 金天己 李天儀 李豆里松等 乙 貴都監畢役間 仍爲使喚事 入啓 捧承傳爲有在果 弊都監所役 不過眞長枫木

---

107 조선시대, 都城 안 백성들의 의료에 관한 일을 맡아보던 관아.

108 좌변 나례도감.

109 禮葬都監.

110 진장목으로 만든 외목. '杫'는 나무나 수수깡 따위로 가로세로 얽은 것을 이르는 우리말 '외'의 차명 표기이다. 진장목은 굵고 긴 참나무 막대기를 가리킨다.

111 생 칡덩굴. 나무와 나무를 엮는 데 사용한 것 같다.

112 정확하게 말하면, 물품의 목록을 마련하는 것이다. 실제 물품을 마련하는 일은 각 관청에서 한다.

113 급한 대로 두 사람만 미리 마련해 보내달라는 말.

114 각 司가 주고받는 문서.

生葛靑水木 不得已 令事知匠人 所入之物磨鍊後 分定各官 輸納後 始役事是昆 磨鍊一事 一刻爲急 車匠朴㖋知 木手金天己㗡 磨鍊次以 限數刻起送 共濟國事 似爲便當事 移文禮葬都監郎廳

一 나례청이 수송한 것. 이번 중국사신 접대 시 윤거와 잡상을 만드는 데 들어가는 외목, 청수목, 생갈 등의 물품은 지난 해 등록을 상고하여 줄이지 말고 상송하며, 진장횡결목[115] 등은 지난해 상납한 숫자가 여든 여덟 개였으나 이번에는 다시 쓸 수 있는 물품이 많이 있으므로 충분히 참작할 것. 진장목 횡결목은 모두 사십 조를 지정[116]하되 헌가산 위의 윤통[117] 한 개는 부서져 못쓰게 되었으니 개조할 차로 괴목[길이 한 자 일곱 마디, 끝이 둥글고 지름 한 자 네 마디]도 급히 각 관에 분정하고 기한에 맞춰 상송하여 궁박해지는 우환을 없앨 것. 경기 감사에 이문.

一 廳爲輸送事 今此天使時 輪車雜像造作所用 椳木靑水木生葛等物乙良 上年謄錄相考 無減上送爲旀 眞長橫結木等段 上年上納之數八十八介 而今則多有仍用之物乙仍于 十分參商 眞長木橫結木 幷四十條卜定爲乎矣 軒架山上輪桶一介 折破不用 改造次以 傀木長一尺七寸末圓經一尺四寸是置 急急分定各官 刻期上送 俾無窘迫之患事 移文京畿監司[118]

一 경기감사가 지정해 준 진장목 횡결목 모두 백 조, 축목[119], 외목, 청

---

115 진장목으로 만든 횡결목. 횡결목은 외목과 마찬가지로 용도에 따른 이름이라고 할 수 있는데 가로질러 엮어주는 나무인 듯하다.

116 상급 관아에서 공납물의 액수를 결정하여 하급 관아에 내려 매기는 일. 또는 그 액수.

117 '輪桶'은 『樂學軌範』 8권 「沈香山」조에 "……內設大蓮花筒下 設輪桶四 曳之"라고 하였으므로 바퀴를 달아 끌고 다니는 통이라고 할 수 있다. 보통 바퀴는 구조물의 아래에 달리는 것이 상식적인데 헌가산 위에 윤통을 두었다고 하였으므로, 끌고 다니는 것이 아닌 다른 용도로 사용하였다고 할 수 있다.

118 이상 6장 뒷면.

119 싸리나무.

수목[120] 각 오십 단, 생갈 여섯 동은 (그것들로 만들 물건을) 보수하므로 수량을 줄여 마련.

一 京畿監司卜定 眞長木橫結木 幷一百條 杻木柵木靑水木各五十丹 生葛六同內仍 修補乙仍于 減磨鍊

一 통진 : 축목 열 단, 생갈 한 동 열 사리, 외목 다섯 단, 진목 열 개.

一 通津 杻木十丹 生葛一同十沙里 柵木五丹 眞木十介

一 광주 : 청수목 열 단, 외목 다섯 단, 횡결목 열 개, 생갈 한 동 열 사리.

一 廣州 靑水木十丹 柵木五丹 橫結眞木十介 生葛一同十沙里

一 여주 : 청수목 열 단, 외목 다섯 단, 횡결목 열 개, 생갈 한 동.

一 呂州 靑水木十丹 柵木五丹 橫結眞木十介 生葛一同

一 남양 : 축목 열 단, 윤통에 쓸 괴목 열한 조, 생갈 마흔 사리.

一 南陽 杻木十丹 輪桶槐木十一條 生葛四十沙里

一 이천 : 청수목 여덟 단, 외목 다섯 단, 횡결진목 열 개, 생갈 마흔 사리.

一 利川 靑水木八丹 柵木五丹 橫結眞木十介 生葛四十沙里

一 감결의 내용 : 이번 중국사신 접대 시 나례에 쓸 공사하지[121] 다섯 권, 계목지[122] 열 장, 황모필[123] 두 자루, 고모필[124] 네 자루, 진묵[125] 네 개,

---

120 푸른 물을 들인 보자기를 '靑水褓'라 하므로 "푸른 물을 들인 나무"일 가능성이 있다.
121 공무에 사용할 질이 낮은 종이.
122 계목을 적는 데 사용할 종이.
123 족제비 꼬리털로 만든 붓.
124 새끼 양의 털로 만든 붓.

중묵126 네 개 등의 물품 및 나례도감의 좌기청을 배설할 용도로 여덟 장짜리 지의127 두 장, 등매128 두 개, 무늬 있는 짚방석 네 개, 병풍 한 개, 안석 두 개, 지배공석129 열 잎, 장인의 일터에서 쓸 지배공석 열 잎 등을 당일 때맞춰 진배할 것. 호조, 공조, 제용감, 장흥고, 삼창.

一 甘結內 節天使時 儺禮所用 公事下紙五卷 啓目紙十張 黃毛筆二柄 羔毛筆四柄 眞墨四丁 中墨四丁等物及 都監坐起廳排設次八張付地衣二浮 登每二坐 有汶130草方席四坐 屏風一坐 安席二 地排空石十立 匠人役使處 地排空石十立等 當日此刻 進排事 戶曹 工曹 濟用監 長興庫 三倉

一 감결의 내용 : 이번 중국사신 접대 시 나례의 잡물은 지난해(처럼) 사신이 지나간 후 본 부(의금부)에 옮겨 보관하는데, 옮겨 나를 차로 서울 안의 수레(꾼) 두 부를 당일 안에 급히 보낼 것. 한성부.

一 甘結內 今此天使時 儺禮雜物 上年 過天使後 移置本府 輸運次以131 京中車子二部 當日內 急急輸送事 漢城府

一 나례청이 상고한 것 : 이번 중국사신 접대 시 헌가는 지난해 책봉사신 때의 예에 따라 사목132을 계하133하였는지라 역군은 경기, 충청 등 도의 수군 예순 명을 전례대로 각도에 분정하고 때맞춰 상송하며 조예, 조번의 가포134도 지난해의 예에 따라 급히 수송할 것. 병조에 이문.

---

125 참먹. 품질이 썩 좋은 먹.
126 眞墨에 비하여 질이 좀 떨어지는 먹.
127 가장자리를 헝겊으로 꾸미고 폭을 연결하여 크게 만들어 제사 때에 쓰는 돗자리
128 가장자리를 헝겊으로 가선을 두르고 뒤에 기직을 대어 꾸민 돗자리.
129 땅에 까는 가마니.
130 의미상 '文'이나 '紋'으로 잘못 쓰인 것 같다.
131 이상 7장 앞면.
132 公事에 관하여 정한 규칙.
133 임금의 裁可를 받는 것.

一 廳爲相考事 今此天使時 軒架 一依上年冊封天使之例 事目啓下爲有置 役
軍乙良 京畿 忠淸等道 水軍六十名 依前例 分定各道 刻日上送爲㫆 皂隷 助番
價布乙良置亦 依上年例 急速輸送事 移文 兵曹

一 예장도감이 상고한 것 : 도감(예장도감)에서 지금 부리고 있는 거장
박갯지, 교성장 김억환, 목수 김천기, 소목장 이천의 등은 한시각도 떠날
수 없거늘 추착[135]한다고 하는바 매우 편치 못함. 관문[136]이 도착하는 즉
시 침노하지 말 것. 도부[137].

一 禮葬都監爲相考事 都監良中 時方 役使爲在 車匠朴企知 巧性匠金億還
木手金天己 小木匠李天儀等 不離一刻爲去乙 推捉是如爲臥乎所 極爲未便 到
關卽時 勿侵事 到付

一 예장도감이 상고한 것 : 이번 도감(예장도감)의 일이 매우 커서 부리
는 장인들이 심히 부족하거늘 귀청이 또한 부리고자 한다는 죽산마[138] 장
인 김억환[139]을 추착하고 또한 수차지가 침노한다 하는바 매우 부당하니,
김억환의 몸을 일이 끝나는 순간까지 침노하지 말 것. 도부.

一 禮葬都監爲相考事 節都監之役極爲浩大 而役使匠人等甚爲不足是去乙
貴廳亦赴役竹散馬匠人金億還推捉 亦囚次知侵勞是如爲臥乎所 極爲不當爲置
同金億還矣身乙 限畢役間 勿侵事 到付

---

134 일정한 身役을 치러야 할 사람이 그 일을 하지 못할 때 그 대가로 바치는 베.

135 범죄자를 수색하여 잡음. 여기서는 차출의 대상으로 지목된 장인이나 재인을 찾아
내어 데려오는 일을 이른다.

136 상부 관청에서 하부 관청으로 보내는 공문.

137 다른 관아에서 보내어 나례청에 도착한 문서임을 나타낸다.

138 임금이나 왕비의 장례를 지낼 때, 싸리로 만들어 수레 위에 얹어 끌고 가는 말. 겉을
종이로 발라 검은 칠을 하고 말총으로 갈기와 꼬리를 만들어 단다.

139 앞의 문서에서는 김억환이 巧性匠으로 되어 있고 책의 뒤에 실린 장인 명단에는 耳
環匠으로 되어 있다.

一 병조가 상고한 것 : 이번에 도부[140]한 관문의 내용이, "해당 서리 등의 가포를 지급할 것"이라고 하였기에 상고하되 서리, 고지기 등은 지난해의 예에 따라 지급하기 어렵거니와 사령 세 명은 지난해의 예에 따라 각각 한 필을 줄여 이미 계하하였는지라 상고하여 시행할 것. 도부.

一 兵曹爲相考事 節到付關內 節該書吏等價布上下事是置有亦 相考爲乎矣 書吏庫直等段 依上年例 上下不得爲在果 使令三名段 依[141]上年例 各減一疋 已爲啓下爲有置 相考施行事 到付

一 감결의 내용 : 이번 중국사신을 접대하는 나례 때, 문서를 넣을 차로 유지대[142] 한 부를 당일 안에 지급하여 진배할 것. 호조, 장흥고.

一 甘結內 今此天使儺禮時 文書入盛次以 油紙帒一部 當日內 上下進排事 戶曹 長興庫

一 감결의 내용 : 혜민서 제조의 계사에 의하여 나례청을 다른 곳으로 옮겨 설치하게 되었으므로 서울 안의 수레(꾼) 네 부를 당일 이 시각 안에 혜민서로 대령할 것. 한성부.

一 甘結內 以惠民署提調啓辭 儺禮廳移設他處乙仍于 京中車子四部 當日內 此刻內 惠民署以 待令事 漢城府

一 병조가 상고한 일 : 이번에 계하하신 조의 계사가, "이번 조사가 올 때 나례에 쓰일 역군은 지난해 등록을 검토하니 경기, 충청도의 연수군(烟水軍)[143] 중에서 80명을 나누어 배정하여 썼습니다. 금년은 지난해에

---

140 다른 관청에서 보낸 문서가 본 관청에 도착함을 이르는 말.
141 이상 7장 뒷면.
142 기름종이로 만든 자루.
143 烟臺軍과 水軍. 연대군은 봉화를 맡아서 올리는 군사이고 수군은 *

만든 물상이, 비록 보수할 일이 있으나 오히려 모양을 갖춘 것이 있어서 고쳐 쓸 만하므로, 애초에 묵은 물건이 없던 지난해에 비할 수 없습니다.[144] 80명에서 3분의 1을 줄여 두 도에 각 30명씩 60명에 준하여 좌우변에 똑같이 배정하여 나누어 보내는 것이 마땅합니다. 좌우나례청에 문의한 후에 각도에 행회(行會)[145]함이 어떻겠습니까?" 하였는데 임금께서 윤허하신 일이었으므로 교지의 내용과 같이 계사를 검토하여 빨리 이문(移文)[146]하도록. 도부.

一 兵曹爲相考事 節啓下敎曺啓辭 今此詔使時 儺禮所用役軍 上年謄錄相考 則京畿忠淸道烟水軍中八十名 分定取用矣 但今年則上年所造物像 雖有修補之役 尙有形存者 可以因修以用 不可比之於上年初無舊件之時 八十名內 減三分之一 兩道各三十名 准六十名 分定左右邊一体 分送施行爲當 問于左右儺禮廳後 行會各道何如 傳曰允事敎是去有等以 敎旨內貌如 啓辭相考 急速移文爲只爲 到付

一 본청이 상고한 일 : 이번에 도부한 조 첩정의 내용이, "이번 중국사신이 올 때 헌가 잡상을 만드는 역군 60명을 좌우변에 똑같이 나누어 시행함이 마땅하며 좌우나례청에 문의할 것"이라는 첩정이었기에 상고하되, 헌가 잡상에 대하여 말하기를 묵은 것을 가져다 보수하라고 하였으나 모두 진흙으로 만들어 채색하고 꾸민 물건이라[147] 상태가 오래가기 어려울

---

144 지난 해에 비하여 일손이 훨씬 적게 필요하다는 말이다.

145 조정의 지시 명령을 관청의 우두머리가 부하들에게 알리고, 그 실행 방법을 논정하기 위한 모임.

146 공문을 이송하는 것.

147 헌가와 잡상에 대하여 "진흙으로 만들고 채색하여 꾸민 물상"이라고 한 것은 전통적인 공연 무대에 관한 매우 중요한 정보를 제공한다. 한편, 최근 중국에서 발견되었다는 〈奉使圖〉 가운데 사신이 잡희를 관람하는 그림이 있어 나례 및 그 공연종목, 무대 등에 관한 진전된 논의가 가능하게 되었다;『조선일보』, 1998년 7월 21일 기사 참조. 그림에는 수레바퀴 위에 기암괴석으로 이루어진 산 모양을 만들고 정자, 노송 등을 장식한 무대가 나타난

뿐만 아니라 남아 있는 기목(機木)도 또한 많이 부서지고 부러져서 이번에 개조를 거행함에 지난해의 일보다 적지 않을 듯하거늘 이와 같이 수를 줄인다면 뒷날에 폐단이 있을 뿐 아니라 앞으로 들어갈 공력을 예측할 수 없어 매우 걱정되거니와 사세(事勢)를 찬찬히 살펴보아 다시 이문하여 헤아릴 것. 병조에 이문.

一 廳爲相考事 節到付曹牒呈內 節該今此天使時 軒架雜像造作[148]時 役軍六十名 分定左右邊一體 施行爲當 問于左右儺禮廳事 牒呈是有亦 相考爲乎矣 軒架雜像雖曰仍舊修補 而皆是泥塑彩飾之物 勢所難久叱不喩 餘存機木亦多破折 今此改造之擧 似不下於上年之功役是去乙 如是減數 不無後日之弊是沙餘良 前頭容入功力 不可預度 殊甚可慮是在果 徐觀事勢 更爲移文計料事 移文兵曹

一 본청이 상고한 일 : 이번에 도부한 예조 첩정 조 단자의 내용이, "이번 중국사신이 나올 때 지난해의 예에 따라 다만 나례의 윤거와 잡상만을 만들어 배설할 것을 좌우나례청에 분부하여 시행할 것"이라는 첩정이라고 하였기에 "나례의 윤거, 잡상 등 물품을 한결같이 지난해 책봉 사신의 예에 따라 충분히 참작하여 대략 마련하오니 후록에 따라 시행함이 어떻겠습니까?" 하고 계를 올린대로 윤허하신 일이었으므로 희자(戲子)[149] 등을 공문 뒤에 기록하니 새로 소속된 자 및 업을 이은 자식들을 아울러 미리 가지런히 해두었다가 다시 이문하는 즉시 급급히 상송할 것.[150] 경기,

---

다. 그 위에서 재인으로 보이는 세 명의 사람이 공연하고 있다. 이 무대는 산대의 일종으로 바퀴를 달아 끌고 다닌 '曳山臺'라고 할 수 있다. 예산대와 軒架가 얼마큼 같고 다른지는 아직 분명하게 말할 수는 없으나, 그림에 나오는 예산대를 만들 때도 헌가처럼 진흙으로 만들어 채색하는 작업이 필요했을 것이라 여겨진다. 예를 들면 기암괴석을 표현할 때 실제 바위를 옮겨 놓을 수는 없고 바위의 질감과 양감을 표현하기 위해서는 찰흙을 재료로 사용하는 것이 좋기 때문이다. 헌가를 만들 때 소용되는 물품 중에는 흰 무명 서른 네 필, 주홍색 염료 등이 있었는데 이러한 재료들도 헌가의 수레 위에 여러 가지 모양을 만들고 꾸미는 데 쓰였다고 할 수 있다.

148 이상 8장 앞면.
149 才人과 같은 의미로 쓰인다.

충청, 전라, 경상, 강원 등 도의 감사에게 이문.

一 廳爲相考事 節到付禮曹牒呈內 曺單子內 今此天使出來時 依上年例 只儺
禮輪車雜像造作排設事 左右儺禮廳良中 知委施行事 牒呈是白置有亦 儺禮輪
車雜像等物乙 一依上年冊封天使例 十分參商從略磨鍊爲白去乎 依後錄施行何
如 啓依允敎事是去有等以 戲子等乙 關後錄爲去乎 新屬及繼業子枝 幷以預先
整齊爲有如可 更行移卽時 急急上送事 京畿忠淸全羅慶尙江原等道監司處 移
文[151]

一 병조가 상고한 일 : 이번에 도부한 공문의 내용은, "이번 중국사신이
올 때 조예와 조번의 대가를 지난해의 예에 따라 수송할 것." 공문에 의거
하여 상고하되, 지난해 중국사신이 왔을 때 조예(皂隸)와 조번(助番)[152]의
대가는 본청으로 인하여 계하한 공문에 의거하면, "폐조[153]에는 조예의 가
포(價布)[154]가 없으므로, 의금부 나례청의 사환과 조예의 경우 대동청[155]에
보고하여 받아냄이 마땅할 것이라고 입계하여 윤허를 받아서 귀청 및 대
동청에 이문하였다." 하므로 "이번 중국사신이 올 때 조예와 조번에게 지
난해와 같이 지급할 것"이라고 대동청에 이문하니 귀청도 대동청에 보고

---

150 나례청에서 각 도의 감사에게 보내는 재인 명단은 이전에 상송된 재인 명단을 근거
로 한 것이므로 그동안 각 곳의 외방재인 집단에 생겨난 소속 탈퇴 등의 사정을 알 수 없다.
따라서 각 도에서 새로 재인이 된 자들이나 아비의 업을 이은 자들을 미리 파악하여 관리하
고 있다가 쓸 만한 재주가 있는 자들을 추가하여 올려 보내라는 내용이다.

151 이상 8장 뒷면.

152 번을 드는 일을 돕기 위하여 번차례에 있지 않은 군사가 번을 드는 일. 또는 그 사
람. 여기서는 후자의 의미로 파악할 수 있다.

153 병조.

154 일정한 身役을 치러야 할 사람이 역에 나가지 못할 때 그 대가로 바치는 베. 대신
일하는 사람이 받는다.

155 조선시대 대동미를 관장하던 관청. 1608년 광해군 때 京畿大同事를 관장할 경기청을
실시한 것이 시초인데, 효종 이후 선혜청에 병합되어갔다. 이 등록의 필사연대인 1626년 당
시는 선혜청과 무관하게 호조에서 관리하고 있었던 것으로 나타난다(민족문화대백과사전
참조).

하여 받아내도록. 도부.

一 兵曹爲相考事 節到付關內 今此天使時 皂隷助番價 依上年例 輸送事 關
據相考爲乎矣 上年天使時 皂隷助番價 因本廳 啓下 關據 弊曹無皂隷價布乙仍
于 義禁府儺禮廳使喚皂隷乙良 報大同廳受出宜當事 入啓 蒙允 移文貴廳及大
同廳爲有如乎 今此天使時 皂隷助番 依上年 上下事 移文大同廳爲去乎 貴廳段
置 報大同廳受出爲只爲 到付

一 본청이 상고한 일 : 이번에 도부한 병조 첩정의 내용이, "지난해 중
국사신이 왔을 때 '조예와 조번의 가미(價米)를, 의금부 나례청의 사환[156]
과 조예의 경우 대동청에 보고하여 받아냄이 마땅할 것이라고 입계하여
윤허를 받고 귀청 및 대동청에 이문하였다' 하므로 '이번 중국사신이 올
때 조예와 조번에게 지난해의 예에 따라 지급할 것'이라고 대동청에 공문
을 보내니 귀청도 대동청에 보고하여 주고받도록" 이라는 첩정이라고 하
였기에 검토하되, 지난해 중국사신이 왔을 때는 대동청에서 41명, 선혜
청[157]에서 29명, 한 명당 가미(價米)[158]가 열여덟 말이니 아울러 검토하여
지급할 것. 호조에 이문.

一 廳爲相考事 節到付兵曹牒呈內 節該上年天使時 皂隷助番價米乙 義禁府
儺禮廳使喚皂隷乙良 報大同廳受出宜當事 入啓 蒙允 移文貴廳及大同廳爲有
如乎 今此天使時 皂隷助番 依上年例 上下事 移文大同廳爲去乎 貴廳段置 報
大同受出爲只爲 牒呈是置有亦 相考爲乎矣 上年天使時段 大同廳四十一名 宣
惠廳二十九名 一名之價米十八斗是置 幷以相考上下事 移文戶曹

---

156 관아에서 심부름을 하는 일꾼.

157 1608년 광해군 때 대동법이 선혜법으로 경기도에 실시되면서 이를 관장하기 위하여
설치된 관청. 점차 각도의 대동청을 흡수하여 갔으며 나중에는 호조를 능가하는 최대의 재
정기관이 되었다(민족문화대백과사전 참조).

158 일정한 身役을 치러야 할 사람이 역에 나가지 못할 때 그 대가로 바치는 쌀. 대신
일하는 사람이 받는다.

一 사섬시가 알려온 일 : 도감 감결의 내용은, "잡상에 쓰이는 베 열다섯 필을 제공할 것." 감결을 받들었으나 본사에는 남은 것이 없어 "제용감에 있는 베를 바칠 것"이라고 호조에 보고하였는지라 제용감에 독촉할것. 첩정에 의거하여 제용감으로 감결을 받듦.

一 司贍寺爲知音事 都監甘結內 雜像所用布子十五疋進排事 捧甘結[159] 而本寺無遺 在濟用監布子進排事 報戶曹爲有置 濟用監以 督催事 牒呈據 濟用監以捧甘結

一 전교 : 예장도감[160]이 부리는 여러 장인들을 영접도감 및 나례청이함께 다 추착(推捉)[161]하여, 일을 시키는 데 불안하게 한다니 매우 편치 않다. 지금 이후로 본도감이 부리는 장인들을 결코 침노하거나 책망하지 말도록. 공조 등에 전교.

一 傳 禮葬都監付役諸匠人 迎接都監及儺禮廳 並皆推捉 使不得安於役事 極爲未便 今後 本都監付役匠人 切勿侵責爲只爲 工曹等 傳敎

一 본청이 지급하라고 한 일 : 중국사신이 올 때 헌가와 잡상을 만드는조번과 나장을 부리는 것으로 사목을 올려 계하하였는지라 조번, 고립(雇立)[162], 나장의 대가는 70명을 한 달간 부리는 데 지난해의 예에 따라 호조에서 41명, 귀청에서 29명의 가미를 공문이 도착하는 즉시 전례에 따라지급할 것. 선혜청에 이문.

一 廳爲上下事 天使時軒架雜像造作助番羅將役使事 事目 啓下 助番雇立羅將價 七十名一朔赴役 依上年例 戶曹四十一名 貴廳二十九名價米乙 到關卽時

---

159 이상 9장 앞면.

160 조선 초기, 대신이나 공신이 죽었을 때 그 예장에 관한 일을 맡아보던 관아. 처음에는 임시 관아였으나 세종 6년(1424)에 상설 관아가 되었다.

161 죄인을 수색하여 붙잡아 오는 것.

162 여기서는 '雇立軍'의 의미로 파악할 수 있다. 임시로 고용한 군병을 이른다.

依前例 上下事 移文宣惠廳

一 예장도감이 급하게 침노하지 말라고 한 일 : 거장 박갯지, 소목장 이천의, 목수 김천기 등은 폐도감에서 밤낮없이 일을 하거늘, 귀도감이 한가하게 노는 장인 모양으로 수차지(囚次知)[163]를 추착하고 침노한다고 하는 바, 예장의 일이 일각이 급하고 매우 중요하니 위 항의 박갯지 등을 침노하고 책망하지 말아 오로지 폐도감의 일을 하게 하며 동(同) 수차지를 속히 방송하여 국사를 구제할 것. 도부.

一 禮葬都監爲急急勿侵事 車匠朴㐫知 小木匠李天儀 木手金天己等 弊都監良中 罔晝夜役使爲去乙 貴都監 閑遊匠人樣以 推捉侵責囚次知是如爲臥乎所 禮葬之役 一刻爲急 其役極重 上項朴㐫知等 勿爲侵責 專爲弊都監之役爲於 同囚次知速放送以濟國事事 到付[164]

一 호조 첩정 : 이번에 도부한 공문의 내용이, "해당 나례청의 사환과 조예에게 전례에 따라 지급할 것"이라는 공문이라고 하였기에 위 항의 조예 41명의 한 달치 가미 합이 마흔아홉 섬 서 말을 지난해의 예에 따라 별영으로 지급하였는지라[165] 검토하여 시행하도록. 도부.

一 戶曹牒呈 節到付關內 節該儺禮廳使喚皂隷 依前例 上下事 關是置有亦 上項皂隷四十一名 限一朔價米 合四十九石三斗 依上年例 別營以 上下爲有置 相考施行爲只爲 到付

---

163 '次知'는 일을 책임지고 맡아봄. 또는 그 사람을 이른다. 수차지를 잡아들인다고 하였으므로 여기서의 수차지는 죄수의 일을 맡아보는 사람이 아니라 죄수로 지목된 사람을 뜻한다고 할 수 있다.

164 이상 9장 뒷면.

165 대동청이 호조의 산하에 있었으므로 쌀에 관한 한 호조와 대동청의 명칭이 구분없이 쓰이고 있다.

一 감결의 내용 : 나례청 사환, 조번, 나장, 고립의 가미 마흔아홉 섬 서 말을 운반할 차로 마부와 말 이십오 태(駄)166를 19일 동틀 때까지 별영에 대령할 것. 한성부.

一 甘結內 儺禮廳使喚皀番羅將雇立價米四十九石三斗 輸運次以 夫馬二十五駄 十九日平明時 別營待令事 漢城府

一 전교 : 사신이 올 때 땅바닥에 까는 자리는 그 수가 매우 많아 새로 만들거나 보수하는 것이 큰일인데 다만 네 명의 인장167이 있어 매일 일하지만 오히려 미치지 못한다. 사신이 돌아갈 때까지는 비록 상급 관아가 있다 할지라도 침노하거나 책망하지 말도록. 공조 등에 전교.

一 傳 詔使時 補陳地衣 其數甚多 新造修補功役浩大 只有茵匠四名 日日薰役 猶爲未及 詔使回還間 雖有上司 勿爲侵責爲只爲 工曹等 傳敎

一 감결의 내용 : 나례청 사환, 조번, 나장, 고립의 가미 마흔 섬을 운반할 차로 수레꾼 2부를 해당 시각까지 선혜청으로 정하여 보낼 것. 한성부.

一 甘結內 儺禮廳使喚助番羅將雇立價米四十石 輸運次以 車子二部 當刻 宣惠廳以 定送事 漢城府

一 영접도감168 응판색169이 상고한 일 : 귀청에서 사용할 당동록을 사서 바친다고 하였다더니 이번에 시민 등이 발괄170한 내용은, "여러 곳에 물어보아도 동록은 서울에 없다"고 함. 동록 대신 삼록이나 하엽을 사서

---

166 본래는 짐바리를 세는 단위이나 여기서는 마부와 말을 한 조씩 세는 단위로 쓰였다.
167 자리 만드는 장인.
168 조선시대 중국에서 오는 칙사를 맞이하기 이하여 설치한 임시기구. 영접 사무를 총괄하는 都廳과 應辦色, 盤膳色 등이 있었다.
169 응판색은 영접에 필요한 예단 및 각종 비용 조달을 담당하였다.
170 억울한 사정을 관아에 하소연함.

바치라고 분부하니 검토하여 사용할 것. 도부.

一 迎接都監應辦色爲相考事 貴廳所用唐銅碌 貿納亦爲有如乎 節市民等白
活內 諸處問見爲良置 銅碌段 京無是如云 銅碌代 三碌荷葉中貿納亦分付爲去
乎 相考捧用事 到付[171]

一 본청이 재촉하라고 한 일 : 이번 중국사신이 수로로 오는데, 바다를
건너는 데 걸리는 기간을 예측할 수 없는 데다, 헌가와 잡상을 만드는 일
이 일각이 급하거늘 수군이 한 명도 오지 않은 것이 잇달아 매우 한심한
지라 공문이 도착하는 즉시 각도의 수군을 급히 재촉할 것. 병조에 이문.

一 廳爲催促事 今此天使水路出來 渡海遲速未可預料 軒架雜像造作役事 一
刻爲急爲去乙 水軍無一名上來生事 絃如 極委寒心爲置 到關卽時 各道水軍急
急催促事 移文兵曹

一 본청이 상고한 일 : 이번 중국사신이 올 때 헌가와 잡상을 만드는
일을 하는 조번과 나장 70명 가운데, 41명은 대동청에 29명은 귀청에 이
미 분정하였는데, 이번에 각사 조예의 가미를 한 명당 열여덟 말씩 정하
여 지급하는 까닭에 호조의 경우 41명에게 한 명당 고립(雇立)의 대가를
열여덟 말씩 이미 지급하였거늘 귀청은 한 명당 한 섬씩 지급하였다 하는
바 그 이유를 모르겠거니와 공문이 도착하는 즉시 호조의 예에 따라 한
명당 열여덟 말씩 급히 지급할 것. 선혜청에 이문.

一 廳爲相考事 今此天使時 軒架雜像造作役事 助番羅將七十名內 四十一名
段大同廳 二十九名則貴廳 已爲分定 今則各司皁隷價米 每一名十八斗定式上
下爲乎等以 戶曹則四十一名每名雇立價十八斗式 已爲上下爲有去乙 貴廳耳亦
每名一石式 上下是如爲臥乎所 未知其由爲在果 到關卽時 依戶曹例 每名十八

171 이상 10장 앞면.

斗式 急速上下事 移文宣惠廳

一 본청이 상고한 일 : 이번 나례 때 나장과 고립의 가미를 수송할 즈음에 반드시 중간에 모자라는 폐단이 있을 것이다. 별영에서 곡(斛)[172]으로 다시 계량한 후에 환송할 차로 (별영으로) 잠시 수송할 것. 호조 낭청에게 이문.

一 廳爲相考事 今此儺禮時 羅將雇立價米輸送之際 必有中間虛踈之弊是置 別營仍用斛改量後 還送次以 暫時輸送事 移文戶曹郎廳

一 본청이 상고한 일 : 이번 중국사신이 올 때 헌가와 잡상을 만드는 데 도와줄 수군의 가포를 한 명당 몇 필씩 정하였는지 귀조의 규례를 검토하고 이문하여 공사(公私)를 편리하게 할 것. 병조에 이문.

一 廳爲相考事 今此天使時 軒架雜像造作助役 水軍價布 每一名幾疋定式爲 有臥乎喩 貴曹規例相考 移文以便公私事 移文兵曹

一 병조가 상고한 일 : 이번에 도부한 공문의 내용이, "이번 나례 때 수군의 가포를 한 명당 몇 필씩 규정하였는지 검토하여 이문할 것." 공문에 의거하여 검토하되 한 명당 네 필씩 규정하였으니 검토하여 시행할 것. 도부.

一 兵曹爲相考事 節到付關內 節該儺禮時 水軍價布 每一名幾疋式定[173]規 相考移文事 關據相考爲乎矣 每一名四疋式 定規爲有昆 相考施行事 到付

一 나례청이 착송(捉送)[174]하라고 한 일 : 이번 중국사신을 맞이하는 나

---

172 10말의 용량을 재는 계량 기구.

173 이상 10장 뒷면.

174 장인이나 재인 등 수배자를 잡아들여 보냄.

례 때 헌가, 잡상 등을 만들기 위하여 등록에 붙은 뉴골장(杻骨匠)[175]인 (경기)도내 금천접의 이언필, 고양접의 차복 등을 문서가 도착하는 즉시 분부하여 착송할 것. 경기감사에 공문을 보냄.

一 廳爲捉送事 今此天使儺禮時 軒架雜像等造作次以 謄錄付杻骨匠 道內 衿川接 李彦必 高陽接 車福等乙 到關卽時 知委捉送事 移文京畿監司

一 나례청이 상고하라고 한 일 : 이번에 당도한 공문의 내용[176]이, "해당 청이 사용할 당동록을 사서 바친다고 하였다더니 시민 등이 발괄한 내용은 '여러 곳에 물어보아도 당동록은 서울에 없다'고 함. 동록 대신 삼록이나 하엽을 사서 바치라고 분부하니 상고하여 사용할 것"이라는 공문이라고 하였기에 상고하되, 삼록, 하엽은 단청에 사용하며, 화밀은 달여 익히면 청색이 발하여 검은색이 되니 결코 사용할 수 없음. 여러 장인에게 충분히 물어보니 모두 말하기를 "하엽은 부득이하고 당동록, 화밀은 염색용" 운운하니 공문이 도착하는 즉시 당동록 몇 조를 급히 준비하여 보낼 것. 이와 같이 하여 대례가 궁색하게 되는 우환을 없앨 것. 호조[177]에 공문을 보냄.

一 廳爲相考事 節到付關內 節該廳所用 唐銅碌 貿納亦爲有如乎 市民等白活內 諸處 問見爲良置 唐銅碌段 京無是如云 銅碌代 三碌荷葉中 貿納亦分付委去乎 相考捧上[178]事 關是置有亦 相考爲乎矣 三碌荷葉段 丹靑所用 和蜜 煎熟

---

175 축골은 껍질을 벗긴 싸릿대를 이른다. 축골장은 그것을 재료로 여러 가지 물품을 만드는 장인을 가리키는 것 같다.

176 이 문서는 나례청에 보내온 영접도감의 문서에 대한 답신에 해당한다. 영접도감의 원래 문서는 다음과 같다. "一 迎接都監應辦色爲相考事 貴廳所用唐銅碌 貿納亦爲有如乎 節市民等白活內 諸處問見爲良置 銅碌段 京無是如云 銅碌代 三碌荷葉中貿納亦分付爲去乎 相考捧用事 到付"

177 나례청이 답신한 원래의 공문은 영접도감 응판색이 보낸 것이었다. 답신을 호조에 보낸 것은 호조가 영접도감을 주관하였기 때문인 것 같다. 영접도감 응판색은 호조 낭청 가운데 임명하였는데, 각종 물자를 조달하는 임무를 맡았다.

178 호조가 보내온 공문에는 원래 "捧用事"라고 되어 있다. 나례청은 "捧上"의 주체가 아

則靑發爲黑 決不可用 諸匠人處 十分問之 則皆曰 花葉段 不得已 唐銅碌和蜜

染用云云爲去乎 到關卽時 某條以 同唐銅碌 急速備送 如此 大禮俾無窘迫之患

事 移文戶曹

一 영접도감이 상고하라고 한 일 : 이번에 당도한 공문의 내용이, "해당
삼록, 하엽은 단청에 사용하며 화엽은 부득이하고 당동록, 화밀은 염색용
이라 당동록을 급히 준비하여 보낼 것"이라는 공문이라고 하였기에 상고
하되, 당동록을 구할 데가 없고 응판색에게도 또한 남아 있는 것이 없으
니 아무 물품으로 색을 만들어 사용할 것. 도부.

一 迎接都監爲相考事 節到付關內 節該三碌荷葉段 丹靑所用 花葉段 不得已
唐銅碌和密染用 同唐銅碌 急速備送事 關是置有亦 相考爲乎矣 唐銅碌 無得處
應辦色亦無遺在 某物以 作色以用事 到付

一 감결의 내용 : 도감에서 명령을 전하기 위하여 서원[179]과 사령[180] 한
명씩, 시민 두 명씩을 오늘 안으로 정송할 것. 평시서.[181]

一 甘結內 都監良中 聽令次以 書員使令各一名 市民二名式 逐日 定送事 平
市署

一 영접도감이 상고하라고 한 일 : 이번 공조의 첩정 내용이, "좌우나례
청이 사용할 저모대필 네 자루를 지급할 것." 첩정에 근거하여 상고하되,
사축서의 돼지털 아홉 량을 본 도감에서 직접 받들어 취용할 뿐 아니라,
지난해 중국사신이 왔을 때 사용한 저모필은 반드시 돌려보낸 곳이 있을

니므로 "捧用"이 맞다고 할 수 있다. 나례청에서 호조의 공문을 인용하면서 誤字가 생긴 것
같다.

179 조선시대, 각 관아에 딸린 아전의 하나. 서리보다 격이 낮다.

180 관아에서 심부름하는 사람.

181 조선시대, 市廛에서 쓰는 尺, 斗, 저울과 물가의 등락을 관할하던 관아.

것이니 전에 진배한 돼지털을 추심하여 사용할 것. 도부.

一 迎接都監爲相考事 節工曹牒呈內 左右儺禮都監所用 猪毛大筆四柄 上下事 牒呈據 相考爲乎矣 司畜署 猪毛九兩 自本都監 直捧取用是如乎不喩 上年天使時所用 猪毛筆必有還下處 前排猪毛 推尋用下事 到付

一 경기감사가 상고하라고 한 일 : 이번 중국사신이 왔을 때 나례에 사용할 바라와 징 등의 물건을 이전의 등록에 따라 각 관에 나누어 정한 것을 첩정에 후록하되, 중국사신이 돌아간 후에 즉시 환급하도록. 도부.

후록

一 양주 회암사 바라 두 개, 징 두 개, 장삼·굴립·염주·감투 각 한 개씩

一 삭녕 용복사 징 두 개

一 장단 화장사 바라 두 개, 징 두 개

一 금천 삼악사 바라 두 개

一 고양 나암사 갑장삼·승건 각 한 개씩

一 京畿監司爲相考事 今此天使時 儺禮所用 金八羅強錚等物 依前謄錄 分定各官 牒呈後錄爲去乎 天使過後 卽爲還給爲只爲 到付 後

一 楊州檜岩寺 金八羅二 強錚二 長衫窟笠念珠甘土 各一

一 朔寧龍福寺 強錚二

一 長湍華藏寺 金八羅二 強錚二

一 衿川三岳寺 金八羅二[182]

一 高陽羅菴寺 甲長衫僧巾 各一

一 나례청이 지급하라고 한 일 : 중국사신이 왔을 때 사용할 오색 주지 및 작은 주지 한 개, 평량자 오십 개, 절요마 광대 등에 들어갈 채색을 지

---

182 이상 11장 뒷면.

난해 등록의 사용분과 비교한즉 50분의 1, 2를 줄여 마련하여 공문에 후
록하니 조가 특별히 산원을 보내어 일일이 계산하여 수효에 따라 지급할
것. 호조에 공문을 보냄. 주지 여섯 개를 보수하는 데 들어가고 주지 한
개의 떨어진 갓끈 열두 개를 만드는 데 들어가는 것; 넉 단 일 척 오 촌씩
각각의 색을 지급함. 꿩의 긴 깃털 이백 개, 흰 거위 깃털 한 냥 반, 어교
다섯 장, 황밀 일곱 냥, 소나무 기름 다섯 냥, 삼베 실 여덟 냥, 면화 한
근, 주홍 여섯 냥, 하엽 석 냥, 삼록 여섯 냥, 동황 한 냥 반, 진분 다섯
냥, 청화 여덟 냥, 진묵 두 개, 그림붓 세 자루, 아교 한 근, 황단 두 냥,
정분 한말 닷 되, 탄 한 섬. 절요마와 평량자 오십 개를 보수하는 데 들어
가는 것; 주토 한말 닷 되, 휴지 네 근, 꿩의 긴 깃털 삼백삼십 개, 흰 거위
깃털 한 냥 반, 아교 분말 한 말, 삼록 한 냥, 화경을 위한 납철 석 냥. 印

一 廳爲上下事 天使時所用 五色注之及小注之一 平凉子五十介 折要馬廣大
等所入與彩色乙 比上年謄錄所用 則五十分之一二減磨鍊 關後錄委去乎 曹以
別遣筭員 一一擲奸 依數上下事 移文戶曹 六注之仍修補所入 一注之落纓十二
介造入 匹段 一尺五寸式 各色 上下 雉長羽二百介 白鵝羽一兩半 魚膠五張 黃
蜜七兩 松脂五兩 麻絲八兩 熟麻一斤 綿花一斤 朱紅六兩 荷葉三兩 三彔六兩
同黃一兩半 眞粉五兩 靑花八兩 眞墨二丁 筆畵三柄 阿膠一斤 黃丹二兩 丁粉
一斗五升 炭一石 節要馬平凉子五十介仍修補所入 朱土一斗五升 休紙四斤 雉
羽長三百三十介 白鵝羽一兩半 膠末一斗 三彔一兩 火鏡次 鑞鐵三兩 印

一 감결의 내용 : 도감에서 사용할 장막 두 장을 도감으로 보낼 것. 전
설사.[183]

一 甘結內 都監所用 帳二浮 上都監事 典設司[184]

---

183 조선시대, 식전에 사용하는 장막을 공급하는 일을 맡아보던 관아.
184 이상 12장 앞면.

一 감결의 내용 : 잡상에 사용할 흰 기와 다섯 짐을 수납할 것. 한성부.

一 甘結內 雜像所用 白瓦五駄 輸納事 漢城府

一 감결의 내용 : 헌가와 잡상을 만들 때 사용할 아교가 부족하니 아교 서근을 더하여 지급 진배할 것. 호조 선공감.[185]

一 甘結內 軒架雜像造作時所用 阿膠不足 阿膠三斤加 上下進排事 戶曹 繕工監

一. 나례청이 상고한 일 : 이번에 당도한 귀도감[186]의 관문[187] 및 전에 온 관문의 내용이 "함평 재인 복세, 청주의 줏걸, 남평의 끝세 등을 기송할 것. 그리고 영광 재인 명춘을 방송할 것"이라는 공문이었기에 상고하되, 복세와 줏걸은 지난해 등록에 기재되었던 재인이며, 끝세는 비록 등록에 없었으나 본도(本道)[188]가 폐도감[189]에 책을 만들어 상송하였기 때문에 줏걸과 끝세가 이미 출두하였고 복세는 출두하지 않았거니와 폐도감 등록에 기재된 공주의 대진과 거남, 회덕의 금생, 서천의 안동, 예산의 주색, 온양의 생이 등을 귀도감으로 보냈다고 하는 바 매우 못마땅함. 끝세는 마땅히 기송할 생각이니, 위 항의 대진 등을, 공문이 도착하는 즉시 기송할 것. 명춘을 잡아 가둔 것은, 영광군수의 첩정에 "전라감사가 첨부한 이문[190]에 따라 현재 본군에 있는 재인을 좌우변에 이름을 적고 봉쇠, 대추, 몽남, 윤이, 귀복, 동지, 이남, 춘남, 영난, 기복, 명춘, 천지, 매춘, 무세 등 열네 명 및 추가로 출두한 끝남을 함께 상송한다."고 하였는데, 첩

---

185 조선시대, 토목과 營繕에 관한 일을 맡아보던 관아.
186 이 문서는 좌변 나례도감에서 우변나례도감으로 보낸 것이다.
187 상급 관아에서 하급 관아로 보내는 공문서.
188 남평 재인 끝세의 상송을 맡은 선라도를 이른다.
189 의금부가 주관하는 좌변나례도감을 이른다.
190 원문의 '粘移'는 여러 가지 관련 문서를 풀로 붙여 보낸 공문서.

정 가운데 폐도감 재인이 봉쇠, 대추, 몽남, 윤이, 귀복, 매춘 등 여섯 명
이거늘 동 명춘은 또한 귀도감에 아울러 영수해 준 뒤 이 첨부 공문을 중
간에 사사로이 방치해 두었다가 강사원(差使員)이 내려간 후를 기다려 이
달 13일에 비로소 와서 바치니 정상이 매우 나쁜 까닭에 잡아 가두었거
늘, 위 항의 폐도감 등록에 붙은 재인 등[191]을 남김없이 기송하면 방송할
요량이니 상고하여 시행할 것. 우변에 공문을 보냄.

一 廳爲相考事 節到付貴都監關及前矣通關內 咸平才人福世 淸州浞傑 南平
态世等 起送事 及靈光才人明春放送事 關是置有亦 相考爲乎矣 世福[192]浞傑段
上年謄錄付才人是於 态世段 雖不在謄錄 本道弊都監以 成冊上送乙仍于 浞傑
态世 已爲現身 福世未現爲有在果 弊都監謄錄付人 公州大進去男 懷德金生 舒
川內 冏 禮山酒色 溫陽生伊等乙 貴都監以 現身是如爲臥乎所 極爲未便 态世
則當爲起送計料 而上項大進等 到關卽時 起送爲於 明春囚禁事段 靈光郡守牒
呈內 全羅監司粘移據 本郡時存才人 左右邊題名 奉金大秋夢男允伊貴福冬之
二男春男永難起福明春天之每春無世等 十四名 及加現人态男 幷以上送事 牒
呈 而其中弊都監才人 奉金大秋夢男允伊貴福每[193]春等 六名是去乙 同明春 亦
貴都監良中 並只 領付後 此粘移中間 私自掩置 待其差使員下去之後 本月十三
日 始爲來納 情狀痛惡 故囚禁爲有昆 上項弊都監謄錄付才人等乙 無遺起送 則
放送計料爲去乎 相考施行事 移文右邊

一. 우변나례도감이 상고한 일 : 이번에 당도한 관문의 내용은 "귀청[194]
의 문서에 기재된 해당 재인 유산복은 본도[195]가 잘못 표기하여 기송한

---

191 원래는 좌변에 속한 재인인데 착오로 우변에 기송된, 공주의 대진과 거남, 회덕의
금생, 서천의 냇동, 예산의 주색, 온양의 생이를 이른다.
192 '福世'의 잘못.
193 이상 12장 뒷면.
194 좌변나례청.
195 남원 재인인 유산복의 관리를 맡은 전라도를 이른다.

것." 관문에 따라 동 유산복을 환송하였거니와 폐도감 등록에 붙은 광양
재인 신희도 본도가 또한 잘못 표기하여 귀청에 이송하였다고 하는 바 동
재인 신희를 기송할 것. 도부.[196]

一 右邊儺禮都監爲相考事 節到付關內 節該貴廳案付才人劉山福 本道誤書
起送事 關據 同劉山福還送爲在果 弊都監謄錄付光陽才人申喜段置 本道亦爲
誤書 移送貴廳是如爲臥乎所 同才人申喜乙 起送事 到付

一. 감결의 내용 : 이번 중국사신이 올 때 나례도감을 창덕궁 옛 병조자
리에 설국하였으니 안팎의 청소 및 헌가, 잡상을 지킬 차로 혜민서의 예
에 따라 5계를 정해두고 다른 곳을 정하지 말라.[197] 수송한 기록을 아울러
상송할 것. 중부.

一 甘結內 今此天使時 儺禮都監 昌德宮古兵曹 設局爲有昆 內外修掃及軒架
雜像守直次以 依惠民署例 五契定体爲置 他處勿定 輸送記 幷以 上送事 中部

헌가 잡상의 습의

一. 계에 이르기를, "중국사신이 올 즈음 나례 헌가 잡상의 습의[198] 행
렬이 왕래할 때, 여러 귀한 집의 관람자가 매번 길가에 의막을 설치하고
다투어 서로 잡아 당겨 진행하지 못하게 하며 어떤 때는 잡물[199]을 훼손

---

196 타 관청에서 보내어 나례청에 도착한 문서.

197 나례도감은 나례를 주관하는 인적 조직을 가리킨다. 나례도감이 맡아 하는 여러 가
지 工事를 처리하기 위해서는 물리적인 작업 공간이 필요하다. 임진왜란 이전에는 사역원
에서 그 장소를 제공하였다가 난리 이후에는 혜민서에서 제공하였다. 그러나 어려움을 호
소하는 혜민서 관리의 상소로 이번 나례 때는 창덕궁의 옛 병조 자리에서 작업을 벌이게
되었다. 따라서 청소 및 守直의 일을 혜민서의 예에 따르라고 한 것이다. 자세한 내용은 「공
연예술의 기록, 나례청등록 1」, 『문헌과해석』 창간호, 1997 참조.

198 의식의 예행 연습. 나례 때에는 세 번의 습의를 거친다.

하는 데 이릅니다. 그러나 본청200의 하인이 손을 대어 꾸짖고 금할 수가 없으니 매우 부당합니다. 이제부터 이러한 폐단이 있으면, 그러한 집 하인은 물론 일일이 잡아가두고 치죄하여 폐단을 막는 것이 어떻겠습니까?' 하니, 임금이 답하기를, "계한대로 하라"고 하였다.

一 啓曰 天使時 儺禮軒架雜像習儀往來時 諸貴家觀光者 每於路傍設依幕 爭相留挽 使不得行 或致損傷雜物 而本廳下人不得下201手呵禁 極爲不當 今後 如有此弊 勿論其家下人 一一捉囚治罪 以杜其弊 何如 答曰 依啓

一. 헌가202 하나, 소간203 하나, 승호 하나, 입사자204 하나, 낙타 하나, 절요마 하나, 쌍족죽 하나, 척족죽205 하나, 근두마목206 하나.

一 軒架一 嘯竿一 乘虎一 立獅子一 駞一 折要馬一 雙足竹一 隻足竹一 斤頭馬木一

---

199 헌가와 雜像 등을 가리킨다.

200 좌변나례청인 의금부를 이른다. 나례를 거행하는 일과 관련한 일체의 禁亂 활동은 좌변나례도감인 의금부에서 맡았다. 『문종실록』 13권 8～9장 및 『중종실록』 83권 22～23장의 기록에 의하면 의금부 도사가 儺禮禁亂官을 맡아 羅將을 거느리고 직책을 수행하였다.

201 이상 13장 앞면.

202 「나례청등록 3」(『문헌과해석』 4호)에서는 〈奉使圖〉의 그림에 대해서 확신을 가지지 못하였으나, 지난 8월 한국구비문학회에서 발표한 연구 「산대의 무대양식적 특성」에서는 그림의 시설물을 약식으로 꾸민 산대인 軒架山臺(또는 輪車)라고 규정하였다. 이 문서에서는 헌가가 하나 필요한 것으로 되어 있다. 그러나 본고에서 다루는 『나례청등록』은 좌변나례도감의 기록일 뿐이라는 사실을 상기할 필요가 있다. 실제 나례 때는 우변나례도감의 헌가산대까지 두 개의 산대가 쓰였다.

203 솟대. 재인들이 솟대 끝에 올라가 각종 재주를 피운다.

204 호랑이, 사자의 잡상에 각각 '乘-', '立-' 따위의 수식어가 붙었다. 각각 '타다', '서다' 등의 기능 또는 모습을 갖춘 잡상이라고 여겨지는데 정확한 사실은 파악할 수 없다.

205 사람이 올라타고 걷거나 뛰며 묘기를 부리는 긴 장대로서 두다리 또는 외다리의 종류가 있었던 것 같다.

206 마목은 가마나 상여 따위를 올려놓을 때에 괴는, 나무로 만든 네 발 달린 받침틀이다. 따라서 근두마목이란 곤두박질 등 재인의 땅재주를 할 때 사용한 받침대 정도로 파악할 수 있다.

一. 평시서가 수송한 일 : 중국사신이 올 때 필요한 담지군[207] 등 약간 명을 후록함. 도부.

후록

一. 입전[208] 담지군 50명　　一. 시소전[209] 담지군 6명　　一. 혜전 담지군 24명

一. 전우전[210] 담지군 5명　　一. 어물전 담지군 7명　　一. 철물전 담지군 4명

一. 생선전 담지군 7명　　一. 진사전[211] 담지군 1명　　一. 이엄전[212] 담지군 16명

一. 의전 담지군 4명　　一. 저포전 담지군 10명　　一. 전상전[213] 담지군 6명

一. 초립전 담지군 10명　　一. 마전 담지군 10명 一. 상미전 담지군 8명

一. 지전 담지군 7명　　一. 사립전[214] 담지군 5명　　一. 한성부가 정송한 방민 100명

一 平市署爲輸送事 天使時 擔持軍等 小名 後錄事 到付

後

一 立前擔持軍五十名　　一 匙召前擔持軍六名　　一 鞋前擔持軍二十四名

---

207 가마나 상여를 메는 사람. 여기서는 헌가와 잡상을 메고 사신이나 임금의 행차를 전도하는 사람으로 여겨진다. 평시서에서 상급 관아의 명령을 받아 각 시전에 인력을 할당한 사실을 알 수 있다.

208 육주비전의 하나로 비단을 파는 가게.

209 수저 등 조리 기구를 파는 가게.

210 육주비전 외에 과일을 파는 가게.

211 명주실을 파는 가게.

212 이엄을 파는 가게. 이엄은 관복을 입을 때에 紗帽 밑에 쓰는 모피로 만든 방한구.

213 육주비전 외에 상을 팔던 가게.

214 사립을 팔던 가게. 사립은 명주실로 싸개를 하여 만든 갓.

一 典隅前擔持軍五名　　一 魚物前擔持軍七名　　　一 鐵物前擔持軍
四名
一 生鮮前擔持軍七名　　一 眞絲前擔持軍一名　　　一 耳掩前擔持軍
十六名
一 衣前擔持軍四名　　　一 苧布前擔持軍十名　　　一 典床前擔持軍
六名
一 草笠前擔持軍十名　　一 馬前擔持軍十名　一 上米前擔持軍八名
一 紙前擔持軍七名　　　一 絲笠前擔持軍五名　　　一 漢城府定送坊
民一百名

헌가와 잡상에 따라 담지군을 나누는[215] 秩[216]

一. 사자 담지군 : 입전 36명

一. 호랑이 담지군 : 혜전 24명, 저포전 10명, 사립전 5명

一. 낙타 담지군 : 입전 14명, 초립전 10명, 상미전 8명, 시소전 6명, 철
물전 4명[217]

---

215 각 시전에서 뽑아 올린 인력을 헌가 및 잡상에 배분한 내용이다. 헌가와 잡상을 열
거한 앞의 문서와 비교할 때 절요마, 쌍족죽, 척족죽, 근두마목 따위에는 담지군이 배분되
지 않았다. 담지군의 역할을 다시 한 번 증명해주는 자료이다. 담지군은 단지 무거운 물건
을 이동하는 데 필요한 인력이 아니라 헌가와 잡상을 메고 행진하는 인력인 것이다. 근두마
목은 바닥에 고정시켜 놓는 설비이며, 쌍족죽과 척족죽은 재인이 직접 올라타서 묘기를 부
리는 기구이므로 담지군이 메고 행진할 이유가 없다. 절요마의 경우 담지군이 필요하지 않
은 것은 호랑이나 사자와는 다른 용도로 쓰였을 가능성을 보여준다. 허리를 동강내어 뒤집
어 쓸 수 있게 만든 잡상이라고 여겨진다.

216 같은 성격의 物名, 地名, 人名 등을 나열할 때 성격에 따라 분류한 단위.

217 여기까지 열거된 호랑이, 사자, 낙타 등의 잡상은 "모두 진흙으로 만들어 채색하고
꾸민 물건"이며 "機木"이 포함되어 있다(「나례청등록 3」, 『문헌과해석』 4호, 1998 참조). 기
목은 잡상의 골격을 유지하는 틀을 가리키는 동시에 바퀴와 같은 움직이는 장치를 가리킨
다고 여겨진다. 수십명의 담지군이 잡상을 메고 행진하기 위해서는 바퀴를 다는 것이 여러
가지로 편리할 것이다. 덕수궁 궁중유물박물관에 전시된 '軺軒'은 외바퀴를 달아 담지군이
힘을 덜 들이고 멜 수 있게 하였는데, 헌가와 잡상의 機木을 추정하는 데 도움을 준다.

一. 소간 담지군 : 이엄전 16명, 어물전 7명, 생선전 7명, 의전 4명, 전상
전 6명, 전우전 5명, 지전 7명, 진사전 담지군 1명[218]

一. 헌가 담지군 : 마전 담지군 10명, 방민 100명[219]

軒架雜像分軍秩

一 獅子擔持軍　入前三十六名[220]

一 虎擔持軍　鞋前二十四名　苧布前十名　絲笠前五名

一 駝擔持軍　入前十四名　草笠前十名　上米前八名　匙召前六名　鐵物前四名

一 嘯竿擔持軍　耳掩前十六名　魚物前七名　生鮮前七名　衣前四名　典床前六名
典隅前五名　紙前七名　眞絲前擔持軍一名

一 軒架擔持軍　馬前擔持軍十名　坊民一百名

一. 중국사신이 올 때 나례 헌가를 세 번 습의하는 날 및 중국사신이
입경하는 첫날 조번과 나장의 가미[221]를 선혜청에서 지급.

一 天使時　儺禮軒架三度習儀日及天使入京正日　助番羅將價米　宣惠廳以　上下

一. 본부[222]가 계하기를, "이번에 나례를 옛 병조에 설치하여[223] 헌가와

---

218 앞의 문서에서는, 현재까지 알려진 대로 嘯竿을 솟대라고 설명하였다. 그러나 전통
회화 등의 자료를 통하여 확인해 보면 53명의 담지군이 솟대를 메고 행진한다는 사실을 납
득하기 어렵다.

219 헌가에 바퀴가 달린 모습은「봉사도」를 통하여 확인할 수 있다. 바퀴가 달려 있어
밀거나 끌게 되어 있다. 헌가가 약식으로 만들어진 산대라 할 지라도 그 규모가 크고 높아
직접 밀고 끌기에는 어려움이 있었을 것이다. 따라서 앞 뒤로 긴 줄을 매고 담지군이 대열
을 이루어 줄을 잡고 헌가를 끌었다고 여겨진다. 헌가를 끄는 데 쓰인 담지군의 수가 110명
이었으므로, 아무리 산대가 컸다 할지라도, 모두 달라붙어 산대를 끌거나 밀었을 가능성은
없다.

220 이상 13장 뒷면.

221 사역의 대가로 수는 쌀.

222 의금부.

223 나례의 잡물을 만들고 보관할 장소를 옛 병조 자리에 마련하였다는 말이다.

잡상을 이곳에 두었으니 군사를 늘려 지키고 보호하게 하여 나중에 사용하는 것이 어떻겠습니까?" 하니 임금이 답하기를, "계한 대로 하라."고 하였다. 위장소[224] 군사 두 명을 늘려 貿易秩[225]로 정하여 지키게 하였다.

一 本府啓曰 今番儺禮設於古兵曹 而軒架雜像仍置此處 加定軍士 守直看護 以爲他日之用 如何 答曰 依啓 衛將所軍士二名加定貿易秩

一 정분[226] 한 말 한 되 다섯 홉, 산[227] 위에 쓸 두꺼운 판자 한 장, 화광주 일곱 개, 공사하지[228] 세 권, 숙마[229] 두 근, 삼실 닷 냥, 도배차미필[230] 다섯 자루, 구리쇠 닷 냥, 공사하지 세 권, 장화대죽 두 개, 홰나무꽃 석 되, 하엽[231] 서 근, 삼록[232] 열 냥, 황단[233] 열닷 냥, 동황 한 자루, 진분[234] 여덟 냥, 주홍 열 냥, 연지 다섯 장, 헌가에 쓸 주홍 두 냥, 사자 동자[235]가 입을 초록색 천 넉 자, 초록 금선 넉 자, 흰 비단 넉 자, 백반 서 냥, 참기름 일곱 되, 아교 한 근 열서 냥, 황회목[236] 한 단, 휴지 서 근, 피금[237] 석 장, 하엽 한 근, 주홍 서 근, 동황 한 냥 반, 황단 닷 냥, 진분 일곱 냥, 외겹바[238] 한 거리, 당동록[239] 두 냥, 외겹바 네 거리, 휴지 스무 근, 정철[240]

---

224 衛將이 근무를 보던 곳. 위장은 조선시대 五衛의 군사를 거느린 장수.
225 사거나 교환해 놓은 물건.
226 흰색 안료의 일종.
227 산대.
228 公務에 사용할 질이 떨어지는 종이.
229 누인 삼껍질.
230 도배하는 데 사용하는 붓.
231 연잎의 빛깔이 나는 물감.
232 백록색의 도료.
233 납과 유황을 섞어 만든 안료.
234 순백색의 안료.
235 사자춤에서 사자를 다루는 역할을 맡은 동자일 것으로 여겨진다.
236 누런 회색으로 물들인 무명.
237 금을 입힌 얇은 羊皮. 복장을 장식하는 데 쓰임.

열두 근, 자리 스무 개, 홍화 한 근

一 丁粉一斗一升五合 山上所用厚板一立 火光珠七介 公事下紙三卷 熟麻二斤 麻絲五兩 塗褙次尾筆五柄 銅鐵五兩 公事下紙三卷 長花大竹二介 槐花三升 荷葉三斤 三臬十兩 黃丹十五兩[241] 同黃一柄 眞粉八兩 朱紅十兩 燕脂五張 軒架所用朱紅二兩 獅子童子所着草綠匹段四尺 草綠金縇四尺 白綾段四尺 白磻三兩 眞油七升 阿膠一斤十三兩 黃灰木一丹 休紙三斤 皮金三張 荷葉一斤 朱紅三斤 同黃一兩半 黃丹五兩 眞粉七兩 條所一巨里 唐銅碌二兩 條所四巨里 休紙二十斤 正鐵十二斤 席子二十立 紅花一斤

一 폐전 秩[242] : 채소전, 목통전, 공상전, 청수전, 승혜전, 감투전, 곽전, 마조전,[243] 사한리전, 시목전, 탄전, 파자전, 면전, 경영고[244]전, 송현[245]전, 생저전, 생마전, 두부전, 떡전, 백당전, 죽전, 장전, 옹기전, 반전

一 廢前秩 菜蔬前 木桶前 栱床前 靑水前 僧鞋前 甘土前 槨前 磨造前 沙閑里前 柴木前 炭前 杷子前 糆前 京營庫前 松峴前 生苧前 生麻前 豆泡前 餠前 白糖前 竹前 醬前 瓮器前 盤前

一 동도[246]의 무녀를 돌려가며 부릴 것.

---

238 외겹으로 만든 밧줄.

239 중국에서 생산되는, 구리 표면에 돋는 푸른빛의 물질.

240 시우쇠.

241 이상 14장 앞면.

242 문을 닫는 시전의 이름을 열거한 것이다. 사신이 입경하는 때를 맞이하여 시전에서는 필요한 인력과 물품을 제공한다거나, 사신이 가져온 물건을 팔아주는 등 여러 가지 역할을 맡게 된다. 따라서 일정한 기간 동안 가게 문을 닫는 일이 생겨났던 것 같다. 일상적인 상거래 행위가 이루어질 수 없기 때문이다.

243 돌이나 쇠붙이를 갈아서 물건을 만드는 가게.

244 지방에서 바치는 공물을 저장하던, 京營의 창고.

245 보통 거래하는 품목으로 가게 이름을 붙인데 비하여 사한리전, 송현전, 경영고전 등은 가게의 위치, 기능 따위로 이름을 붙였다.

一 東道巫女 輪回役使[247]

장인과 재인의 명단

화원	한선국			畫員	韓善國		
	권 열				權 悅		
장인	김언서	은장		匠人	金彦瑞	銀匠	
	김충익	화장			金忠翼	花匠	
	김억환	이환장			金億還	耳環匠	
	황희운	침장			黃希雲	針匠	
	김금이	야장			金金伊	冶匠	
	박갯지	거장			朴㱎知	車匠	
	권운봉	침장			權雲鳳	針匠	
	박돌명	칠장			朴乭明	漆匠	
	송예남	은장			宋禮男	銀匠	
	이언필	축골장	금천		李彦弼	杻骨匠	衿川[248]
	민언민	거장			閔彦民	車匠	
	김귀일	화장			金貴逸	花匠	
	김천기	목수			金天己	木手	
	김끝성	제각장			金㐐成	蹄刻匠	
	이천의	소목장			李天義	小木匠	
	박승운	칠장			朴承雲	漆匠	

---

246 강원도.

247 이상 14장 뒷면.

248 이상 15장 앞면.

임경회	목수		林慶會	木手		
박승길	은장		朴承吉	銀匠		
변애운	교성장		卞愛雲	巧性匠		
윤승기	칠장		尹承己	漆匠		
김득립	교성장		金得立	巧性匠		
김무생	은장		金茂生	銀匠		
거 복	축골장	고양	車 福	杻骨匠	高陽[249]	
김숙년	마조장		金淑年	磨造匠		

경기재인 　　　　　　　　　　京畿才人

광주	일이		廣州	日隶	
	기남			己男	
	사랑동	죽산에서 옮겨옴		思郎同	自竹山移來
	억종	용인에서 옮겨옴		億從	自龍仁移來
양주	만복	경남으로 개명	陽州	萬福	改名京男
죽산	대남		竹山	大男	
잠두	천년수		蠶頭	千年守	
	계남			戒男	
고양	수향		高陽	守香	
	김이남			金伊男	
교하	응남		交河	應男[250]	
수원	충남		水原	忠南	
	끝련			㐾連	
	연귀	덕산에서 옮겨옴		連貴	自德山移來

---

249 이상 15장 뒷면.
250 이상 16장 앞면.

통진	덕명		通津	德明	
	끝쇠			㐤金	
	끝손			㐤孫	
부평	방축富平			方丑	
	무인			戊仁	
안성	지막난		安城	池莫難	
	천종			千從	
강화	허선립		江華	許善立	
풍덕	신복		豊德	申福	
용인	신민		龍仁	申民[251]	
파주	대춘		坡州	代春	
	애수			愛守	
김포	인근		金浦	仁斤	
양성	서천		陽城	徐天國	
파주	장쇠		坡州	張金	
개성부	돌쇠		開城府	乭金	
충청도재인			忠淸道才人		
한산	김희		韓山	金喜	
	독읍쇠			禿邑金	
	최복	임천에서 옮겨옴		崔福	自林川移來
	원이	홍산에서 옮겨옴		元伊	自鴻山移來
공주	안억		公州	內隱	
	기동			其同[252]	

---

251 이상 16장 뒷면.

252 이상 17장 앞면.

	평복			平福	
	안쇠	여산에서 옮겨옴		內阝金	自礪山移來
연기	생이		燕岐	生伊	
전의	필남		全義	必男	
	천일			天日	
	희남			希男	
목천	만년춘		木川	晩年春	
청주	강끝종		淸州	姜㐦從	
	막동			莫同	
	이복년			李福年	
	만쇠			萬金	
	거남			去男	
	연세			連世[253]	
임천	명희		林川	命希	
	검세			檢世	
	세후			世後	
	동세			同世	
	신복			申福	
	산봉			山奉	
	순세			順世	
	개복	홍산에서 옮겨옴		介福	自鴻山移來
홍산	돌쇠		鴻山	乭金	
	어은쇠			於阝金	
	돌무적			乭無赤	
홍주	칠복		洪州	七福	

253 이상 17장 뒷면.

아산	신확지		牙山	申鑊只[254]	
	석쇠	石金			
	최금이	崔金伊			
	파면	최금이 신고	破面	崔金進告	
	입사리	최금이 신고	入沙里	崔金進告	
	조은쇠	최금이 신고	早陰	崔金進告	
온양	유수		溫陽	劉守	
천안	맘동		天安	亇音同	
정산	기봉		定山	起奉	
면천	율생이		沔川	栗生伊	
	논춘	신확이 신고		論春	申鑊進告
	학손	신확이 신고		鶴孫	申鑊進告
	수생	신확이 신고		守生	申鑊進告
부여	안쇠		夫餘	內陰[255]	
진잠	공중		鎭岑	公中	
태안	업련		泰安	業連	
서천	안동		舒川	內峒	
음성	수남	청주에서 옮겨옴	陰城	守男	自淸州移來
덕룡	청주에서 옮겨옴		德龍	自淸州移來	
회인	수이		懷仁	水伊	
이산	즛동	연산에서 옮겨옴	尼山	澁同	自連山移來

경상도재인			慶尙道才人	
함창	김칠승		咸昌	金七承

---

254 이상 18장 앞면.
255 이상 18장 뒷면.

인동	김복	仁同	金福
	김애봉		金愛奉
용궁	신영복	龍宮	申永福
	김본향		金本香[256]
	박눌질기		朴訥叱己
대구	손만세	大丘	孫萬世
	손만춘		孫萬春
	손만의		孫萬義
진해	김산일	鎭海	金山日
밀양	김사인	密陽	金士仁
군위	김금이	軍威	金金伊
신령	장언상	新寧	張彦祥
영천	김범산	永川	金凡山
경주	군난손	慶州	軍難孫
	나적리		羅赤里
영일	일련	迎日	一連
	신난우		申難右[257]
흥해	김일쇠	興海	金一金
울산	박산	蔚山	朴山
통영	궁적	統營	宮赤
	만복		萬福
	기복		起福
	김검동		金檢同
	막근		莫斤

---

256 이상 19장 앞면.
257 이상 19장 뒷면.

	춘복		春福
	김춘산		金春山
	만추		萬秋
	박봉춘		朴奉春
	추란		秋蘭
	금동		今同[258]
성주	몽남	星州	夢男
웅천	정끝동	熊川	鄭㖴同

전라도재인		全羅道才人	
전주	서산봉	全州	徐山奉
	박길남		朴吉男
	끝실		㖴失
	안끝남		安㖴男
	수남		守男
	나문		羅文
	김건춘		金件㫩
	산학		山鶴
	봉학		奉鶴
	정천생		鄭天生[259]
	김대남		金代男
	허질쇠		許叱金
	돌억		乭億
	주일		主一

258 이상 20장 앞면.

259 이상 20장 뒷면.

	김응신		金應信
	김춘수		金春水
	끝춘		耆春
	기복		己福
	득남		得南
	김애세		金愛世
	임생		林生
	손난수		孫難水[260]
	서끝남		徐耆男
	금생		今生
	끝치		耆致
	주대수		朱大水
흥덕	세복	興德	世福
여산	남이	礪山	男伊
	사세		士世
금산	난수	錦山	難守
	조귀		趙貴
	안필		內泌
진산	명복	珍山	明福
김제	돈일	金堤	頓一
	성복		成福[261]
	유덕쇠		劉德金
	박남		朴男
용안	산학	龍安	山鶴

---

260 이상 21장 앞면.
261 이상 21장 뒷면.

	기안		己安
태인	산복	泰仁	山福
	천쇠		天金
	사주		士主
	귀복		貴福
	동이		同伊
	악산		惡山
	조은쇠		早隐
	수영산		水永山
	이생		二生[262]
금구	강쇠	金溝	姜金
	막난		莫難
	백상춘		白上春
	응수		應守
	어둔쇠 태인의 박선이 신고		於屯金 泰仁朴先進告
	산풍		山風
	덕세		德世
부안	소연쇠	扶安	小延金
정읍	경복	井邑	庚福
	추남		秋男
	사원		士元
	칠육		七六
	사세		士世[263]
함열	애남	咸悅	愛男

---

262 이상 22장 앞면.
263 이상 22장 뒷면.

	업동		業同
	난외		難外
진안	막생	鎭安	莫生
	정막생		鄭莫生
고부	파면	古阜	破面
	복명쇠		福明金
	끝선		末先
	명복		命福
	악수		惡水
	애복		愛福
임파	근산	臨坡	斤山
	추향		秋香264
	동세		同世
	허억춘		許億春
순창	팔복	淳昌	八福
	김막대		金莫大
	개복		開福
순천	강인옥	順天	姜仁玉
	석난		石難
흥양	춘남	興陽	春男
	수남		水男
남원	유산복	南原	劉山福
담양	난생	潭陽	難生
	복지		福只
	백무인 어초리가 신고		白武仁 於草里告265

---

264 이상 23장 앞면.

	천생		天生
	탄수		吞水
	덕상		德上
	범인상		凡仁上
	신상		申上
	춘희		春希
	복매		福每
장성	성남	長城	成男
화순	끝남	和順	态男
장수	서연쇠	長水	徐連金
남평	명미	南平	明美
	경쇠		京金
	선생		先生[266]
	끝세		态世
	대인		大仁
광산	안학	光山	內鶴
	상양추		上陽秋
	이승		李承
	옥동		玉同
	영쇠		永金
	상춘		上春
	정복		丁福
	제귀		諸貴
	안억		內隱

---

265 이상 22장 뒷면.
266 이상 24장 앞면.

	선남		善男
영암	한경신	靈岩	韓京信[267]
	경매		敬每
	무고		無古
	경손		慶孫
	유손		有孫
	후세		後世
	김끝남		金�”男
	팔만		八萬
	오애남		吳愛男
함평	남이	咸平	男伊
	담세		淡世
	애립		愛立
	끝생		�”生
	의립		義立[268]
보성	수남	寶城	水男
	인세		仁世
	임대기		林大己
부안	상춘	扶安	上春
낙안	애남	樂安	愛男
	금동		今同
	수천		水千
	춘화		春華
	평남		平男

267 이상 24장 뒷면.
268 이상 25장 앞면.

익산	만상		益山	萬上
	춘석			春石
	망내			亡乃
	영학			永鶴[269]
	용이			龍伊
	용이	함열에서 옮겨옴		龍伊 自咸悅移來
나주	명추		羅州	明秋
	순쇠			順金
	끝쇠			乻金
	덕기			德己
	천복			千福
	생동			生同
	춘수			春水
	난풍			難風
	응남			應男
	수복			水福
	최복			崔福[270]
	학지			鶴只
	막세			莫世
	유공			有功
장흥	김응렬		長興	金應烈
	이태근			李太斤
	최응복			崔應福
	끝쇠			乻金

---

[269] 이상 25장 뒷면.

[270] 이상 26장 앞면.

	순복			順福
	생이			生伊
옥과	연생		玉果	連生
	돌남			乭男
옥구	악쇠	서천에서 옮겨옴	沃溝	惡金　自舒川移來
영광	봉쇠		靈光	奉金[271]
	대추			大秋
	몽남			夢男
	윤이			允伊
	귀복			貴福
	매춘			每春[272]

---

271 이상 26장 뒷면.

272 이상 끝.

참고문헌

1. 자료

『京都雜誌』

『武林舊事』

『삼국유사』

『史記』

『宣和遺事』

『於于野談』

『貞奲集』

『용재총화』

『芝陽漫錄』

『청구야담』

『虛白堂集』

『국역 청장관전서』

『역주 牧民心書』

『승정원일기(承政院日記)』

『광해군일기』

『단종실록』

『명종실록』

『문종실록』

『성종실록』

『세조실록』

『세종실록』

『연산군일기』

『인종실록』

『정조실록』

『중종실록』

秋山愛三郎, 『祇園祭』, 京都: 似玉堂, 昭和 4년.

『萬壽盛典初集』, 影印 文淵閣四庫全書 제653책, 臺北: 臺灣商務印書館, 1986.

국립문화재연구소, 『일본 와세대대학 쓰보우치박사기념 연극박물관 소장한국문화재』, 국립문화재연구소, 2008.

단국대 공연예술연구소 편, 『근대한국공연예술사 자료집』 1, 단국대학교출판부, 1984.

서울대학교 도서관 일석문고 소장, 조종순 구술, 『산대도감극각본』, 1930.

이의강 책임번역, 『국역 순조무자진작의궤』, 보고사.

이혜구, 『신역 악학궤범』, 서울: 국립국악원, 2000.

허경진, 『악인열전』, 한길사, 2005.

서울 마포구 도화동 주민센터 웹 검색, 2010.10.3.

영상자료, KBS 수요기획 「퇴계원산대놀이 그 부활의 기록」, 1998.10.28.

2. 논문

강명관, 「조선후기 서울의 중간계층과 유흥의 발달」, 『민족문학사연구』 2집, 민족
    문학사연구소, 1992.

강춘애, 「중·일 무대의 발상」, 『공연문화연구』 11집, 한국공연문화학회, 2005.8.

김종철, 「19~20세기 초 판소리 변모양상 연구」, 서울대 박사학위논문, 1993.

_____, 「게우사(자료소개)」, 『한국학보』 65집, 일지사, 1991.

도광순, 「中國古代의 神仙思想」, 『도교학연구』 9, 한국도교학회, 1992.

박진태, 「이철괴를 통해 본 산대놀이의 역사」, 『우리말글』 29, 우리말글학회,
    2003.

박 황, 『창극사연구』, 백록출판사, 1976.

박희병, 「조선후기 民間의 游俠崇尙과 游俠傳의 성립」, 『한국한문학연구』, 제9·10
    합집, 한국한문학연구회, 1987.

사진실, 「조선전기 나례의 변별양상과 공연의 특성」, 『구비문학연구』 제3집, 한국
    구비문학회, 1996.

_____, 「조선시대 서울지역 연극의 공연상황 연구」, 서울대 박사학위논문, 1997.

_____, 「공연예술의 기록, 나례청등록 1」, 『문헌과해석』 1997년 창간호, 태학사,
    1997.

_____, 「나례청등록 2」, 『문헌과해석』 1998년 여름호, 태학사, 1998.

_____, 「나례청등록 3」, 『문헌과해석』 1998년 가을호, 태학사, 1998.

_____, 「나례청등록 4」, 『문헌과해석』 1998년 겨울호, 태학사, 1998.

_____, 「고려시대 정재의 공연방식과 연출원리」, 『정신문화연구』 73호, 한국정신
    문화연구원, 1998.

_____, 「한국연극사의 시대구분을 위한 이론적 모색」, 『한국음악사학보』 24집,
    한국음악사학회, 2000.

_____, 「동아시아의 '신선한 산' 설행에 나타난 욕망과 이념」, 『공연문화연구』 12,
    한국공연문화학회, 2006.

_____, 「근대극의 성립과 해체 과정에 나타난 공동체 문화의 위상」, 『구비문학연
    구』 21집, 한국구비문학회, 2006.

송석하, 「東萊野遊臺詞-말둑이 才談의 場-」, 『朝鮮民俗』 2호, 朝鮮民俗學會, 1934.

신선희, 「한국 궁중의례의 극장공간 연구」, 중앙대 박사학위논문, 2003.

윤주필, 「경복궁 중건 때의 전통놀이 가시집 『奇玩別錄』」, 『문헌과해석』 9호, 문헌
    과해석사, 1999.

이성구, 「漢武帝時期의 皇帝儀禮」, 『동양사학연구』 80집, 동양사학회, 2002.

이성규, 「漢武帝의 西域遠征·封禪·黃河治水와 禹·西王母神話」, 『동양사학연구』
72집, 동양사학회, 2000.

이의강, 「樂章으로 읽어보는 孝明世子의 '呈才' 연출 의식」, 『한문학보』 12, 우리한
문학회, 2005.

이종은·윤석산·정민·정재서·박영호·김웅환, 「한국문학에 나타난 유토피아
의식 연구」, 『한국학논집』 28, 한양대학교 한국학연구소, 1996.

임미선·사진실, 「고려시대 정재의 음악과 공연미학」, 『한국음악연구』 40, 한국국
악학회, 2006.

전경욱, 「본산대놀이 계통 가면극의 지역적 소통」, 『한국민속학』 37, 한국민속학
회, 2003.

조성윤, 「조선후기 서울 주민의 신분 구조와 그 변화」, 연세대학교 사회학과 박사
학위논문, 1992.

다카하시 도루[高橋亨], 서연호 역, 「山臺雜劇에 대하여」, 『山臺탈놀이』, 열화당,
1987.

아키바 다카시[秋葉隆], 서연호 역, 「山臺戲」, 『山臺탈놀이』, 열화당, 1987.

이토 요시히데, 「'산대(山臺)'와 '야마가타(山形)'의 비교연구」, 『한국민속학』 40, 한
국민속학회, 2004.

3. 단행본

강명관, 『조선의 뒷골목 풍경』, 푸른역사, 2003.

강진옥 외, 『양주의 구비문학』 1(연구편), 박이정, 2007.

강춘애, 『儺與假面戲劇文化』, 北京: 中國戲劇出版社, 2003.

고승길, 『연극, 그 다양한 얼굴』, 연극과 인간, 2004

김봉렬, 『김봉렬의 한국건축 이야기 1: 시대를 담는 그릇』, 돌베개, 2006.

김일출, 『조선민속탈놀이』, 평양: 과학원출판사, 1958.

김재철, 『조선연극사』, 학예사, 1939.

김종철, 『판소리사 연구』, 역사와비평사, 1996.

김학주, 『중국의 희곡과 민간연예』, 명문당, 2002.

권도희 외 지음, 『오래된 예술 새로운 무대』, 민속원, 2008.

사진실, 『한국연극사 연구』, 태학사, 1997.

_____, 『공연문화의 전통』, 태학사, 2002.

서대석 편,『우리 고전 캐릭터의 모든 것』2, 휴머니스트, 2008.

손태도,『광대의 가창문화』, 집문당, 2003

이두현,『韓國 假面劇』, 문화재관리국, 1969.

_____,『한국의 가면극』, 서울: 일지사, 1985.

이흥구·손경순 역,『국역 정재무도홀기』, 열화당, 2000.

임형택,『이조시대서사시』하, 창작과비평사, 1994.

전경욱,『한국가면극 그 역사와 원리』, 열화당, 1998.

_____,『한국의 탈』, 태학사, 1996.

_____,『한국의 가면극』, 열화당, 2007.

정재서,『不死의 신화와 사상』, 민음사, 1994.

_____,『이야기 동양 신화 2』, 황금부엉이, 2004.

조동일,『탈춤의 역사와 원리』, 홍성사, 1979,

쳐상수,『韓國 假面의 硏究』, 성문각, 1984.

한국고전문학연구회 편,『문학 작품에 나타난 서울의 형상』, 한샘출판사, 1994

河竹繁俊(이응수 역),『일본연극사 (상)』, 서울: 도서출판 청우, 2001.

리차드 셰크너, 김익두 옮김,『민족연극학』, 한국문화사, 2004.

須田敦夫,『日本劇場史の硏究』, 東京: 相模書房, 1957.

David R. Knechtges, "The Emperor and Literature: Emperor Wu of Han", *Court Culture and Literature in Early China*, Variorum Collected Studies Series, Burlington: Ashgate Publishing Co., 2002.;

Michael Loewe, Ways to Paradise: The Chinese Quest for Immortality, London: GEORGE ALLEN & UNWIN LTD, 1979.

Peter Burke, *Popular Culture in Early Modern Europe*, London; Temple Smith, 1978.

Ying-shih Yu, "Life and Immortality in the Mind of Han China", *Harvard Journal of Asiatic Studies*, Vol. 25, Cambridge: Harvard-Yenching Institute, 1964~1965.

찾아보기

▰ 차